REVIEW ON CONTEMPORARY
CHINESE WRITERS' CLASSIC WORKS

当代中国作家经典作品论

胡良桂◎著

人民出版社

目　录

第三章

刘震云长篇小说《一句顶一万句》：
引车卖浆者的孤独与悲悯

第四章

贾平凹长篇小说《带灯》：
中国乡镇的隐喻与暗示

第五章

王安忆长篇小说《天香》：
盛极而衰的人生宿命与艺术真谛

第六章
格非长篇小说《春尽江南》：
颓废"江南"的诗意陨落

第七章
李佩甫长篇小说《生命册》：
乡村的丰盈与都市的苍白

第八章
金宇澄长篇小说《繁花》：
上海弄堂的味道与悲凉

第九章

苏童长篇小说《黄雀记》：
魂魄的失落与诗学的幽深

第十章

韩少功长篇小说《日夜书》：
时代、人生与艺术的思辨张力

第十一章

严歌苓长篇小说《陆犯焉识》：
"大墙"内外的情愫与残酷

第十二章

姜贻斌长篇小说《火鲤鱼》：
美丽忧伤的乡村牧歌

第十三章

王跃文长篇小说《爱历元年》：
人性本源的回归与升华

第十四章

阎真长篇小说《活着之上》：
大学精神的坚守与颓落

第十五章
莫言小说创作论：
中国故事的世界性与人类性

第十六章
刘克邦散文创作论：
触摸温润人生　感悟艺术真谛

第十七章
周伟"新乡土散文"创作论：
大地的静美与故乡的疼痛

第一章

迟子建长篇小说《额尔古纳河右岸》：游猎民族的百年宁静与喧嚣

迟子建是中国当代文学中最具世界意义的作家。从《北极村童话》到《雾月牛栏》，从《清水洗尘》到《世界上所有的夜晚》，从《树下》到《额尔古纳河右岸》等，它们就像肖洛霍夫写顿河，福克纳写密西西比州，肖红写呼兰河，汪曾祺写苏北高邮。她写大兴安岭，"历经二十多年的创作而容颜不改"。既有鲜明、强烈、浓艳的地域色彩，又有鄂温克族、鄂伦春人、原始森林的生活气息。既有泰戈尔的优雅沉迷，川端康成的物哀忧思，马尔克斯的唯美神秘；又有屠格涅夫的自然品位，陀思妥耶夫斯基的道德情怀，托尔斯泰的人格魅力。既有古典情韵，又有现代思维；既有中国气派，又有世界意义。

而获茅盾文学奖的长篇小说《额尔古纳河右岸》，则是一部鄂温克人百年辉煌与孤独的民族史诗。小说借鄂温克族最后一个酋长女人的追叙，以"清晨""正午""黄昏"三部和尾声"半个月亮"接续起鄂温克族生存演化与文化变迁的历史，来摹写和谐神秘自然中人类情感伦理的交织与碰撞，显现人类社会进化过程中的文明与蛮荒；来揭示享受自然恩赐又饱受自然侵袭的鄂温克人的日渐衰弱的悲情命运，于弱小民族生存挣扎的艰难历程中展现人类不屈不挠的坚忍意志。它谱写出了一曲既深情挚爱、温婉清澈又凄美抑郁、神秘奔放的鄂温克民族的挽歌，既为世界各民族文化版图留存了一份弥足珍贵的精神备忘录，也为当代文学的发展贡献了一部最具"世界性因素"的优秀长篇小说。

一、原始森林的幽美与神秘

迟子建生于中国最北端的北极村，她的童年、青年乃至大学生活都与辽阔无垠的大兴安岭血脉相通。那里森林稠密，原野广袤；地广人稀，苍茫无垠。既有皎洁的白雪，又有奇幻的月光；既有冰清玉洁的空气，又有浩荡丰产的河流。迟子建说，我"对童年时所领略到的那种奇异的风景情有独钟，譬如铺天盖地的大雪、轰轰烈烈的晚霞、波光荡漾的河水、开满花朵的土豆地、被麻雀包围的旧窑厂、秋日雨后出现的像繁星一样多的蘑菇、在雪地上飞驰的雪橇、千年不遇的日全食等，我对它们是怀有热爱之情的，它们进入我的小说，会使我在写作时洋溢着一股充沛的激情。我甚至觉得，这些风景比人物更有感情和光彩，它们出现在我笔端，仿佛不是一个个汉字的次第呈现，而是一群在大森林中歌唱的夜莺"。[1] 至景至情在《额尔古纳河右岸》中，得到了出神入化的描写。那风雪雷电闪现，山水林木深密，蘑菇青草杂生，柳树桦树相间，鱼虫鸟鸦遨游飞翔，鹿鹰狼熊弱肉强食，自然是如此的生机勃勃而又神奇美艳；那深山密林，幽谷巨岩，自然万物，徜徉其间而沐山水之灵，生存其间而窥圣灵之魂，自然的奇绝与险峻给人恐惧和神秘的感受，处处洋溢着天然之乐；那好吃河湾沼泽底下针古草的巨型动物堪达罕，翘着大尾巴喜欢在树上蹦来蹦去的灰

---

[1]　迟子建：《寒冷的高纬度——我的梦开始的地方》，《小说评论》2002 年第 2 期。

鼠，通身黄褐色短身子短尾巴的猞猁，毛发粗糙的胸脯上有道白色的难看的獐子，白天吃小鱼晚上回洞穴歇息的水獭，一股股内蕴蓬勃的力量在涌动，时时散发着自然之趣；那白色的驯鹿就是漂浮在大地上的云朵，狼就是朝我们袭来的一阵阵寒流，猫头鹰眼中划出的亮光像流星，即使晚上眨着眼睛四处活动白天回到营地休息的星星，都像在以风景摹写动物，动物俨然就是一道天然的风景，只只显现着万物之灵。这一切，既生机勃勃，又野性十足；既辽远天籁，又蛮荒浑厚。自然的静谧与神秘，具有一种原始的美，一种远古的气息。

在迟子建眼中，故乡大地是被神话式的光芒笼罩着的，她记忆中的茂林草香、牛马鱼鹰、小道坟茔、走狗飞鸟等，哪怕是一花一草、一石一木，都具有生命和灵性，弥漫着神秘的氛围和气息。迟子建说："我喜欢神话与传说，因为它们就是艺术的温床……神话和传说喜欢以两种方式存在，一种类似地下的矿藏，我们看不见摸不着，但能嗅到它的气息，这样的传说有待挖掘。还有一种类似于空中的浮云，能望得见，而它行踪飘忽，你只能仰望而无法将其纳入掌中。神话和传说是最绚丽的艺术灵光，它闪闪烁烁地游荡在漫无边际的时空中……也许是因为神话的滋养，我记忆中的房屋、牛栏、猪舍、菜园、山川河流、日月星辰等，它们无一不沾染了神话的色彩和气韵。"[1] 这些就构成了《额尔古纳河右岸》中鄂温克民族最悠久的历史、最亮丽的色彩。比如小说中"白那奎"山神的传说，熊"前世是人，因罪为兽"的传说，考验死者生前行为和品德的"血河"的传说，以及民歌、木库莲音乐、岩画、谚语、谜语等，都为鄂温克人的生存图景笼罩了一层神秘的氛围。特别是起源于渔猎时代的萨满教，它是在原始信仰基础上逐渐丰富与发展起来的一种民间信仰。其基本观念是有灵论和有神论，即相信灵魂不死，相信人世之外还有神灵世界的存在，相信神无所不生、神无

---

[1]　迟子建：《寒冷的高纬度——我的梦开始的地方》，《小说评论》2002 年第 2 期。

所不在。而人如果需要将自己的意志传达给神，就要通过"萨满"这一中介才能实现。正如逄增玉在《黑土地文化与东北作家群》一书中所指出的："'萨满'是具有通神的能力、得到神助、用神法能知道神异的现象、承担沟通人神世界使命的人。"这种人被看做是神灵通过萨满，向民众传达神灵的旨意。在小说的描写中，鄂温克人的日常生活就几乎离不开萨满：鄂温克人生病时，萨满来跳神治病；驯鹿发生瘟疫时，萨满来跳神驱邪；鄂温克人迁移时，萨满来择日期选地址；鄂温克青年结婚时，萨满来主持婚礼；有人病逝时，萨满来主持丧葬仪式，等等。萨满就是神的化身，萨满能逢凶化吉，萨满能驱邪避害。因此，萨满教中的萨满穿着神衣、神帽、神裙、披肩的带有宗教色彩的跳神以独特的祭奠仪式，折射出了人类的虔敬之美。它既是一种历史的积淀，又是一种文化的痕迹。

民间禁忌与风俗习惯，既是一个民族的行为准则与道德标杆，又能寄托一个民族的丰收兴旺与防止灾害。它更接近生命的本真状态，是人类原初思维的体现。在这种风俗习惯中，即使是动物、植物、江河日月与逝去的祖先都有着不可漠视的力量。它昭示着自然万物的存在以及人与自然的和谐关系。汪曾祺曾说："风俗，不论是自然形成的，还是包含一定的人为的成分（如自上而下的推行），都反映了一个民族对生活的热爱，对'活着'所感到的欢悦……风俗中保留一个民族的常绿的童心，并对这种童心加以圣化。风俗使一个民族永不衰老。"[①] 在《额尔古纳河右岸》中，风俗就成了"鄂温克人敬仰自然、热爱生命的物"。比如分食动物前的祭祀活动和禁忌习俗，腊月二十三举行的祭火神仪式；女人不能摸男人的头，男人不能进亚塔珠（产房）；早晨看到直立的木炭预示着有客人来，要赶紧冲它弯腰，晚上看见直立的木炭要把它打倒，因为预示着鬼要来；女人不能从斧子上跨过，否则会生出傻孩子；打猎忌讳有月事的女人跟着；任何

---

① 《中华散文珍藏本·汪曾祺卷》，人民文学出版社 1998 年版，第 243 页。

人不能往打铁的风箱上撒尿，否则打出的工具会有欠缺；吃熊肉的刀不管多么锋利都得叫"钝刀"。鄂温克人特别崇敬火神，营地的篝火从未熄灭过，他们燃篝火，吃烤鱼，晒肉干，揉筋线，染花布，做桦皮篓，使用中间镂空鱼皮黏合的鹿哨，使用储存物品的"靠劳宝"等，都带着远古的气息扑面而来，将鄂温克族近乎原始的传统生活方式全方位地呈现。这些风俗与大自然一起构成了鄂温克人的生命存在。在与山河对话、与动物为伴、与神灵同行的远离现代文明的原始森林里，在自由自在的大自然中，鄂温克人的精神实质与自然状态达到一种高度的融合。尤其是鄂温克人那形形色色的落葬方式，虽然隐含着人类对逝去灵魂的不同处置方法，但那些让死者回归大自然的土葬、水葬、天葬、树葬，既是这个民族丧葬的特征，又是中华民族的文化个性。"树葬也称风葬，即置尸体于树上。有一次完成的，也有的地方还要举行二次葬，即等树上的尸体腐烂后，再拾骨安葬。"① 在《额尔古纳河右岸》中，有关风葬的描述，就有这样一段精彩的文字："那个时代死的人，都是风葬的。选择四根挺直相对的大树，将木杆横在树枝上，做一个四方的平面，然后将人的尸体头朝北脚朝南地放在上面，再覆盖上树枝。"这一仪式无不让人在悲凉的气氛中，感受到鄂温克族虔敬丧葬文化的奇异与独特。

二、游猎人生的传奇与温情

在《额尔古纳河右岸》中，迟子建以稳健、优雅、诗意的笔触，塑造了一个个鲜活美艳而意蕴深长、满怀哀愁又温暖人心的人物形象。他们或

---

① 钟敬文：《民俗学概论》，高等教育出版社 2010 年版，第 143 页。

粗犷、宽厚，或细腻、温柔，或淳朴、善良，或愚昧、小气，但都具有一种天籁般的原生态式的美丽；他们尊重生命、敬畏自然，坚持信仰、爱憎分明，更是一种对独特的文化价值的守望。

萨满是民族的圣哲。"萨满不只是神秘主义者，萨满确实可称得上部族传统经验知识的创造者和保护者。他是原始社会的圣人"，[①] 是"理想主义与浪漫主义的化身"。北方民族，尤其高寒地带的民族，他们笃信万物有灵。因为"万物有灵论是内在神论的原始形式。由于万物内在灵魂的主导作用，万物有灵，各有神性，人们便把对自然物的崇拜变成了对精灵的崇拜，把对自然力的敬畏变成了对自然神灵的信仰"。[②] 迟子建在《额尔古纳河右岸》中描写萨满那"无我"的精神气质，侠义精神的"智灵"，就成了一种神秘的力量与人类"大爱"的象征。比如尼都萨满，他是"我"的伯父，却与父亲同时爱上了达玛拉，结果伯父输了。自达玛拉与父亲成亲后，他因痛失心爱之人而突然奇迹般地具有了非凡的神力，成为萨满。于是，他主持着族人的葬礼、婚礼、降生礼，替族人祈福，他的跳神可以使生病的驯鹿好转，可以让伤口消失，他可以在舞蹈和唱歌中让一个人起死回生。他的法术能杀死日军战马，让日本人折服。他在部落面临着瘟疫、疾病、死亡等威胁的时候，镇定、从容、义无反顾地迎难而上。为了同族的所有部落利益，为了他们感情敦厚的驯鹿，他用神灵所赋予他的能力，倾其所能地一次又一次地跳神，跳神使他最后失去了生命力。他对生死、人性的强烈的超然态度，他坚定不屈地带领族人抵御异族外侮，他的放弃真爱捍卫萨满尊严，等等，都使他深受族人敬仰。而妮浩自当萨满之后，更给部落带来了许多新的生机。她是一个勇于舍弃个人"小爱"、获得人类"大爱"，有血性、有豪情，有着悲壮命运的萨满。虽然萨满有起死回生的神秘力量，却也无法违抗"神"的旨意，更多的时候只能目睹死

---

①《世界宗教资料》第 3 期，中国社会科学出版社 1983 年版。

② 孟慧英：《萨满教的认识论基础》，《中央民族大学学报》2000 年第 6 期。

亡，或者，她只能以自己孩子的死亡去换取别人孩子的生。就这样，她一次次地救下了该救或不该救的人，而她的儿女"果力格""交库托坎"则作为代替品被神灵取走。即使她事先都能预料得到，但她仍然义无反顾、无怨无悔。甚至为了救活因为饥饿而偷了他们部族驯鹿的汉族少年，她不顾腹中快要出生的孩子，倾尽全力舞蹈。少年死而复生，她腹中的孩子却再也没能来到这个世界。最后，当大兴安岭大火熊熊，原始森林与鄂温克人危在旦夕之际，她则用自己的生命祈来大雨，终于扑灭了大火。显然，她的生死观已超越了世俗的界限，她就成了部族灾难中的希望，黑夜中的明星。她给部族带来了光明和温暖，并以她的牺牲精神与高尚人格，谱写了一曲可歌可泣的鄂温克人的生命赞歌。

温情是人生的信仰。迟子建说："我觉得整个人类情感普遍还是倾向于温情的，温情是人骨子里的一种情感，我之所以喜欢卓别林和甘地，就是因为他们身上都洋溢着温情。"[1] 这种温情，既是乡土世界的家庭亲情，又是邻里之间的乡亲乡情。它们的互帮互助，嘘寒问暖，营造出温暖的乡情世界，使得冰天雪地的北国边陲涵育出善良仁爱的人性，守住了一份珍贵的纯真。在《额尔古纳河右岸》中，迟子建以独特的视角对人间的温情予以了深切的关注，并在自然美好的亲情伦理与和谐的人际关系中，捕捉了富于民族情感的"集体无意识"，即亲情、爱情、和谐、美善沉淀在民族心理的理想情愫。首先，作家描绘了血浓于水的亲情。诸如父母、伯父、姑姑、亲兄妹、堂兄妹以及丈夫、子女、孙子、孙女等，这种血缘亲情代代相传，生生不息；茁壮成长，割舍不断。像尼都、林克兄弟俩的情感纠葛，便渗透了传统伦理道德的隐形力量。尼都与林克同时爱上了能歌善舞的姑娘达玛拉，于是祖父就决定通过箭射猴头蘑的方式一决胜负，善射的尼都输掉比赛，林克迎娶了达玛拉。小说中暗示，在情谊的天平上，

---

[1]　迟子建、阿成、张英：《温情的力量》，《作家》1999 年第 3 期。

兄弟之间的骨肉之情暂时战胜了恋人之间的爱恋之情，才让善射的尼都故意输掉比赛。显然，这种伦理亲情是无私的、人性的、美好的。它虽情感复杂缠绕，深邃无边，却凝结着人类的经验与秩序，以无形的规矩框定着人际间精神的边界，维系着人类的薪火传承。其次，刻画了和谐的夫妻关系。这是最理想、最美好的爱情，也是大多数鄂温克人所拥有的爱情，比如林克与达玛拉、鲁尼与妮浩、维克特与柳莎、达吉亚娜与索长林等，其爱情就非常和谐美好。而"我"与拉吉达更是情真意切："我把头埋进拉吉达的怀里，告诉他我从来没有觉得这么温暖过。拉吉达对我说，他会让这种温暖永远伴随着我。他亲吻着我的一对乳房，称它们一个是他的太阳，一个是他的月亮，它们会给他带来永远的光明。"这种男欢女爱的脉脉温情，是纯洁的、健康的、和谐的，它从森林中走来，带着原始淳朴的气息，又在欲望自我实现的基础上达到超越，因而成为一种纯粹的理想形态。最后，歌颂生死不渝的忠贞之爱。鄂温克人不会轻易改变自己的爱情追求，而是忠贞专一的。伊万从俄国"安达"手中救出少女娜杰什卡并娶其为妻，当娜杰什卡因惧怕日本人的到来而带着孩子逃走后，伊万仍然毫无怨言一往情深地等待，临死前要求坟前竖一个十字架，头朝着额尔古纳河的方向土葬，以特有的方式寄托对娜杰什卡的思念。哈谢宁愿把骨头埋在山里与玛利亚的骨头相伴也不愿去激流乡的卫生院治疗，表达了"同穴不同生"的永恒爱愿等，都是穿越时空留存的情感，为人类的坚贞爱情注入了鲜活而丰厚的精神因子，让人感受到了温暖和爱意的温情在人世间的流淌、徜徉。

群体是历史的记忆。在叙事文学中，人物往往是一个系列或群体。群体的基本原则必须使人物之间的联系既复杂又清晰。因为过于简单的人物关系不利于性格塑造，但含混不清的人物关系又会淹没人物的个性。在人物群体中，必须有一个居于轴心地位的人物，其余则像卫星一样环绕它们运动。围绕中心人物活动的其他人物，都必须基于"自然生成"原则，即必须隐藏到生活的自然状态中，人物才会产生基本的活性，成为历史的记忆。在《额尔古纳河右岸》中，迟子建以"我"作为贯穿百年历史的中心人物，围绕"我"而环绕的人物群体，既是历史的记忆，又是生动的群像。从小说中的外族群体形象上看，他们是社会变迁的时代记忆。李鸿章派人到漠河开金矿，罗林斯基、图卢科夫两位俄国"安达"去森林做生意，以及日本兵吉田、铃木秀男的出现，"文革"中齐格达乡长的行动，都是一种时代背景的衬托，以便让人在宁静动荡的变幻中窥视鄂温克族人的命运轨迹。从原始森林的生存环境上看，他们是顽强拼搏的历史记忆。达西与鹰的故事在小说中多次出现。因为达西在与狼搏斗时失去了一条腿，断腿的达西平常一般待在希楞柱里，只有搬迁时才戴着眼罩骑在驯鹿身上，沿着含义丰富的路标——"树号"前行，一个偶然的机会，哈谢抓住了一只山鹰却改变了父亲达西的命运。于是，达西用石头砸蒙着鹿皮罩子的山鹰，以乌拉草棚绑小块兔肉喂食山鹰的办法清理山鹰肠子，让山鹰在半饥半饱中保持旺盛的捕食欲望。他以鹰为恃，猎兔为食，以鹰斗狼，最终在那片战场上横亘着四具残缺的骸骨。玉石俱焚，悲情弥漫，令人毛骨悚然而又凛生敬意。达西以顽强的毅力和惨重的代价完成了人狼之间的复仇，并在这一复仇过程中展现了其希望时殚精竭虑，绝望时失魂落魄，复仇时同归于尽的惊心动魄的顽强意志。从走出森林又回归森林上看，他们是创造奇迹的民族记忆。伊万是一个奇特人物，出奇的大手能将膝盖覆盖，能攥碎鹅卵石，能以手代斧砍折搭建希楞柱的松木，他在日本狼狗撕咬坤德的时候，毅然挺身而出扯断狼狗的尾巴并将其踢死，力大无穷的举动让日本人铃木秀男目瞪口呆。伊万从日本人东大营逃走给抗日联军小分队做向导的经历，伊万受不了部队守着桌子在屋里吃饭，晚上睡觉紧紧关门的约束而将关系转到地方的举动，① 以及"我"以泥土为画棒，在贝尔茨河支

---

① 参见张建波：《悲悯大地上的温情岩画——评〈额尔古纳河右岸〉》，《新文学评论》2013 年第 4 期。

流旁的岩石上画下以神鼓为月亮，以驯鹿仔为北斗七星；伊莲娜又将原来安静的驯鹿画成调皮的驯鹿；西班一心想为鄂温克族创造自己的文字，等等，都显示出鄂温克人的强悍、刚毅而又不乏怜悯、创造的本性。这些个体生命轨迹汇成群体演变的溪流，群体生命的轨迹就投射出民族文化的倒影，一个民族就因此留下了可供回忆的或观瞻的历史记忆。

三、面对灾难的忧患与哀伤

鄂温克人是"自然之子"。他们终年生活在原始森林里，是一个与森林、驯鹿融为一体的民族。大自然、大森林不仅是他们赖以生存的载体，还是他们神性精神的寄托。于是，大自然中一切都有了生命的灵性，草木会唱歌，驯鹿通人性，森林能思考。然而，他们在享受自然恩赐的同时，也面临着瘟疫、雪灾、乱砍滥伐的凶险与灾难，严峻地威胁着他们的生存与文化，让人无不感到忧虑与哀伤。

美国作家劳里·加勒特说，作为生命个体对于未知事物的本能恐惧，瘟疫让人的"每一个神经末梢都处于极度的紧张状态"，"甚至受不了一条被单的压力"。因为人类和瘟疫屡次交战，但取得的胜果甚少，很多瘟疫的消失，并不是因为人类发明了对抗它们的有效办法，而是瘟疫出于某种规律在夺走十万几十万甚至几百万条生命之后，莫名其妙地消失自己的。因此，瘟疫就是由一些强烈致病性微生物，如细菌、病毒引起的传染病，它像一个巨大的幽灵，只不过它从不只在黑夜行动，哪怕烈日都不能阻止它肆虐人间。在《额尔古纳河右岸》中，迟子建把这种瘟疫的灾害带给鄂温克人的疼痛，写得细致入微。与"我"相邻的乌力楞驯鹿生病了，他们请尼都萨满去为驯鹿跳神。"三天以后"尼都萨满回来了，他们同时送来两只驯鹿作为酬谢。谁知，这两只驯鹿不仅"对盐毫无兴趣"，还"咳嗽起来"；不仅"脱毛脱得厉害""身上出现大块大块的癞痕""坑坑洼洼"的，还"瘫倒在地"就"再也没能站起来"。于是，族人终于觉醒，"它们带来了可怕的瘟疫，我们的驯鹿要遭殃了"！尼都萨满虽然黯然无神，但他为了"挽救驯鹿开始了跳神"。从"天刚擦黑"一直跳到"东方泛白"，直至把"希楞柱的一块地踏出了个大坑"，"倒在那个坑里"。即便如此，他不仅没能祛除瘟疫，而且瘟疫"持续了近两个月"。"我们眼看着我们心爱的驯鹿一天天地脱毛、倒地和死亡"。除了被林克"从病鹿中精心挑选出来"的三十几头，"把它们赶到一个三面环山，一面临水的地方，让它们的活动范围限定在那里，与其他的驯鹿隔绝，使它们奇迹般地存活下来"，其余的驯鹿"无一例外地死亡了"。而且"除了灰鼠之外"，山上许多"狍子"也死去了，"野兽格外少"。由于猎物少了，连狼都"找不到可吃的东西了"，人也就"更加瘦削"了。于是，林间飞舞的落叶像霜打的茄子跌落在山谷，满目疮痍；死去驯鹿颈下的铃铛装在两桦皮桶里像一只只无神的眼睛，声声凄厉；尼都萨满的"苍老"与"沉默"像撕裂族人的饿狼，伤心惨目。瘟疫让人"泪水横流"，"因为人人心底都淤积着泪水"。这无形的瘟疫是多么可怕，多么残酷！

　　雪灾也称白灾，是因长时间大量降雪造成大范围积雪成灾的自然现象，也是高寒地带、游牧地区常发生的一种气象灾害。它对人类社会造成的危害往往是触目惊心的。特别是依靠天然游牧、狩猎为生的区域，由于暴雪过多和积雪过厚，雪层维持时间长，必然会影响到人们正常的生产生活。对畜牧业的危害，主要是积雪掩盖草、苔藓和蘑菇，且超过一定深度，有的积雪虽不深，但密度较大，或者雪面覆冰形成冰壳，牲畜难以扒开雪层吃草、苔藓和蘑菇；而对人的生命安全与生活造成的威胁，则是摔伤病残，饥寒交迫，死亡增多。在《额尔古纳河右岸》中，当乌力楞的男人"下山受训"两个月后，"我"们为了驯鹿的生存不得不沿着驯鹿觅食的方向，一边迁移，一边砍"树号"。刚在"新营地"建起两座希楞柱，就"足足下了两天两夜"的大雪。"希楞柱外的雪厚得已经没膝了，气温降得很低很低，山林一片苍茫，河流已经结冰了。"依芙琳"大惊失色"："这不是要来白灾了吗？""白灾不仅会给我们的狩猎带来不便，更可怕的是，它会威胁我们的驯鹿，驯鹿无法扒开厚厚的积雪去寻找苔藓，而会被活活饿死。"依芙琳与玛利亚就去寻几天未回归的驯鹿，却没有踪影。直到男人回来分三路去寻找。结果，由于拉吉达太疲劳，"在马上大概只想打个盹儿，没想到趴着睡着了。他是在睡梦中被活活冻死的"。那"又渴又累"的马，也在"喝完水后，竟'嗵'的一声倒在地上"死去了。而"驯鹿在白灾中走散，其中三分之二走到背阴山坡下，雪本来很大，再加上西北风的作用，把一部分雪刮到那里，等于在它们周围筑起一道高高的雪墙，把它们围固在里面，既走不出来，又寻找不到食物，大都被冻死、饿死，只有四只幸存下来"。由于"驯鹿数量锐减"与"损失"，使人们的生活陷入了极度的困境。白灾让他们失去了顶天立地的亲人，失去了他们赖以生存的马与驯鹿。这是恶劣的生存环境，这是一个多灾多难的民族。不仅如此，那出于生存需要永不停歇的迁徙搬移，干旱袭来的绝望无助，暴雨来临的恐惧不安，雷电击中的死亡阴影，捕杀猎物的凶险时刻，与饿狼搏斗的惨烈场景等，都像潜在的寒流时时袭来，让他们不时处在一种困厄、惊恐之中。

迟子建在《额尔古纳河右岸》后记中说："那片被世人称为'绿色宝库'的土地在没有被开发前，森林是茂密的，动物是繁多的"，"大规模开发开始后"，"伐木声取代了鸟鸣，炊烟取代了云朵"，"那片原始森林出现了苍老、退化的迹象。沙尘暴像幽灵一样闪现在新世纪的曙光中，稀疏的树木和锐减的动物，终于使我们觉醒了：我们对大自然索取得太多了！"[1]

---

① 迟子建：《额尔古纳河右岸》，北京十月文艺出版社、北京出版社 2005 年版，第252 页。

对这一切的忧患与哀伤，甚至超过一切自然灾害的总和。随着现代化进程的加速，人与自然的关系日趋紧张。这种现代文化和工业文明正在侵蚀着森林里鄂温克民族的生存环境，改变着鄂温克民族的历史发展轨迹，历史悠久的神话传说和古朴的风俗习惯日渐委顿失传，外部的物质文明对鄂温克人的压迫与挤占日益明显。而且，他们对于外部世界的精彩纷呈，对于现代文明的神奇魅力，也从坚守渐趋妥协，从抗拒走向接纳。既来不及思考自身的处境，也来不及思索族群的未来，就展开双臂，以淳朴、无私的天性，迎接山外的客人，拥抱现代的文明。结果，植被稀了，河流干了，动物少了，以狩猎为主的游牧民族就失去了立足之地。有谁能够真正体会到他们家园被摧残的内心隐痛？不仅如此，外部世界的侵入和现代文明的膨胀不但破坏了鄂温克人一直坚守的生存领地，还极大地冲击了鄂温克人的价值观和生活方式。那种从外部的吸引到内部的主动自觉，已经渗透到年轻人的血液中，在20世纪五六十年代，鄂温克人到激流乡定居生活的人很少，可到了90年代，走出森林，到定居点生活的人越来越多，留在森林里的人越来越少。九月不仅在激流乡当邮递员，还与汉族姑娘结婚；女画家依莲娜先后与汉族工人和记者结婚生活；帕日格主动融入现代都市社会。而"我的孙女"索玛不但厌倦森林生活，而且接受"性自由"观念，并与各种男子交往，性生活相当随便。这种过度的开发与开放，使他们失去了自己的文化依傍，他们的生存本能和生活趣味便失去根由。于是，他们又顺着驯鹿回到了山林。"我"和西班以及一些猎民依然守着山林的生活方式。女画家依莲娜也从城市回到森林。显然，在依莲娜身上游荡着一种逃离与回归、超越与依附的内在矛盾，她象征着现代人的某种精神荒芜与心灵异化之痛，她一次次从城市返回出生时的大森林，让生命浸润在每一片日光、每一株草木、每一丝山风中，去触摸自我生存的价值，去守望民族文化生生不息的传承。作家通过依莲娜的回归意象，探寻了人类生命存在的方式与意义，捕捉了自然万物与人类自身关系的深层感悟。

四、诗性叙事的境界与美感

《额尔古纳河右岸》是碧波荡漾、郁郁苍苍的一幅画，是幽深明澈、晶莹剔透的一首诗，是辽阔广袤、境界高远的一曲歌。因此，那传奇、纷繁、错综的结构，是精致的古朴之美；那死亡、葬礼、新陈代谢的描绘，是典型的伤怀之美；那古雅、抒情、散文化的文字，是诗词的玲珑之美。它是诗意的怀乡之作，它是美的创造的集大成者。

结构的艺术。长篇小说是一个完整的形象体系，由许多部分组成。从选择题材、酝酿主题开始，就必须考虑怎样组织材料、安排人物、处理情节、布置场景，何处该大力渲染，何处则轻轻带过，开头与结尾怎样呼应，等等，都应有严密而匀称的安排和布局，这样才能把小说的内容统一地组织起来，构成一个完整的整体。结构指的就是这种长篇小说总体的组织和安排。它不仅要求恰当地安排局部与整体、部分与部分之间的外部关系，而且还要精心设计人物的配备、情节的处理、环境的布置等。《额尔古纳河右岸》的艺术结构，既有中心人物一以贯之的单纯发展，又有"花开一枝，话表两头"的双线发展；既有穿插、牵引、印证，又有交错、关联、剪裁。它纵向是历史，横向是文化；前者是经络，后者是血肉，从而构成血肉丰满、浑然天成的艺术整体，展现出一种相互映衬的镜像结构形态。比如小说中"雨雪看老了我，我也把它们给看老了"的"我"，就是贯穿全书始终的中心人物。从"我"往前推，那是祖父与伯祖父，他们是小说的源头与引子。"我"的父母林克、达玛拉，伯父尼都萨满，姑姑、姑父依芙琳、坤德以及堂叔伊万、娜杰什卡、达西等，他们是性格迥异、伦理交织的鄂温克历史的见证者与创造者。而"我"的两任丈夫拉吉达、瓦罗加，弟弟、弟媳鲁尼、妮浩以及哈谢、玛利亚、拉吉米等，他们的狩猎与驯鹿、刚毅与剽悍，则把鄂温克的历史推向辉煌。到了"我"儿子维克特、安道儿，儿媳柳莎、瓦霞，女儿、女婿达吉亚娜、索长林以及小达西、杰芙琳娜、马伊堪等，历史出现了转折与波澜，他们在不断的迷茫中追寻，在艰难的创造中发展。"我"的孙辈九月、安草儿、依莲娜、索玛，重孙辈六月、帕日格、沙合力等几乎背离了鄂温克的历史轨迹，或在寻觅中新生，或在向往中堕落。通过纵向结构的这六代人，写出了鄂温克近百年的历史以及他们的勤劳勇敢、悲苦哀乐。而横向结构则把鄂温克文化与中华文明作了形象的再现。尼都萨满在林克死后，那久久压抑的情感终于喷薄而出。于是，他精心挑选山鸡毛为达玛拉缝制了一条百合花形状的裙子，达玛拉也为尼都萨满精心做了一幅狍皮"伯力"和一个"哈道苦"。然而，由于鄂温克族有"弟弟去世后哥哥不能娶弟媳为妻，而哥哥死去了弟弟可以娶兄嫂为妻"的族规，那熊熊燃起的情爱之火最终限于族规而缓缓熄火，其情感世界只能染上一层无可奈何的悲凉色彩。而拉吉米对养女马伊堪畸形父爱的悲剧，马粪包因妻子逃走而仇恨一切女人的变态等，更显得有些原始蛮荒而沧桑悲悯。到了医生上山用听诊器为鄂温克人检查身体，张兽医为驯鹿治病，高路平采集鄂温克族的民歌民谣的时代，又是一种文明的传播与弘扬了。由于作者运用了这种纵向和横向、历史与文化的交错结构。小说才如此的厚重而又诗意焕发，闪烁着文学经典的艺术光辉。

　　死亡的艺术。把死亡作为长篇小说的艺术创造，这是许多作家情有独钟的抒情主体。巴金就曾说过："像斯芬克司的谜那样，永远摆在我们眼前的是一个字——死。"死是一个非常迷人又非常神奇的谜。它既是一个人不能不猜的谜，一个人若不猜或猜不着便会因此而失去生命（被斯芬克司吃掉）的谜，又是一个永远猜不透的谜，一个永远摆在你的面前、至死都困扰着你的头脑的谜，一个只要你活着，你就得不停地把它猜下去的谜。正因为如此，《额尔古纳河右岸》中的死亡描写，不仅是一个猜不透的谜，还有一种充满了"痛感"与悲悯的情怀。这种充满"有活力的死亡"，只有在笃信神灵的北方少数民族中，他们才会"把身体看做是神灵的一部分或者是自然的一部分。神灵随时都可以把他们的生命取走，无论是在痛苦或者快乐的时候，生命都可以戛然而止。也就是说它们的死亡不仅是奇异的，而且还很即兴的。死亡对他们来说只是生命的另一种存在形式。"①因此，"我"所见到的死亡太多了，几乎"被死的阴影所深深地笼罩"。早年，父亲林克打猎"经过一片茂密的松树时被雷电击中"，死了；母亲达玛拉酷爱跳舞，最后她穿着尼都萨满送她的羽毛裙子，脚蹬一双高腰豹皮靴子在篝火旁孤独地旋转着，直至死去。"我"的父母"一个归于雷电，一个归于舞蹈"。而"我"的第一个丈夫拉吉达是在寻找驯鹿的途中被活活冻死在马背上的，第二个丈夫瓦罗加最后死于黑熊的魔掌。于是，小说这样描写："我和拉吉达的相识始于黑熊的追逐，它把幸福带到我身边；而我和瓦罗加的永别也是因为黑熊，看来它是我幸福的源头，也是我幸福的终点。"生命中的悲剧也像六月天，无法想象也不可捉摸。"我"的二儿子安道尔就是被"我"的大儿子维克特"一枪打在脑壳上，一枪从他的下巴穿过，打到他的胸脯上"，那是维克特误以为其是野鹿而错杀。从此维克特忧郁、忏悔、悲伤，最终酗酒过度而死亡。眼看着亲人一个个离"我"而去，悲伤的"我"依然充满活力和热爱。作者也并没有让死亡的描写戛然而止，而在所有的死亡描写中，做到了形态各异，手法不一。金得吊死"在一棵风干的松树上"，罗林斯基"活活被马拖死了"，齐格达"误入捕兽的陷阱而摔死的"，马伊堪"给他（私生子）断了奶，跳崖自杀了"，优莲难产而死，伊莲娜溺水而亡，列娜冻死，依芙琳老死……在作者笔下，无论何种形式的死亡都是那么的从容，甚至是最具悲剧震撼力的。杰芙琳娜将达西血淋淋的头颅抱到怀中，将它当做一颗被狂风吹落的果实，在温

---

① 周景雷、迟子建：《文学的第三地——与迟子建对话录》，《当代作家评论》2006 年第 4 期。

柔地舔舐干净达西脸上的血迹后吃下采来的毒蘑菇殉情。这是一种独特的人文情怀，更是一种超越死亡的精神境界。这样一种"庄严的死亡"，"有尊严的"、具有宗教感的死亡。正如有论者所指出的："这样的死是属于迟子建的，也是属于北方大地的；一种内在的静穆，一种朴实的光芒，一种壮丽的苍凉。"①

　　语言的艺术。优秀的小说，它的语言必须具有鲜明的地域性，丰富的情感性，生动的形象性，表达的准确性。阿·托尔斯泰曾把文学语言比喻为一种"神奇的电波"，作家利用这种电波把自己的感情、美妙的幻想和独特的思考发射出去，传送给读者，就好像是用写出来的语言在读者的大脑的键盘上弹奏一样。它是一种魔力，也是一种奇迹。因为"文学就是用语言来表达的造型艺术"，②能在人的大脑里唤起一幅幅画面，一座座浮雕，产生造型艺术那样的立体效果。《额尔古纳河右岸》是散文的语言，诗意的抒情；有幽远的意境，古雅的美感。它清澈精细，优美灵巧；亮丽智慧，自然率真。一是散文化语言的华彩与清澈。散文笔法就是形象性、生动性、精美性，不论风雪日月，还是一山一水，都要讲究色彩、声音、明暗、软硬，讲究和谐、匀称、贴切、自然。只有具备这种质的规定性，写出事物本身所包孕的多色调、多形态、多状貌，才能揭示出其中的内蕴。比如作者描写"两条彩虹弯弯的，非常鲜艳，就像山鸡翘着的两支五彩羽翎，要红有红，要黄有黄，要绿有绿，要紫有紫的"。清晰浓烈，鲜艳迷人。而"月亮升起来了，不过月亮不是圆的，是半轮，它莹白如玉。它微微弯着身子，就像一只喝水的小鹿……"月白风清，明媚静谧。它们既美不胜收，水乳交融；又朴实灵秀，诗意盎然，真是一个美丽而神奇的世界。二是情感化语言的温暖与诗意。诗意笔触就是它的情感性、温柔性、思念性。不论是内涵丰富的情爱，还是容量宽广的大爱，都要讲究深

---

① 雷淑容：《苍凉的迟子建》，《青年报》2006 年 5 月 4 日。
② 高尔基：《论文学·续集》，人民文学出版社 1979 年版，第 387 页。

沉、含蓄、雅致、趣味，既情感浓烈，又耐人寻味；既温暖人心，又抚慰灵魂。它是人性善的表现，又是生活的诗意升华。作者描写鄂温克男女生死的爱情是："我是山，你是水。山能生水，水能养山。山水相连，天地永存。"这种温婉的语言，像涓涓细流，缓缓地渗入你的心田，浸润着你，让你感到温暖舒适。而妮浩为死去的孩子唱思念的神歌："孩子呀，孩子，你千万不要到地层中去呀，那里没有阳光，是那么寒冷……你要去就到天上去呀，那里有光明和闪亮的银河，让你饲养着神鹿。"其凄美牵挂的语言，"散发着神性"与人性的光辉。三是地域性语言的独特与生僻。民族语言就是它的独特性、传统性、习惯性。不同民族、不同地域的语言，肯定带有这个民族的特色，民俗的气息；地域的特征，文化的个性。比如"乌力楞""希楞柱""乌娜吉""乌特""额尼""阿玛"等，就是鄂温克人的习惯用语。而"魂灵去了远方的人啊，你不要惧怕黑夜，这里有一团火光，为你的行程照亮……你不要再惦念你的亲人，那里有星星、银河、云朵和月亮，为你的到来而歌唱"。这是以部落的形式聚集生活在森林之中、河流之畔，择草而居，过着原始游牧生活的地域方言；这是与大自然无比亲近，与自然万物亲密无间，以饲养驯鹿和狩猎为主要生存形式的民族语言。它别致坚韧，蕴含地缘的文明；它神妙奇特，具有无穷的魅力。从而创造出了一个诗意盎然的崭新世界。

第二章

莫言长篇小说《蛙》：
生命伦理的救赎与忏悔

《蛙》是一部富有新意的作品。莫言一改他往昔汪洋恣肆、瑰丽磅礴的文风，以一种内敛严肃、波澜老成的方式，演绎"讲故事的人"的志趣和情怀。正如茅盾文学奖"授奖词"所评价的：

> 在二十多年的写作生涯中，莫言保持着旺盛的创造激情。他的《蛙》以一个乡村医生别无选择的命运，折射着我们民族伟大生存斗争中经历的困难和考验。小说以多端的视角呈现历史和现实的复杂苍茫，表达了对生命伦理的深切思考。书信、叙述和戏剧多文本的结构方式建构了宽阔的对话空间，从容自由、机智幽默，在平实中尽显生命的创痛和坚韧、心灵的隐忍和闪光，体现了作者强大的叙事能力和执着的创新精神。[①]

正是这种深沉的思考、独特的眼光，在思想内涵的揭示、人物形象的把握、艺术技巧的处理与运用上，获得成功并产生了世界性影响。

---

① 《文艺报》2011年9月9日。

一、生育国策的当代中国故事

生育问题是一个关系全中国千家万户、十数亿人口，并对整个世界和人类的生存发展与生命伦理都产生深刻影响的重大国策。它几乎贯穿六十年来的当代中国史，也是当代中国社会生活中的"大事件"。莫言的《蛙》展示了这一国策半个多世纪走过的实践历程和它对人民的生存和生活造成的影响。这是当代中国一部形象的生育文化政治史，一曲彰显"生命"主题的悲剧与挽歌。

鼓励生育的历史经验与现实需要。20世纪50、60年代，虽然毛泽东也发表过一些人口要控制增长、人类要有计划地生育等讲话，但他的主基调却是鼓励多生育的。所谓"不让老天下雨是不对的，不让女人养孩子也是不对的"，"人多力量大，人多好办事"等，都是他的经典名言。当然，毛泽东的这些名言也是有其历史依据和现实需要的。孟子在《离娄上》中曾说："不孝有三，无后为大。"① 在孟子看来，阿意屈从，陷亲不义，一不孝也；家贫亲老，不为禄仕，二不孝也；不娶无子，绝先祖祀，三不孝也。而在这三者中，不娶无子是最为严重的一项。孟子在《离娄上》中还说："事，孰为大？事亲为大。"② 亲，指父母。孟子讲究孝道，他认为奉养父母是人生中的头等大事。万恶淫为首，百善孝为先。在我国，尊重先祖，强调亲情，血缘承递，是中华民族延绵不绝的根本保证。从中国历史来看，推行早婚多育，也几乎是每个朝代的通例。吴越勾践令男子二十而娶，女子十五而嫁；宋仁宗时，规定男子十五岁、女子十三岁，必须结婚；明太祖要求，男子十六而娶，女子十四岁须嫁；而大清通律则沿

① 《诸子集成》第一册，上海书店影印世界书局1980年版，第313页。
② 《诸子集成》第一册，上海书店影印世界书局1980年版，第308页。

用明律，否则处罚。就是在苏联卫国战争以后，在朝鲜粉碎了美军的进攻以后，事实上苏联、朝鲜都曾出现过一次次鼓励生育、倡导多育的国家政策。光荣母亲，英雄妈妈，在和平初期已从支援前线，送子参军的范畴转化成为祖国多生多育的概念了。所以，毛泽东在《论持久战》中就说："战争的伟力之最深厚的根源，存在于民众之中。"[①] 又说："抗日民族统一战线是全军全民的统一战线，决不仅仅是几个党派的党部和党员们的统一战线；动员全军全民参加统一战线，才是发起抗日民族统一战线的根本目的。"[②] 而在《论联合政府》"人民战争"一节中，毛泽东更是这样强调着群众在战争中的重要性："这个军队之所以有力量，还由于有人民自卫军和民兵这样广大的群众武装组织和它一道配合作战……没有这些群众武装力量的配合，要战胜敌人是不可能的。"[③] 确实，也正是有了人民战争的汪洋大海才最终取得了抗日战争和解放战争的胜利。毛泽东的论述，显然是正确的。这里既有着我国历朝历代统治者重视人口增长的传统习惯，又有着刚刚结束的长期战争的经验总结。而《蛙》中那段出自万足母亲之口的话语，又有了强烈的现实需要了："如果女人不生孩子，国家到哪里去征兵？天天宣传美国要来打我们，天天吆喝着解放台湾，女人都不让生孩子了，兵丁从哪里来？没了兵丁，谁去抵抗美国侵略？谁去解放台湾？"尽管共和国已经成立，但战争的阴霾似乎仍远未散去，百废待兴又需要大量的劳动力。于是，早生多育催生出了无数的新生婴儿，中国人口从6亿迅速跃升到10亿。政府才不得不考虑实行计划生育，以缓解人口的爆发性增长。

　　计划生育的国家政策与历史局限。20世纪60年代中期，国务院成立了计划生育委员会，提出"一个不少，两个正好，三个多了"的政策；80

---

① 《毛泽东选集》第二卷，人民出版社1991年版，第511页。
② 《毛泽东选集》第二卷，人民出版社1991年版，第513页。
③ 《毛泽东选集》第三卷，人民出版社1991年版，第1040页。

年代初期，更是严厉提出"只生一个好"的政策，从而开创了生育管制的历史。从长远来看，作为基本国策的计划生育，在中国具有一定的合法性和必要性。作为解决不断增长的人口和日益减少的资源之间的矛盾的有效手段，计划生育在控制人口出生率方面具有巨大的历史功绩，当然其政策也存在一定的历史局限性。如《蛙》中那位已经生了三个孩子，妻子耿秀莲又怀了第四胎的张拳，当公社书记秦山下死命令要将他妻子弄到公社流产时，他的反抗犹如困兽，令人胆寒——"张拳手持一根带刺的槐木棍子，把守门口，两眼通红，疯狂叫嚣。张金牙和村里的民兵远远地围着，但无人敢近前。"而在张金牙带着民兵一拥而上，将他按倒在地，反剪了双臂时，"张拳蹲在地上，双手抱着头，呜呜地哭着说：'我张拳，三代单传，到了我这一代，难道非绝了不可？老天爷，你睁睁眼吧……'"，颤栗，恐惧而悲壮，观者无不动容。而那个车把式王脚，当民众将他强行捆绑去结扎时，其绝望之态如出一辙："正当民兵试图用绳子捆绑他的双臂时，他突然放声大哭起来。他的哭声沉痛，令趴在他家院墙上、围在他家大门口看热闹的人们也跟着心中难过，民兵们手提绳子，一时不知所措。"又如，在搜捕孕妇王仁美时，王仁美丈夫的亲"姑姑"，拿着扩音喇叭这样高喊："王金山家的左邻右舍都听着：根据公社计划生育委员会的特殊规定，王金山藏匿非法怀孕女儿，顽抗政府，辱骂工作人员，现决定先推倒他家四邻的房屋，你们的所有损失，一概由王金山家承担。如果你们不想房屋被毁，就请立即劝说王金山，让他把女儿交出来。"她身旁，链轨拖拉机大声轰鸣，震动得脚下的土地都在颤动。当时计划生育是国家大事，人口不控制，粮食不够吃，衣服不够穿，教育搞不好，人口质量难提升，国家难富强，等等。当这种急迫的现实需要与中国几千年传统的多子多福的农民意识碰撞时，更显出问题的尖锐性与复杂性。在此，"姑姑"的理由更是理直气壮："我们愿意野蛮吗？在你们部队，用不着这样野蛮；在城市里，用不着这样野蛮；在外国，更用不着野蛮——那些洋女人们，只想自己玩耍享受，国家鼓励着奖赏着都不生……可我们是中国的农村，面对着的是农民，苦口婆心讲道理，讲政策，鞋底跑穿了，嘴唇磨薄了，哪个听你的？你说怎么办？人口不控制不行，国家的命令不执行不行，上级的指标不完成不行，你说我们怎么办？"

个体生命的人格尊严与罪感救赎。生命是至高无上的，源于被诞育生命的弥足珍贵，源于生命对人类一切价值的先在和超越。生命成为人类不可或缺的逻辑原点，从这个原点出发，人的一切行为和追求才获得价值和意义；失去这个原点，一切都是子虚乌有。生命自身就是目的，本身不可能被当成工具使用，不可被毁损，不可被以各种名义剥夺。生命不应被置于价值评判之中；相反，它应该成为一切价值和行动的出发点。一方面，小说中的"蛙"隐喻并昭示着生命的至高无上；另一方面，"死亡"以一种极具冲击力的形式反衬着生命的无上珍贵。莫言在《蛙》中，已经把"生命意识"体系化成"生命哲学"。在绵密平实、毫不做作的叙事中，将生命之所以至高无上的根源，生命欲求的正当，生命过程的必要和可贵，生命尊严的贬损与维护，生命力的衰弱延续，生命不可预知的困境，生命的救赎等一系列问题以具象的、感性的方式呈现出来，而叙事中暗含着作者倾向，较明确地回应了这些生命追问。于是，他深邃而智慧的处理方式，既触目惊心地如实展示"野蛮"所带来对生命的残害，以引起人们对那段不堪回首的历史的警觉；同时又要将人物的内心引向纵深，让人性、人道折磨与拷问残害生命的"刽子手"的良知。无论有着怎样正义的理由名义，无论有着怎样不得已而为之的历史尴尬，野蛮地残害生命，总是要遭到谴责、得到批判的。因此，小说中所描写的一系列的悲惨死亡，作为铁的事实，不会随着历史变迁、人事更迭、年华老去而改变，遗憾永在，伤痛永在，致人死亡者永远无法自己开脱，缔造的是一种至死难赎的罪。生命的至高无上在这种反衬下更显得不容置疑，回归生命自身成为叙事中隐在的呐喊。因此，无论是"蛙"这个题目与人类的生育繁衍相关的生命象征含义，还是作者作为罪人来写作的"罪感与救赎"的意图，都在《蛙》的剧本中借人物之口说了出来："暂名为青蛙的'蛙'，当然也可以改成娃娃的'娃'，当然还可以改成女娲的'娲'。女娲造人，蛙是多子的象征，蛙是咱们高密东北乡的图腾，我们的泥塑、年画里，都有蛙崇拜的实例。"对"罪感与救赎"，作者也借叙述者之口，在给杉谷义人先生的信中作了反复叙说："至于我自己，确实是想用这种向您诉说的方式，忏悔自己犯下的罪，并希望能找到一种减轻罪过的方法。""既然写作能赎罪，那我就不断地写下去。既然真诚的写作才能赎罪，那我在写作时一定保持真诚。"这显示出了作者深刻而独到的思考，从而使他的创作具有了超越于凡俗的见解与辩证的眼光。而这一切，都使得《蛙》在触及半个多世纪以来国人灵魂最痛处的题材——计划生育这个领域时，具有了其他作家作品所无法企及的智慧、准确与真实，敏锐的思想、丰富的生活经历和感同身受的情感体验，使得莫言的《蛙》有一种更复杂、更深沉的思考。这就是莫言将计划生育的话题与国际流行议题结合起来，从而将中国的问题国际化。作为一位在国际范围内拥有广泛稳定读者群的作家，他的每一部作品都势必引起世界范围内的读者的注意，从而将极具中国特色的中国故事，用普世化的语言方式讲述出来，在国际上产生世界性的影响。

二、人物性格的时代生活烙印

"姑姑"是《蛙》塑造的一个性格非常鲜明、典型、独特的人物形象。她既是"圣母"，又是"妖魔"；既是天使，又是灾星；既是"完人"，又是"罪行"；既是"活菩萨"，又是"活阎王"。正如莫言说的："我最满意的还是塑造了姑姑这样一个人物形象。姑姑是我心中的神。"又说："计划生育以及几十年来中国的社会现实，都是我塑造人物使用的材料和背景，我的目的……借计划生育来表现、塑造一个在我们的文学史上没有出现过的、独特的典型人物形象。"①"姑姑"形象的塑造，实现了莫言这一创作目标。

"姑姑"出身经历特殊，是在高密东北乡具有独特魅力和影响力的人物。她有传奇的革命童年与少年，有机会去卫生学校学习从而成为一名知识的女性、出色的妇科医生。20世纪50年代国家提倡生育人口，"姑姑"是一个接生能手，接生了数千个婴儿，是受高密东北乡人敬重的圣母般的人物。在这个特殊的年代，她作为先进接生技术的掌握者，是对传统"接生婆"某种进步的体现，或者说在一种传统与现代的视野里体现了某种现代性，因此也是生命权利的张扬和保护。她因此成了"送子观音""送子娘娘""生命天使"，她还不止一次地、无私地将自己身上的血输给了病人，充满着人性的精神之光。"姑姑"不仅有高超的医术，还有一颗柔软仁慈的心。在早期接生为主的年代，"姑姑"一次去为难产的牛接生，虽然她满嘴抱怨，但依然对哪怕是牛这样的畜类的生命也是真心呵护。特别是"姑姑"在给地主婆艾莲接生的时候，作品中写道："姑姑是个阶级观念很强的人，但她将婴儿从产道中拖出来那一刻会忘记阶级和阶级斗争，她体会到的喜悦是一种纯洁、纯粹的人的感情。"这是莫言关于生命的天籁式诗学对"姑姑"内心世界的准确把握和赞美。尤其在"锅门"争夺的第三场大戏的关键时刻，陈鼻的妻子王胆在筏子上开始生产了。就"锅门"争夺而言，"姑姑"的小组输了，陈鼻喊叫着"姑姑"和他的徒弟的名字。"你们败了！哈哈！你们败了啊！"泪水沿着这个大胡子男人的脸，一行行地滚下来。与此同时，王胆发出一阵令人毛骨悚然的、撕肝裂胆般的哭叫声。机船与木筏紧挨着时，姑姑一探身，伸出了一只手。陈鼻摸出一把刀子，凶神恶煞般地说："把你的魔爪缩回去！""姑姑平静地说：'这不是魔

---

① 莫言：《写小说就是"胡编乱造"，想写战争小说》，《大众日报》2011年7月23日。

爪，这是一只妇产科医生的手。'我鼻子一酸，心中猛省，大声喊：'陈鼻，快把姑姑接上筏去，让姑姑给王胆接生！'"这是令人动容的、千钧一发的时刻。"姑姑"在特殊的关键时刻的冷静、从容、坚决、果敢的角色迅疾转换，戏剧般地显示了她性格形象的内在统一和差异以及她外表下不为人理解的仁慈本心。在这一刻，"姑姑"的形象放射出的光辉的、性格的、政治的、职业的等多方面的魅力，是感人至深而且崇高怜悯的。

然而，在莫言的笔下，"姑姑"又是一个冷酷无情、敢作敢为的"恶魔"。在"文革"之初，"她对曾经保护过她的老院长毫不客气"，以致他不堪凌辱而自杀；对同事"黄秋雅更是残酷无情"，并最终使其为一次被诬告的计划生育事故充当了"替死鬼"。在计划生育开展得雷厉风行、如火如荼的年代，"姑姑"作为公社计划生育小组副组长、计生专家表现出了几近狂热的工作热情和相应的几近冷酷无情、铁面无私的严厉形象，大有将一切违反计划生育政策的孕妇所怀胎儿赶尽杀绝的趋势，并直接导致三个女人死亡。第一个是地主的媳妇，因为怀孕被计划生育办的人追赶。成分不好当然更不可违反政策，计划生育办的人追着她要把她人流。女人走投无路，居然游到河里面去，"姑姑"等人就在河上坐船追，最后一直追到河水见红——不仅是流产，连这个媳妇也死掉了。第二个就是小说主人公"我"的第一任妻子王仁美。王仁美前面有个女儿，但她想生一个儿子。虽然男人坚持带套，但她悄悄用针扎了一个洞，骗了丈夫之后怀孕。为了抓到"我"的妻子王仁美去流产，"姑姑"无所不用其极，并不无自负而清醒地说："我知道这没有道理，但小道理要服从大道理，什么是大道理？计划生育，把人口控制住就是大道理。我不怕做恶人。我知道你们咒我死后下地狱！共产党人不信这个，彻底的唯物主义者是无所畏惧的！即便是真有地狱我也不怕。我不下地狱，谁下地狱。""姑姑"的这种狂热连"我"父亲也感叹说："责任心强到这种程度，你说她还是个人吗？成了神啦！成了魔啦！"最终，我作为一个军人，服从命令竟比保护家人更重要，眼睁睁看到"姑姑"前后三次到"我"家里去逼迫"我"心爱的她，终于把她找出来做了人流，最后王仁美死掉。第三个死者，就是"我"的同龄好友陈鼻的女人。鼻子很大的乡亲陈鼻，三代单传，一直想要一个儿子，非常迷信，怀着使命感，后来他和一个叫王胆的女人在一起，小说描写王胆畸形的娇小，只有七八十公分高，可是什么都齐全却很小。男人陈鼻却什么都很大，构成一对很特别的爱情画面。王胆怀孕后，被告知她这样的身体不该生孩子，于是"我"的姑姑又领着人一起去追，死命去追，最后竟也追到了王胆。小孩还是生下来了叫陈眉。但王胆却死掉了。由于几条人命的丧失，"姑姑"似乎真成了一个革命的、政治的"女恶魔"，"姑姑"是个传奇式的人物。在阶级斗争年代，"姑姑"因为恋人飞行员驾机投敌受牵连，她成为社会专政的对象，受政治打击和身心摧残。与县长杨林的未成真的婚姻传闻，"文革"中意外遭遇的杨林非出本心、实为无奈而泼来的"脏水"，蒙受百口莫辩的侮辱和冤屈。职业生涯后期得到杨林的意外支持和对已成为省级干部的杨林再次邀婚并调入省城的婉拒等个人机遇和历史、政治现实。她是为了革命工作牺牲了爱情，牺牲了自己的青春，她为了维护国家的法律，赴汤蹈火般地迎接一个个的任务。所以，在她的身上，既有着无限的忠诚，对自己的亲侄媳妇也毫不留情；又有着过人的智慧，试图逃脱计划生育者无论怎样费尽心机、花样百出也逃不出她的掌控。她意志的坚定，让人咂舌，自己被"人家用刀子戳得血流满地"也没有丝毫动摇；她品质的纯净，令人叹服，她的所作所为，没有一丁点儿的私欲私心。这是个为时代牺牲的人物，在她光辉的历史下，她受到身体上和精神上的重重伤害。最后，她竟变成了剧作家蝌蚪代孕生子的帮凶，曾经的正直品格，完全化解了。晚年的姑姑，陷入无比的恐惧与痛苦之中。她怀着赎罪的心理，嫁给了当地的泥塑大师郝大手，在他们居住的三间厢房里，所有的窗户都用砖坯堵住，东、南、北三面墙壁上，全是同样大小的木格子；每个格子里，都放着一尊泥娃娃，总计摆了 9000 多个泥娃娃——她一共曾"帮助"9000多人流产。这是一种奇特的救赎方式，"……我明白，姑姑是将她引流过的那些婴儿，通过姑父的手，一一再现出来，我猜测，姑姑是用这种方式来弥补她心中的歉疚……"而到了夜深人静的时候，噩梦总是伴随着她："那些讨债鬼们，到了他们跟我算总账的时候了。每当夜深人静时，那只猫头鹰在树上哇哇叫的时候，他们就来了。他们浑身是血，哇哇号哭着，跟那些缺腿少爪的青蛙混在一起。他们的哭声与青蛙的叫声也混成一片，分不清彼此。他们追得我满院子逃跑……"只有恐惧与折磨，才能最为准确地表现出姑姑晚年的心态，表现出人类尚未完全泯灭的人性之光。在她的身上，浓缩着解读不尽的历史、时代、社会、个体生命、民间、底层、革命等相互交织、渗透、矛盾的信息与密码，既可以冠之以"圆形人物"，又是中国文学历史人物长廊中色彩鲜明的"这一个"。

《蛙》塑造了一批批栩栩如生的人物形象，上演了一幕幕精彩纷呈的生命悲喜剧。这些生命凝结成了一个文学"建筑群"，矗立在当代文学的版图上，成为解剖历史、思考现实、捍卫生命、领悟人生的一片独特的风景、神奇的宫殿。小狮子既是姑姑忠实得力的助手，又是"我"的第二任太太，20来岁就开始跟着姑姑一起做计划生育工作。姑姑领着小狮子等一起展开了对个体生命的残酷剥夺，毫不留情地扼杀。直到50多岁，还没有孩子。对失去生殖能力的小狮子而言，年龄越大越感到孩子的可爱。在知道袁腮代孕公司的秘密之后，想要做妈妈的欲望让她趋于疯狂。竟然还得到姑姑这个曾经的计划生育政策捍卫者的响应和支援，她们的共识是女人只有知道生养才能成为完整的女人。小狮子知道自己不可以生，但可以养。为万小跑要个男孩的疯狂代孕计划，与其说是受"传宗接代"的伦理观念驱使，还不如说是受要做妈妈进而完成女人的生命过程这一强烈意愿的推动。最后，小狮子假装自己怀孕，所有的人都觉得她是怀孕，还叫了一辈子逼人节育的姑姑来帮她"接生"，接出来的竟然是带乱伦性质的"我"在牛蛙科研中心办无性代孕，精子植入陈眉身上生的孩子。而性格泼辣、直来直去的王仁美，是主动找上门来要嫁给"蝌蚪"，出嫁当天在婆家的出人意料、让一般人"受不了"的大大咧咧的一举一动，偷偷怀孕的"诡计多端"，拒绝"堕胎"的逃避，进入手术室前关于肖下唇"亲口"等匪夷所思的怪言怪语的解释，都简洁传神地呈现出了一个性格鲜明又内涵丰富的农村妇女形象！"蝌蚪"作为一个剧作家，既是"我"，还是"万小跑"，他种过田，也当过兵。最终却成为"香火"观念的不自觉继承者。因此他认为，只有女儿没有儿子的父母的生命过程同样是不完整的。万小跑只有女儿，女儿却远在天边；万小跑最后有了儿子，儿子可以绕膝承欢：这不同的生命过程的体验是不可置换的，因此是必要的，更是可贵的。小说还写一个叫秦河的年轻人，在"文革"期间是一个乞讨的书生，行为很怪，跟周围人及环境均不合群，可到了"文革"后居然变成了一个捏泥人大师。莫言用了很多笔墨写他怎么变成一个大师，对这个"知识分子形象"，又像欣赏又似讽刺。高密东北乡最漂亮的姑娘陈眉外出打工在一场大火中被烧毁了面容，被迫与人代生孩子充当"孕奴"为父还债，又被出尔反尔的袁腮等人欺骗，精神上饱受摧残。还有出场时间不是很多的李手、郝大手、王脚、黄秋雅、杨林、"我"的父母等，不管笔墨多少，都是生动鲜活，呈现出原生态般的真实面貌。

三、表现手法的独特新颖别致

莫言的小说艺术是独创的、个性的。它既吸取了中国传统小说的艺术形式，又把现代的思想和理性精神贯注其中；既立足中国的民族历史，又进行了适当的当代改造；既符合民族读者的阅读习惯，又给读者以精神的滋养和启迪。《蛙》的隐喻、结构、语言艺术就是建立在中西小说资源的基础上，不仅已经非常成熟、个性非常鲜明，而且达到了自由创作的境界。

隐喻手法，是本体与喻体经过联想后的直接黏合，属于一种深层次的表述方式，寓意深刻、含蓄，意蕴深远，能对表现手法的生动、简洁、加重等方面起重要作用，比明喻更加灵活、形象。《蛙》的主旨能超出故事本身的内涵，主要是隐喻手法的恰当运用。比如"蛙类并没有什么可怕的，人跟蛙是同一祖先，她说，蝌蚪和人的精子形状相当，人的卵子与蛙的卵子也没有什么区别；还有，你看没看过三个月内的婴儿标本？拖着一条长长的尾巴，与变态期的蛙类几乎是一模一样啊"！这就将一系列与蛙相关的意象镶嵌在巨大的张力场中，使"蛙"与形而下的"娃"暨形而上的"生命"构成映射关系。在"蛙—娃—生命"的隐喻链条中，"蛙"是最表层的象征符号，其作用是唤起和同构；而生命是其隐喻的终点；其中间的"娃"作为历史社会场域中的问题，纠结之点是最具戏剧性的，也是最好的透视视角，所以，小说围绕"娃"与计划生育而写，在历史场景和生活事件的流转中，在人事变幻中，透视并呈现深隐的终极价值诉求——生命。这就是小说的深层含义，它隐喻了生殖文化对中华民族的影响力。主人公蝌蚪的名字也有隐喻意味，剧本中姑姑就说："看到成群结队的蝌蚪在水中相挤着，那年大旱，蝌蚪比水还多。这景象让姑姑联想到，这么多蝌蚪，最终能成为青蛙的，不过万分之一，大部分蝌蚪将成为淤泥。这与男人的精子多么相似，成群结队的精子，能与卵子结合成为婴儿的，恐怕只有千万分之一。当时姑姑就想到，蝌蚪与人类的生育之间，有一种神秘的联系。"一个讲述生殖文化的剧作家本身就是生殖化的。书中人物大都以人体器官命名，鼻子——陈鼻，手——李手，肝——王肝，胆——王胆，嘴唇——肖上唇，等等。正是这个意义上的隐喻，人最应该珍视的还是身体和生命。作者把小说的封面设计也在红色的底色下站着一个孩子，又像是一个青蛙，有一股强烈的生殖气息。这既是莫言一贯怪异并荒诞笔法的新变化，又隐喻了人的身体是生殖文化的产物，个人的生死悲苦与特定历史背景下的生殖文化紧密地联系在一起。小说中姑姑嫁给郝大手的过程也是有隐喻意味的，姑姑被一群青蛙追逐，被青蛙撕去了衣裙，这件事说起来不具有现实性。但具有内在情理上的合理性，它暗指了我们每个人都是有罪的，姑姑对自己罪恶的忏悔通过自己的丈夫将那些被流产的婴儿重新捏出来，以赎回自己的罪恶。有罪的人不止姑姑，叙述者蝌蚪，接受信件的杉谷义人，等等，很多人都是有罪的，如莫言所说："要把自己当成罪人来写，他们有罪，我也有罪，当某种社会灾难或浩劫出现的时候，不能把所有责任都推到别人身上，必须检讨一下自己是不是做了需要批评的事情。"因此，小说就不仅仅是写历史，写民间传奇故事，而是在故事之中有深层的人性反思和文化反思，这就极大地扩展了小说的意蕴空间。

结构创新，既使书信、小说讲述、戏剧融为一体，又使书信是真实的，小说是虚构的，戏剧是真假混合的；既以真真假假的方式切入时代，让读者深思，又引导读者从小说表层趋离出来，获得更深层次的认识。这种结构上的新颖别致，是剧作家蝌蚪写信的方式，以 5 封短信、5 篇故事叙述加上一个剧本构成。小说前三部分是真实的虚构故事。既有王脚及肖上唇为抗拒对男子的结扎手术而作出的抵抗，又有张拳及其妻子耿秀莲为了实现自己超生的愿望而付出的殊死努力；既有王仁美为超生而付出生命的代价，又有陈鼻与王胆夫妇为了实现自己超生的愿望而拼死抗争。这些人的生命被置于一种混合的结构形态之中，如同小说中李手对蝌蚪所言："文明社会的人，个个都是话剧演员、电影演员、电视剧演员、戏曲演员、小品演员，人人都在演戏，社会不就是一个大舞台吗？"现实和戏剧的内在本质被人物一语道破，在这里获得强烈的讽刺效果。而《蛙》中蝌蚪写给杉谷义人的书信，则是以一个文学青年向一个文学家请教的口吻写的，涉及的主要事情是如何进行文学创作，如何将姑姑的事情写成文学作品。譬如，青蛙对姑姑撕扯场面的描写，譬如说陈鼻父女的形象、蝌蚪被小无赖追赶的场面、姑姑给小狮子做怀孕检查的描写，等等，更多具有写意的成分。这种叙述方式极大地扩充了小说的内容，使小说有了多重意义空间。正如蝌蚪在信上说的："在过去的二十多年里，中国人用一种极端的方式终于控制了人口暴增的局面。实事求是地说，这不仅仅是为了中国自身的发展，也是为全人类作出贡献。毕竟我们都生活在这个小小的星球上。地球上的资源就这么一点点，耗费了不可再生，从这点来说，西方人对中国计划生育的批评是有失公允的。"从而形成了对故事的补充和映衬，也指出了小说写作的意图，引导读者去深入思考小说故事叙述中沉甸甸的另一面。小说的最后一部分是剧本，在这个荒诞的话剧中，我们看到许多人都睁着眼睛说瞎话，共同编造着谎言和骗局，让生活本身变成了虚构的戏剧。小狮子一直想象着自己怀孕并模仿生孩子；姑姑为想象和模仿生孩子的小狮子接生；陈眉模仿民女告状；魏所长模仿包青天。"高梦九断案"更成为荒诞的戏中戏。那历史上的高密县令高梦九断的案子是今天的，官府被买通，采取了一种遮人耳目的方式断案，这个颇有寓意的情节戏谑了历史没有进步，在经济发展的当下时代，政治黑幕并不比历史上任何时代少。剧本在内容上是小说故事的延伸，但采取的形式却是戏谑的。于是，这个新的不同版本的故事，就形成了对前四部分的颠覆或对话，构成了与前四部分的"张力"关系，从而加深、丰富了读者对姑姑等人故事的理解。虽然第五部分只有情节上的补足性意义，并没有意蕴上的独立意义，但却以话剧剧本这一文体形式，实现了小说结构艺术上的创新。

语言特征，既是"有灵魂的活的语言"，又有"最高形式"的艺术体验；既是感觉的传情达意，又有色彩的意象叠加。莫言说："要让自己的作品充满色彩和画面、声音与旋律、苦辣与酸甜、软硬与凉热等丰富的可感受的描写，当然这一切都是借助于准确而优美的语言来实现的。"①《蛙》就借助这种酸甜、凉热的感觉来传情达意，使字里行间充满感觉化、感官化的色彩。比如小说描写"姑姑"一个人走夜路，两边是一人多高的芦苇。一片片水，被月光照着，亮闪闪的。忽然，姑姑听到了叫声："蛤蟆、青蛙，呱呱地叫。这边的停下来，那边的叫起来，此起彼伏，好像拉歌一样。有一阵子四面八方都叫起来，呱呱呱呱，叫声连片，汇集起来，直冲到天上。""常言道蛙声如鼓，但姑姑说，那天晚上的蛙声如哭，仿佛是成千上万的初生婴儿在哭。姑姑说她原本是最爱听初生婴儿哭声的，对于一个妇产科医生来说，初生婴儿的哭声是世上最动听的音乐啊！可那天晚上的蛙声里，有一种怨恨，一种委屈，仿佛是无数受了伤害的婴儿的精灵在发出控诉。"这段文字由实到虚，是姑姑的印象记忆、情感渗透、想象参与的感觉化、感观化描写。姑姑恐惧，因为她知道，那些被扼杀在胚胎里的生命，就这样在一个夜晚以奇幻的方式集体向姑姑追索、声讨。这里蕴藏了多少人物的复杂的情感和对现实的救赎，也蕴含了作者对姑姑在具体历史情境中的深入骨髓的心音的敏锐捕捉。这或许就是作者调动自己全部感官和感觉的力量，为读者营造出一种奇异色彩的语言感观世界，既出人意料，又深入骨髓。真是有灵魂的活的语言精华！而且，《蛙》的语言形式多样，色彩斑斓，既有政治语言，这体现在"文革"时代的人物语言中，以姑姑的讲话为代表："姑姑严肃地说，你们年轻人，要听党的话，跟党走，不要想歪门邪道。计划生育是基本国策，是头等大事。书记挂帅，全党动手……"这段姑姑的话很夸张，塑造了一个深受政治影响的人物形象，在字里行间隐隐地表达了对历史的揶揄；又有诗意化的戏谑语言，小说写道："她眼里饱含着泪水，是因为爱孩子爱得深沉。"这是对艾青诗歌的戏谑，在嬉笑中蕴含了人物严肃的一面。既有朴素、简洁的叙述

①　莫言:《用耳朵阅读——在悉尼大学演讲》，见《用耳朵阅读》，作家出版社2012年版。

语言，"在河边钓鱼的闲人杜脖子亲眼看到我姑姑从对面河堤上飞车而下，自行车轮溅起的浪花有 1 米多高。水流湍急，如果我姑姑被冲到河里，先生，那就没有我了。"这段语言很简洁，也很有神韵，还很幽默，姑姑泼辣、豪爽的形象从叙述中呼之欲出；又有狂欢的语言，"姑姑说，王家嫂子，我为你女儿抽了 600 CC，现在，你又捅了我一剪子，咱们血债用血还清了……请你们给陈鼻和王胆通风报信，让他们主动到卫生院来找我，否则——姑姑挥动着血手说——她就是钻到死人坟墓里。我也要把她掏出来！"这既是反讽的狂欢，又是赌咒发誓的狂欢，人物这种异乎寻常的言行举止，既是姑姑忠心于党，执行计划生育政策、路线、方针，毫不动摇的坚定信念，又是对那些超生孕妇赶尽杀绝暴行的控诉鞭挞。这种人魔共处的魔幻世界，使小说充满了狂欢的恐怖。《蛙》的语言，既积极吸收了民间的生活语言，古典散曲的语言，又注重语言的气势，注重感性书写语言的铺排。作家只有使用这样的语言，才能呈现出一个独特的艺术世界。莫言正是这样一个有独特语言风格、有语言自觉的优秀作家。

第三章

刘震云长篇小说《一句顶一万句》：引车卖浆者的孤独与悲悯

  刘震云是中国当代文学最具探索精神的作家。从《一地鸡毛》《温故一九四二》到《故乡天下黄花》《故乡面和花朵》，从《一腔废话》《手机》到《我叫刘跃进》《我不是潘金莲》等，无论是新写实小说，还是新历史故事；无论是新媒体批判，还是日常生活叙事，都实现了由繁到简、由张扬到内敛、由奢侈到朴实的转变。既是震撼人心的民族心灵史，又表现了人性的倾轧、自私与残忍；既有现代生活的卑微无聊，又展现了历史生活的残暴恶毒；既有思想的智慧，又有灵魂的闪光。

  而获得茅盾文学奖的长篇小说《一句顶一万句》，通过一个家族百年的历史变迁，展现出了五行八作底层百姓在茫茫人世间生存的艰难、卑微、无助，挖掘出日常生活中的偶然与荒诞，发现了语言交流不畅所带来的心灵隔阂。在洞悉了"说话"对于改变人物命运的种种可能性中，勾勒出琐屑驳杂世态表象下的生存本相和精神重负，对人类生存困境及其个体存在意义的追思。

一、"贱民"百姓的日常生活

　　小说生动地描写了五行八作、"贱民"百姓在不同时代、不同环境下的交往、找朋友的历程。它是一场精神游离之旅，为找寻那触动心灵的一刻，芸芸众生孤寂难自弃，冷暖各心知；它是原生地、朴素地展现中国"贱民"的生存经验、文化精神的一种成功的尝试。既有横亘时空的相同感触，又有平凡琐碎的交往艰辛；既有孤独感的自我倾诉，又有"贱民"人生哲学的玄幻猜想。

　　《一句顶一万句》是一幅引车卖浆者生存境遇的广阔画面。所谓"贱民"，就是指那些不安分于土地上进行传统耕种的以小手艺为业的三教九流的农民。小说里既有剃头匠老裴，也有卖凉粉的老杨；既有杀猪的老曾，也有贩葱的姜虎；既有铁匠老李，也有赶车的老马；既有教私塾的老汪，也有老中医老胡；既有戏子苏小宝，也有县长老史；既有开拖拉机的侯宝成，也有首饰匠老高；既有做醋喊丧的罗长礼，也有开染坊的老陶，等等，五行八作，无奇不有；三教九流，无所不能。"贱民"的生活是平淡无奇的，在平淡无奇的生活中发现小说的元素，这是刘震云的能力，他不仅描绘出了引车卖浆者的生动生活画面，而且对人物内心秘密的核心部分进行了揭示，这就是关于隐痛、不安、焦虑、无处诉说的秘密。比如老詹牧师，他在中国传教一生，他的信仰和话语却找不到一个精神上的回应者，除了嘲笑和误解，他没有一个真正的信徒，吴摩西即便名义上信了教，甚至改了名字，但他仍然没有理解和接受过詹牧师的信仰。老曾也说"他跟主没有一袋烟的交情，大家都隔着行，所以跟木匠的儿子（耶稣）说不着"。对此，作者就从中国传统文化的鼻祖孔夫子那儿找到依据，教私塾的老汪是位民间高人，他对《论语》的理解往往与常人的理解大相径庭。如"有朋自远方来，不亦乐乎？"一般都理解为远道来了朋友，十分高兴。但老汪说："高兴个啥呀，恰恰是圣人伤了心，如果身边有朋友，心里的话都说完了，远道来个人，不是添堵吗？恰恰是身边没有朋友，才把这个远道来的人当朋友呢"？老汪说到这里还伤心地流下了眼泪，仿佛孔夫子正在等着他这个远道的朋友去说话呢？在这样一幅生活画面里，人与人都是隔着的，连找个说话的人都没有。这说明引车卖浆的存在方式，就在于他的"无根"，四处漂泊，没有立锥之地。在农耕社会，土地、故乡、祖先、姓氏就是人的根。延津是刘震云生活与文学的故乡，这就是刘震云的根，可延津对小说中曹青娥来说就是一个镜像——一个模糊的影像，是故乡、家园和童年的象征，并不具有实际的意义。可曹青娥结婚后，时常怀念那个戴着白手套耕地的侯宝成，甚至在她怀孕的时候还挺着大肚子走了很远去找他，只是为了让他离婚和自己过，可当她真正看见那苍老得和自己家里老公无异的男人时，她心里想，看来自己心中的那个侯宝成已经死了，又只能转身离开，还是寻不到"根"。所以，这些"贱民"是中国最边缘或底层的群体，是"沉默的大多数"，是没有话语权力的阶层。他们在日常生活中的言说被排除在历史叙事之外，刘震云发现了这个群体说话的历史和隐含其间的伦理与品性等。于是，说话就是他们的日子，他们最终要寻找的还是那个能说上话的人。这才使这部讲述市井百姓的小说，超越了明清的话本小说而具有了广阔的生活画面与时代的现实意义。

这是一曲底层生存者孤独感的自我倾诉图景。人与人沟通的困难，知心话难说，知心朋友难找，这就是他们孤独的处境。这种孤独就是"贱民"百姓日常生活中的孤独。雷达说："它首先并不认为孤独只是知识者、精英者的专有，而是认为三教九流、五行八作、引车卖浆者们，同样在心灵深处存在着孤独，甚至'民工比知识分子更孤独'，而这种作为中国经验的中国农民式的孤独感，几乎还没有在文学中得到过认真的表现。"① 写孤独，写隔膜，不仅是这部小说的重要主题，而且把这种孤独、隔膜推广到底层百姓的日常生活。这是人类共同面对的本源性孤独。这种孤独与生俱来，是人的生存的一部分，是不可克服、不可更易的。人，永远都在找的路上，人是永恒孤独的存在。于是，人类陷入了"寻找"（找人和找话）的宿命和轮回。比如小说中的赶大车的老马，和卖凉粉的老杨，在外人的心目中，他们是好朋友，等到老杨瘫痪在床，老段来到床前，告诉他一个事实："不拿你当朋友的，你赶着巴结了一辈子；拿你当朋友的，你倒不往心里去。"这老段其实是来报仇的，报老杨从来不把他当朋友的仇，他讲出来的事实仿佛揭了老杨的伤疤。受到打击的老杨只好在杨百业跟前说了实话：他之所以要把老马当成朋友，是因为他曾经在"话上被老马拿住了"，他对杨百业说了一句至理名言："事不拿人话拿人呀。"不是人拿话而是话拿人，在这里，说出来的话成了主体，成为了掌控者，说话的主体虽然是人，但一旦话说出来后，他就创造出一个新的主体，他反而沦为被掌控者，他被他说出来的话所掌控。显然，这里的每个人之间在伦理上是紧密的，但在心灵上是疏远的，没有信任，只有算计和猜忌，终生都在寻找"说得着"的人，但似乎这永远都是一个荒唐的梦，从纵向的时间逻辑看，这种情况似乎也没有改变的可能——即使是乡土文明最终消亡，它也不会改变，牛爱国的脚步虽然已经迈入了市场时代，但他和外公杨百顺之间相隔百年的历史变迁，并没有显出丝毫的"进步"，他所承受的一切与外公的命运没有任何本质的变化。中国人对幸福的理解是"安居乐业"，但这祖孙两代人却一直在奔波，无论他们为了什么，可以肯定的是他们的生活与人生，不仅是孤独的，也是不幸的。即使像县长老史与戏子苏小宝"手谈"（影射同性恋），他们"手谈"高潮让杨摩西倒夜壶时撞着了，这就破了

---

① 雷达：《〈一句顶一万句〉到底要表达什么》，《天津日报》2009 年 6 月 1 日。

"手谈"的好局。这里所有的"交流"，动机都虔诚，甚至真挚，而结果总是荒谬，大都以失败告终。这就提示我们，说话既是链条和纽带，又是一层无形的屏障。也就是说，人与人之间的交往和关系是由说话所构成的，它使得人们之间的关系不是直接的、真实的世界了，它转换成了说话的世界，因此，在说话的世界里实现人与人之间的交流，是不可能做到心与心之间的沟通的。哪怕是人与人处在零距离的身体接触，有时候也许两人都会感到心与心之间相距遥远。让我们感到震惊的是，刘震云以不动声色的方式讲述着很琐碎的人与人之间的关系，却处处细节都在传达着这层意思：说话具有不可预知的力量，说话的结果又往往不是说话者的本意，人们每天都不得不说话，却又无法通过说话真正与人沟通。在说话中看似热闹，其实每个人都是孤独的。因此，小说中的众多人物，虽然相互之间说话说得挺亲热，但没有谁和谁真正成为朋友，谁和谁能心贴心地相互了解，每一个人都是孤独的个人。这既有点直追世界文学经典《百年孤独》，又有点像萨特的"他人即地狱"。也许刘震云就是一个存在主义者，小说通过普通人的日常生活，把一种孤独的存在，写得淋漓尽致、栩栩如生。

这是一轴"贱民"百姓人生哲学的深邃画卷。乡土"贱民"以他们的方式去寻求交流，并以"说到一块去"作为生存意义的价值判断。把这种判断引向形而上的方向，引向人生哲学的方向。它就像我们头顶上浩渺而寂静的天宇，在这个天宇中漂泊，就能建构一种自发的"贱民"的自我意识，一种新的乡土中国叙事。因为"贱民"也有内心生活，也有发现自我的愿望和能力。尽管这些"贱民"的说话和见解只限于小农经济的生活琐事，限于家乡方圆百十里，但对他人的认识、对世界的认识的可能性在大大增强。但"贱民"毕竟见识不广、心胸不宽，一会儿友谊深重，一会儿反目成仇；一会儿寻求友爱、重建友爱，一会儿是朋友的误解、婚姻的错位。不论解构是其突出的意向，还是重建在细微的差异中进行，都构成了一个循环的戏剧学，这就是小说人物自然而然形成的基本的人生态度，也就是他们的人生哲学。小说写亲人、朋友之间的反目就几乎构成了"友爱"的二律背反的关系，杨百顺为了猪下水觉得师傅师母太小气，就要另谋出路；杨百业白捡到一个富家女子秦曼卿，缘由是老秦老李两个大户人家因误解使气。牛书道与冯世伦反目之后，他们的儿子们，牛爱国和冯文修也在模仿他们重建友爱，但最终他们却反目。牛爱国与庞丽娜、庞丽娜与小蒋、牛爱国与章楚红，他们之间都在爱欲的背叛关系中隐含着重建爱欲的可能性，其重建也是隐含着重复与延异的结构。牛爱国另辟蹊径，也有其他的朋友可以说话，杜青海，甚至少年时代的敌人李天智也有短暂的时间说过交心的话。乡土中国的家庭伦理与友爱显然具有现实性，具有乡土的全面本性。作者把这种乡土中国本性看得很透，他给它一种想象和愿望，给予一定的开启性，却又看到它关闭的必然性。这就是一种乡土中国的辩证思维，也是"贱民"的人生哲学现象。其实，人们都为生存在奔波，但最终归结到了寻找一句话上。小说主人公罗长礼，也就是后来改名的杨摩西，离开故土延津在外漂泊，临终留下一句话给孙子罗安江，于是罗安江千方百计要回延津去找爷爷当年丢失的女儿巧玲，要把这句话当面告诉她。可是罗安江还未找到巧玲就去世了。为此，牛爱国千辛万苦找到了延津，想知道七十年前他的姥爷罗长礼到底留下了一句什么话，牛爱国仍然找不到这句话，但他自己有了一句新话，他要把这句新话告诉他过去的情人章楚红，于是他要去找章楚红。小说就在这里戛然而止。看来，罗长礼留下的一句话，就是刘震云认为能够顶一万句的那句话吧！刘震云没有提供半点线索让我们去寻找答案，其实未能寻找答案本身就是答案。因为只有当一句话人们不知道，人们又迫切要去询问这句话是什么时，这句话就能够顶一万句了。也许我们的生存方式就是这样，一方面我们没完没了地说了许多的话，另一方面我们又在寻找一句顶一万句的话。这句能够顶一万句的话，也许就是哲学家们所说的人生哲学。说到底刘震云所做的事情不就是在寻找一句顶一万句的话吗？他明明知道没有这句话，但他仍要寻找，寻找一种"贱民"百姓永恒定律的人生哲学。

二、蝼蚁人生的卑微命运

杨百顺是蝼蚁人生的典型代表，是乡土中国的破碎的日常生活的形象再现。他命运卑微，背井离乡；走村串镇，屡战屡败。既与土地无关，也与现代以来的农村土地革命及其战争无关。他的存在既是人物形象本身的意义对应历史理性的结果，又在他身上能够产生独特性的思想价值。

杨百顺蝼蚁式的人生，既卑微，又艰辛；既无奈，又无助。他在家里与父亲、兄弟"说不着"。他很小就遭遇父亲的算计，让他弟弟杨百利去延津上新学，因为杨百顺比杨百利脑子更活泛，怕他翅膀硬了会飞离做豆腐的家传祖业。杨百顺喜欢"喊丧"并非只是单纯的爱好，而是家里羊丢了，他正打着摆子，他不去找羊，却跑去看罗长礼"喊丧"，结果被父亲拿皮鞭抽了一顿，晚上还是要去找羊。由于惧怕狼和豺狗，他不敢回家，想在外面躲躲。而且，他"怵种地，在地里割麦子，大太阳底下割来割去，何日是个头？还是想学一门手艺。有了手艺，就可以风吹不着，雨打不着"。他不喜欢种地，并非是一边种地一边做小手艺或小买卖，他做手艺活就是为了逃避种地。于是，他选择了离开。此后他分别跟着老曾学杀猪，在老蒋的染坊里挑水，成为传教士老詹的徒弟，到老鲁的竹业社破竹子，在县政府大院里种菜，倒插门与吴香香结婚经营馒头铺子，直到继女被拐突遭变故逃离故乡……不断变换小手艺，让他始终处于贫困状态，这就决定了他的"贱民"的社会地位。"贱民"是没有历史的，后来他竟到了连自己的名字都无法确定，到上部"出延津记"结尾时，路人问他叫什么名字，他想来想去，自己原来叫杨百顺，后来改叫杨摩西，又改叫吴摩西，"但细想起来，吴摩西从杨家庄走到现在，和罗长礼关系最大"。他回答说："大哥，我没有杀过人，你就叫我罗长礼吧。""贱民"是无名的人，他们不但不知道自己的名，名字还可随便更改，有时还不得不更改。毫无疑问，杨百顺这种流民的本性，在现实生活中肯定找不到"说得着"的人。在家里与家人无法交流沟通，亲情和家庭关系渐渐弱化并最终断裂；与杀猪师傅老曾本来能够"说到一起"，杨百顺想从此安心杀猪，但又是因为口无遮掩数落老曾续弦的妻子而被逐出师门，师徒关系从此断裂；接着偶遇染坊的伙计、从前的同学小宋聊天，通过介绍进染坊干活儿，却又因为与掌柜老蒋的宠物猴子说话入迷致使其逃跑而被迫离开，雇用关系断裂；然后为了生存而通过一句言不由衷的话成为名义上的天主教信徒，改名杨摩西，与传教士老詹之间所谓的"师徒关系"一开始便名存实亡。后来当他站在清晨的黄河边上，又一次失去工作的他周身升起的汗气，像一个巨大的难以化解的问号包裹着他，这问号在清晨雾气升腾的黄河边显得如此心酸又如此凄楚。为什么他会觉得和人交往这么难，一个小小的圈子总是轻而易举地就抛弃了他。为什么别人的语言是钥匙，而杨百顺的语言却是一扇心门始终打不开呢？言语无法交流，精神上无法契合，心灵上无法沟通的郁积，才是他真正的宿命死结。

杨百顺的人生虽然卑微，却也有瞬间的幸福与心地的善良。他一生中数得着的幸福时刻，几乎都是在他仿佛处处无法寻到回音的语言而终于顺溜的时候。与吴香香结婚曾经遇到了一个"说得着"的对象，即继女巧玲。杨百顺与巧玲有说不完的话，他"在别人面前不会说话，但跟巧玲在一起，嘴倒变利索了"。不单单是杨百顺找到了说话的对象，他自己也成了继女的心灵寄托，巧玲不与自己的生母亲近，反而与杨百顺极为亲密，无话不说。哪怕是两个人之间的日常对话、碎语闲谈也都成为小说上半部最有温情暖意的话语："吴摩西突然想起了什么：'你不怕黑吗？怎么跑这么远来找我？'巧玲哭了：'我想你了。明天该去白家庄拉面了。'吴摩西潸然泪下"。杨百顺第一次感受到被承认、被接纳甚至被依赖的幸福，杨百顺与巧玲度过了一段难得的快乐时光。但这一切都像是一场美丽而短暂的梦，巧玲不慎被人贩子拐走，所有的幸福瞬间消逝。对杨百顺而言，这辈子"所有的坎坷加起来，都比不上巧玲丢了"，他不由得对天长叹："老天，你这跟我下的是哪一出啊？"最终只得无奈承认，"事到如今，也只能讲命了"。即使是因为一只羊在路上遇到剃头的老裴，被老裴带回家，受到友爱的关怀，他以为老裴与他说得着。其实，并不是老裴如何善良，而是他路遇杨百顺让他打消了杀人的念头，杨百顺在无意中救下一条命。后来身为杨百顺师傅的老詹生前和他说不着，老詹去世后，杨百顺在看老詹的教堂的设计图时，却感觉眼前打开扇窗，有阳光射进来，图纸上短短五个字"恶魔的私语"为杨百顺意外打开一扇来自天国的门，老詹留下的教堂图纸为自己和杨百顺搭了另一座"说得着"的桥，杨百顺终身都保存着师傅老詹绘制的教堂图纸。于是，杨百顺的心就渐渐善良起来。吴摩西和老婆吴香香没有话，老婆说话就是骂吴摩西。这就是吴香香在各方面对吴摩西的不承认，或者说是不屑甚至漠视。吴摩西逆来顺受一年多并没有明确的认识，真正明白是在郑州火车站见到了因奸情败露逃跑的老高和吴香香的恩爱场景。这时吴香香已有身孕，他们"为吃一个白薯，相互依偎在一起；白薯仍是吴香香拿着，在喂老高。老高说了一句什么，吴香香笑着打了一下老高的脸，接着又笑弯了腰"。这个场景照出了吴摩西和吴香香的关系——有说有笑的夫妻就是普通百姓的小日子，但吴摩西没有，于是他打消了原来杀人的念头，离开了郑州。但唯一让吴摩西恼火的是，"一个女人与人通奸，通奸之前，总有一句话打动了她，这句话到底是什么，吴摩西一辈子没有想出来"。这正好证明了"能说到一块"对于生存的首要意义。"友爱"在一个地方失效，在另一个地方被唤起、被重建，总是以"非法"的形式重建，但这里的"非法"却是对原来的合法的伦理准则的挑战，在伦理法则之外，还有更高的"法"，那就是友爱建立于说话与心灵的相通这一意义上。只是人与人之间那种误解，那种由对友爱的渴望而发生的误解，更加凸显了内心的痛苦。就是杨百顺这样的还算不坏的人，却动了多次的杀机，他要杀老马，要杀姜家的人，要杀老高和吴香香，在内心多少次杀了人。当然，杀人并没有完成，但在内心，却杀过人，这说明，作者虽然没有写外在的历史暴力，但暴力是如此深地植根于人的内心，如此轻易就可激发出杀人动机。一方面，说明人的郁积的难以摆脱而成为内心的暴力；另一方面，他并没有完成杀人的行为，其内心仍然是善良的。

从杨百顺的遭遇看，不要以为这历史充满了田园诗般的想象，温馨的宗法流传，温情脉脉的人伦情感，这其实是一块生存绝地，没有人能在这个人心叵测、充满算计的险境中找到真正的快乐，他的一生就是身份的不断丧失的过程，他的足迹与其说是"出走"，还不如说是"被逐"，他无法在出生之地、血亲之家中继续有尊严地生活下去，必须渐行渐远，走向陌生的异乡。于是，他只想成为一个"喊丧"的人，甚至皈依神的国度。因为杨百顺少年时期就喜欢听罗长礼"喊丧"。那是乡土中国葬礼仪式上的独特声调，罗长礼本来做醋，但他不好好做醋却喜欢喊丧，远近闻名，谁家做丧事，都请他喊丧。小说这样写："罗长礼仰着脖子一声长喊：'有客到啦，孝子就位啦……'白花花的孝子伏了一地，开始号哭。哭声中，罗长礼又喊：'请后鲁邱的客奠啦——'同时又喊：'张班枣的客往前请啊——'"在小说众多的故事中，这是少年杨百顺最重要的经验，他一直想成为一个"喊丧"的人。"喊丧"既是一种更强烈的哀悼形式，也可能是一种更强烈的幸存经验。"哀鸿一片"是乡土中国丧葬的主导表现形式，它同时也是以血亲纽带重建家族共同体的重要手段。杨百顺喜欢"喊丧"，其实也是从这个行为中体会到对死亡的生命超越可能性，与玩社火一样，都有些"虚"。确实，"喊丧"有双重性：一方面是借用死者的权威和恐惧，利用鬼魂的超自然、超现实的力量，来规划和建构亲属的共同体；但另一方面，"喊丧"的人都有一种他者的地位，他几乎灵魂出窍，他成为一个旁观者，他指使别人来到死者面前，而他超然于死者的权威之外。在死亡的现场，唤来其他存活的生命向死者顶礼膜拜，还有什么比这样的存在更为令人敬畏的呢？似乎只有罗长礼可以超越死亡。他是唯一的与死者享有同等权力的人物，他实际上就是死者的替身，作为死者的代言人，把生者唤到死者面前，他本质上就是一个"鬼"。罗长礼是复活的"鬼"。"喊丧"面对死亡的个人性，其本体论的意义则是一种巨大的孤独感，那是一个没有对象的呼喊，那是向死亡的呼喊，那种享有的声音、音频、音重——那种美声似的吟唱，与现场的哀号形成深刻的区隔与歧义。于是，幸存与孤独构成一种互补的关系，杨百顺着迷于罗长礼的"喊丧"，其实就是对神的憧憬与向往。他的"出延津记"不仅指离开这片土地，也指去往更遥远的神的国度，更把杨百顺所有可以从尘世生活寻找知音的路都切断了，就是为了使他走向一条皈依神、把自己交给神的路途，离开延津就是离开尘世，去往天国寻找知音，和神做知音。杨百顺继女巧玲的走失可以说都是必然的，作者刻意削弱在血缘和人际遇里寻求知音的可能性，而把希望投诸遥远的天国。因此，从天堂找，就是把自己的心交托给上帝，让上帝成为你生命里那个"一句顶一万句"的人，以他的意念为甘甜，让他来引领你走完该走的路。杨百顺意味着一个可能性，那就是他希望能够皈依神的国度，从神的国度里寻找到对自己而言"一句顶一万句"的人。结果，杨百顺在陕西隐姓埋名，最终只能以他从小崇拜的"喊丧人"的名字，完成对自己身份富有象征意义的最终"认定"，不但连自己"名字"不能守住，还让他的后代都改姓了罗。

三、芸芸众生的生存景致

《一句顶一万句》塑造的芸芸众生，既不是因天灾人祸而流离失所到处游走的"流民"，也不是传统农耕文明意义上的脸朝黄土背朝天的农民，而是乡村中的三教九流，主要从事农产品买卖和农村手艺活动的"贱民"。这是一批不甘示弱的个体，无法破解的孤独，小人物的命运……辛苦奔走想得到心灵的慰藉与灵魂的洞穿，却是那么遥远，那么艰辛，那么无助。

牛爱国是小说下半部"回延津记"的主角，是吴摩西养女曹青娥的儿子。他在情感上的遭遇与吴摩西本质上没有差别。从牛爱国的经历看，当他经历最初的人生磨难的时候，与和他没有血缘关系的外公罗长礼（也就是杨百顺）当年所经历的是十分相似的，而当他逐步走上"寻根"之路的时候，则形成了与外公的出走相对照的逻辑，都是身不由己仿佛命中注定的。他的费尽周折、千辛万苦的奔走寻找，再次证明了所谓血缘和亲情，所谓故地与根的虚无与虚妄。因此，无论出走还是返回，都是他们生存之苦和精神之困的宣泄形式。正如牛爱国的表姐何玉芬对他说的那句话："你心里的烦闷，比你找的事还大。"于是，小说的下半部同样有着这样"延续—断裂—延续"的关系主线。他与冯文修、杜青海、陈奎一、李克智等朋友似乎能够说知心话，但与他们的交流也出现了障碍，短暂接续的联系最终走向断裂。就连牛爱国喝醉了酒，对冯文修说要杀小蒋的儿子，要杀庞丽娜。冯文修马上就将这话传了出去，全县城的人都知道牛爱国要杀人。这时牛爱国拿起刀想杀的人竟是冯文修，我们发现"话走了几道形，牛爱国没有杀人，但比杀了人还毒"。他被迫离开了沁源县。朋友掰了，知心话就成了"刀子"，"反过头扎向自己"。话比人心毒。牛爱国确实在心里杀过人，在言语上也杀过人，都没有行动，在法律上这也是无法界定的，但言语一旦说出就成了事实，传播开来就更可怕，牛爱国觉得自己似乎真的杀了人。就在其深深感受到了精神困境的时候，为了寻找姥爷罗长礼临终前的一句话，他回到了延津，以另一种"返乡"的方式跨越时间、空间的界限延续了小说上半部被杨百顺人为割裂的精神联系。回延津是牛爱国找母亲曹青娥的家乡，为的是娘去世前要说的一句话。但家乡已然面目全非，家乡的根不可辨认。牛爱国回延津纯属灵机一动的意外，并没有执着的有目的寻根。但找来找去没有结果，跑到陕西才知道了吴摩西的故事，最后却是听了罗安江的遗孀何玉芬说的一句话："日子是过以后，不是过从前。"这或许是富有民间智慧的一句话，它针对牛爱国"寻根"的历史化举动给予了明确的否定。牛爱国最终决定去寻找曾经遇到的红颜知己章楚红，延续此前阶段被自己强行切断的感情经历。但章楚红据说到北京做"鸡"了。乡土中国是一个始终流浪的故事，一个离家的"贱民"的故事。"旧乡土"是吴摩西——罗长礼，那是"喊丧"；"新乡土"是章楚红，最终可能是做"鸡"。

　　"贱民"卑微，女性"贱民"地位更加低下，她们没有知识、没有文化，缺乏理性思维能力，完全凭借女人的原始本能，与女人交往，也与男人往来。她们与男人的性关系，不是以法律婚姻为准则，而是把"说得着"与"说不着"作为伦理交往模式。所以吴香香和杨百顺说不着，却能放下一切和隔壁的老高私奔；庞丽娜和牛爱国说不着，却能够背叛自己亲姐姐，和姐夫私奔；章楚红和李昆说不着，却能够在认识牛爱国不久就跟他说"带我走"；曹青娥和牛书道说不着，却能够和开拖拉机的侯宝成说得着。作者敏锐地意识到两性之间的和谐不仅仅是肉体上的，更是精神与心灵上的和谐与满足。在性泛滥的时代，做爱是两性交融的重要方式，但说话同样重要，吴香香、庞丽娜、章楚红三对做爱之后几乎都说相同的话——"咱再说些别的"，"说些别的就说些别的"，在作者看来，关怀人肉体之外的高层次的精神需求，说话才是两性交往中最主要的、更高层次的需求。

作者没有试图去解决偷情的问题，也没有丝毫的企图给他们道德的评判，他只是把人的内心世界深层意识剖开，让读者自己去判断，这种"不介入"有明显的新写实小说的痕迹。这些"贱民"女性的乱淫，使我们对性问题的解决越发迷茫、混沌了，对吴香香、庞丽娜、章楚红等，我们很难作出道德的评判，反倒被他们的真诚、执着、无畏所感动。通篇作者没有用爱情这个词，在性吸引、性和谐之外，他们还彼此说得着，这种状态或"行状"是否是爱情？这难道不是完美的两性模式吗？但问题在于他们总是在不合适的时间相遇，与现行社会规范与伦理相悖。于是，她们出走、寻觅，永无止境，所以，她们寻找的与其说是话，不如说是一种新的、更加适合人性的人与人之间交往的模式，或者说是一种社会形态。徐志摩曾说他的人生理想是能与一个身心俱美的女子自由结合，他处的时代显然无法实现，[1] 牛爱国的时代也没能实现。生命个体真实的生理、意识和情感活动，它具有真实的物质或精神对象，拥有或强或弱的动机或动力，追求或隐或显的价值和目的，它体现人与人之间的关系。找话不仅是人的生理需要，而且是人的社会需要和精神需要，吴香香、庞丽娜、章楚红们在与情人完事后都"说话"，说话是他们心灵和感情交流的方式，在说的过程中，他们实现了自我价值的确认，超越了两性间纯粹的肉体需要，这种两性关系模式更高级、更合理、更人性化，具有丰富的文化内涵和美感。在探寻人与人之间理想的关系或交往伦理，以及人类自我救赎途径的道路上，作者的描写是乱淫的却是人性的。

小说描写了许许多多最为平凡普通的苍生百姓。他们也是知己难觅，痛苦而孤独的。老汪是个讲解《论语》的私塾先生，也因得不到知音而落泪。他一生都没有遇到"说得着"的人，只能在荒野暴走以纾解心情，他的小女儿灯盏死后，老汪原以为自己不喜欢淘气的小女儿灯盏，当她掉到

---

① 李青霞：《无根者的孤独与言说——刘震云〈一句顶一万句〉的文学言语学解读》，《创作与评论》2012 年第 2 期。

水缸里淹死的时候，老汪也没有特别伤心，直到数日后看到灯盏留在没有吃完的月饼上那个小小的牙印，他才异常伤心，对着淹死女儿的水缸放声痛哭，一生都没有从生活环境和生活际遇里找到知音的老汪，在他的女儿死后，他从血缘这种命定的亲近关系里寻找知音的路被堵死了，他才彻底灰了心，所以，他只能离开，一直向西，远走他乡。他的后半辈子每天都在微醺的状态下，用面捏出一个又一个细腰大胸低头哭泣的开封媳妇。不论家产丰厚的磨坊老板也并没有因为丰厚的物质而得到一个可以说知心话的人，每天只能对着不通人语的猴子傻笑，还是拉着板车一心想和老马做朋友的老杨，他的真心都一次次被老马阻挡在心门外面；不论是想发一笔横财的老尤，还是叙述了他的发家史及与老汪、老廉之间矛盾、纠葛的老熊；不论是开着大染坊的老陶，还是河南滑县家事一手焦头烂额的陈奎一；不论是家境殷实、知书达理的秦曼卿，还是去牛家庄听戏买酒时不买好朋友小周家的"桃花村"而买"杏花村"的小温等。这些人物的出身、职业、性格虽然不同，但内心同样都埋藏着深深的孤独，他们一生在为生计操劳的同时都在寻找一个精神寄托。赶马车的爱吹笙，做醋的爱喊丧；县长不问政务，或爱做木活，或爱演讲，或爱听锡剧，等等。他们所做之事，皆不是其所爱之事，但却又不得不做；周围存在之人皆不是"说得着"的人，不断地寻找却不断地丧失，不得不借一种喜好来排解内心的孤独。他们命运的相似性体现了中国人内心孤独的广泛性，能让我们更深刻地体会到埋藏在中国人心底的千年孤独，以及为了摆脱孤独所付出的艰辛努力。只有从小被拐卖一心想着寻找心灵桃源的曹青娥，到了说不出话了，让最能听懂她话的百慧来说，曹青娥死后百慧、牛爱国做出了买手电的解读；最后牛爱国在床下找到一封信，"牛爱国一开始没哭，但后来因为没有明白母亲的最后一句话而自己扇了个嘴巴，落下泪水"。他历经曲折，最终听懂了这句话，也就是读懂了这个人，这样反反复复交流后的知心之意，是一种长久的、不变的感情，具有深刻的穿透力。这种对寻找"知心话"的体味，是一种空间中的混沌的、复杂的、原生态的叙述，不是线性的历史的存在，而只是横截面。这种抛弃所有的支点、直指人心的做法，使作品有了永恒的感觉，有了久远的时空感，使人在感到纯粹的、无可辩解的孤独的同时，也对民族心理的复杂性逐渐产生了正面的评价。

四、诡异独特的乡土叙事

小说叙事的诡异独特，波澜不惊；淡定从容，魅力无穷。它既不是西方的路径，也不完全是中国的传统。它从传统小说那里找到了叙事的"外壳"，在市井百姓、引车卖浆者那里，在寻常人家的日常生活中，找到了小说叙事的另一个源泉——实现本土与域外有机的交融和互补，开创了一种叙事、结构、言语的新模式。

叙事的诡异，就是枝干横逸。小说整体叙述都可以看出这一特点，每个故事都要牵扯另一个故事，而每一个故事无法独立存在，一个靠着一个，一个顶着一个。这么多的小故事随着不同人物转来转去，每个都十分精彩，都引人入胜，但都无法独立成篇，总是被其他的人物和故事侵入打断。第一节只有 9 页，作为开头就引出了如此众多的人物和故事，其容量惊人，或曲里拐弯，或套中套，三五个故事结成一体，似乎相干，似乎又无须拐这么多弯。这种顺手牵羊，充满转折，就是它的显著叙述特色。或许刘震云这里面有着某种叙述哲学，那就是没有什么故事是重要的，一定要在文本占据重要地位，一定要以它为中心来展开叙述。这种故事本身就包含着变异和转折。一环套着一环，环环相扣，却又总是节外生枝。如此延异，使得故事简短却充满了无限的可能性，每个故事都显得生机勃勃，因为它有可能变异出别的故事。叙述如同变魔术一般。"说着说着就说成二件事。"①作者的叙述技巧就是把一件事变成两件事。一个故事说着说着会变成几个故事。看上去像是一场街谈巷议的大杂烩，实则是故事里面的自我延异。仿佛不是在说我的故事，总是在说"他"，每一个他都与另一他相关联，都可能被另一个他取代。比如，杨百顺玩"喷空"那个情节，就写了好几个"喷空"的高手，那里面的转折更是令人惊叹。"所谓'喷空'，是一句延津话，就是有影的事，没影的事，一个人无意中提起一个话头，另一个人接上去，你一言我一语，把整个事情搭起来。"杨百利上延津新学，上了半年就解散。解散后他遇到牛国兴，两人玩起了"喷空"，按说两人是好朋友，也为着替牛国兴送情书，杨百利挨了打，两个都互相埋怨觉得对方不够义气。杨百利后来又遇上老万，两人的"喷空"游戏也十分畅快，牛国兴却憋气，他看着坐在马车上与老万说得眉飞色舞的杨百利，恨得牙痒痒的。"喷空"在小说中也是一个颇有隐喻性的情节，小说中的人物如此强烈地寻说话的朋友，而"喷空"也是两个人说话的方式，甚至使两个人意气相投，在虚构的话语中，在话语的虚妄之流中，两个人感觉到心灵交流的通道。后来杨百利凭借自己三寸不烂之舌和天马行空的想象，征服了许多听众，并为自己谋得一个在铁路的美差。这种写实性的小说完全超越了现实生活的约束，达到一种天马行空的程度，却又不会堕入玄幻、虚妄的地步。这就是刘震云在以民间"喷空"的方式来构思小说。刘震云在这里基本上不去遵循日常逻辑的因果关系，这恰恰是民间"喷空"的特点。"有影的事"和"没影的事"靠着人们不同的思维路径就搭起来了。人们正是在这"喷空"的过程中以摧毁日常逻辑为快事。所以，"喷空"并不是纯粹为了获得一种摧毁的快感，而是对人们习以为常的日常逻辑表示深深的质疑。这种延异才显得如此诡异。

　　结构的独特，有如"出埃及记"的"史诗结构"。无论故事多么琐屑，

①　陈晓明：《"喊丧"、幸存与去历史化——〈一句顶一万句〉开启的乡土干叙事新面向》，《南方文坛》2009年第5期。

人物是如何卑微，都呈现出由传统中国社会到当代社会的中国人的生存史。两个主要人物的足迹所至，是无数条枝权丛生、根系纷乱的线索，他们沿途所经验的，是一幕幕缩微而稠密的芸芸众生的生存景观。但除了主人公的经历，小说对其他人物与事件的交代，只是使用了中国古典小说式的随机叙述法，所有信息都由"全知全能"的讲述人根据需要而予以交代，所有人的故事和命运都尽在掌握、一览无余，然而实际上每一个次要人物的故事，又都如"盲肠"或跳板一样，只是作为一个材料为主人公的命运服务，而不具有自足性，信笔抓来、随手扔去而已。真正一直延伸下去的，只有杨百顺和牛爱国两个人物的足迹。因此，虽说枝蔓丛生，人物众多，故事眼花缭乱，但叙事的线索却十分简洁。一是采用"对称"式结构。上部讲的是"出延津"的出走故事，下部讲的是"回延津"的寻根故事，虽然人物各有一个，但从结构上都是使用了很大的时间跨度，两者恰好形成了对照与对称。它使得小说的散漫笔法获得了坚韧的支架和结构性，使外表的随意性和内部的严整性之间形成了对称和张力关系，能够互相衬托和回应。上部写相对较远的历史，下部写接近当下的历史，互相之间形成对照或反衬关系，其效果是，历史的断裂感、对立感、溃败感、戏剧感、宿命感在两段叙事的对应关系中得到凸显，其批判性的内容，对当代历史的反思性，通过上述形式得以体现。这种对称带来的是对中国文化的一个结构性归纳，由于它删除了"社会历史"的具体性，所以反而突出了命运感，突出了人与人的生存史。二是采用"重复"式结构。希利斯·米勒曾说："任何一部小说都是重复现象的复合组织，都是重复中的重复"，"一部小说的阐释，在一定程度上要通过注意诸如此类重复出现的现象来完成"。①《一句顶一万句》中的重复的运用非常类似：主人公经历一个人物，虽然性格身份有差异，但交往的过程却大致相同——从偶然相遇到互

---

① ［美］希利斯·米勒：《小说与重复——七部英国小说》，王宏图译，天津人民出版社 2008 年版，第 3 页。

相接近，再到互有帮助，因为"说得着"而成为伙伴或朋友，然后到出现矛盾或获知实情，终于因为"说不着"而分道扬镳。就是这种不断重复和"加深式"的叙述，在强化了故事的黏合力的同时也强化了人物的命运感，它是"出走"与"返回"的呼应，宿命的循环。还有结构的重复：上下两部的叙述方式是一致的，而人物的轨迹是重合的，遭遇是近似的，比如都经历了职业失败，蒙受了妻子不忠的羞耻。颠沛流离、辗转远行等，除此还有细节的、局部的、笔法的大量重复。这些都在使小说变得更加稠密的同时也获得了疏朗感与形式意味，使小说的叙述充满了戏剧性的动力与吸引力。

性格化与"绕着说"，就是它突出的语言特征。语言的性格化，是文学真实性、形象性、丰富性和生动性的必然要求。因为文学的特性，就是通过创造"每个人都是典型，但同时又是一定的单个人"[①]，才能给人以深刻的感染和独特的印象。《一句顶一万句》中的人物都是社会底层的引车卖浆者，生活上的压力与磨难、精神上的压抑与困惑都很大。他们是一批被残酷现实扭曲了的形象。正像从石头缝里生长的苍松、翠竹，他们的处境十分险恶，被挤压得弯曲变形，显得营养不良，然而他们的生命力却顽强不屈，以傲然挺拔的英姿，令人瞩目，也不可穷尽：

　　在老裴和老曾那里，"话"的意义是"过不过心"；

　　在吴香香那里，养女巧玲与吴摩西是"说得着"与自己"说不着"；

　　在巧玲，也就是后来的曹青娥那里，与丈夫牛书道"两人说不到一块去"，白天做各自的事，晚上"说话"就是吵架；

　　曹青娥欣赏的拖拉机手侯宝山会说话：不是话多嘴不停，而是不与你抢话，有话让你先说；

---

　　① ［德］恩格斯：《恩格斯致敏·考茨基》，见《马克思恩格斯选集》第4卷，人民出版社1995年版，第453页。

曹青娥与儿子牛爱国"说得着",但牛爱国只是听,却从不和母亲说"心里事";

牛爱国和庞丽娜虽是夫妻,但同床异梦,因此牛爱国再多的"好话",庞丽娜一听"就恶心";牛爱国不离婚,怕的是离开庞丽娜"连话和说也没有了";

小蒋和庞丽娜有了私通,在"春晖旅社"两人苟且三次后一个说:"咱再说些别的",另一个说"说些别的就说些别的"……

这种语言的性格化,不仅能把不同个性、思想、趣味的人物,如吴香香与养女、吴香香与吴摩西、牛爱国与庞丽娜、曹青娥与牛书道等,作了截然不同的区分;而且对同一嗜好、倾向与"说得着"的人物,如曹青娥与侯宝山、巧玲与吴摩西、曹青娥与牛爱国、小蒋与庞丽娜等,也通过他们独自的语言表达方式,区分得个性鲜明,色彩迥异,一个个都具有自己活泼独特的风姿。这种各自独立的语言表达方式,并不是作家杜撰的,而是根据人物的身份、感情、性格、教养和说话的环境、对象、动机、目的等,多方面的特定因素,而产生的特定的遣词造句、语气口吻、思想和感情等特定的语言色彩。犹如白菊花和紫罗兰、茉莉花与雪莲花一样发出不同的芳香,各自独具诱人的魅力。另外,《一句顶一万句》中人们说话时总是"绕着说",而不直接说。用刘震云的话说就是"原来世上的事情都绕",比如,老裴带外甥回家吃饭,外甥多吃了两张饼,老裴的老婆老蔡就与他发生了争吵,并说到老裴的风流史,说到老裴的姐姐和家人。此处的"说"远远超出了两张饼的语境,而是向外无限扩张。老裴生气打了老蔡一巴掌,第二天老蔡的哥来说理,可"娘家哥放下饼,一竿子支出去几十年,先从老裴的爹娘说起……接着又说到自老蔡嫁给老裴,发生过的千百次口角……扯着扯着,娘家哥便把老裴扯成了他娘,也成了'不讲理'……从早起扯到晌午,娘家哥才回到饼上。回到饼上,又不说饼,重新说起老裴他姐年轻时和货郎好，老裴在内蒙古犯事……一套理讲下来，屋里也掌灯了，讲得老裴也犯了疑惑。除了疑惑，还担心这理绕下去，会把自己绕疯；便装作口服心服，给娘家哥和老蔡各赔了个不是。赔过不是，老蔡仍不依，要还老裴一巴掌。老裴伸过脸来，让老蔡还了一巴掌，此事才作罢"。这种"绕"的修辞功能以及绕背后的功能性和强制性。实际上是一种权力的争取，说理成为一种力量的展示，并且最终划归为行为的报复。为此，他避重就轻，避实就虚，从不相干的事情说起，"绕"它个晕头转向，"绕"它个天长地久。活在话语世界中的人往往被语言所分裂，并被赋予各种不同的面孔，就如老裴莫名其妙地成为一个恶人一样。真是"摹难写之状如在目前，含不尽之义见于言外"的最高审美境界。

第四章

贾平凹长篇小说《带灯》：
中国乡镇的隐喻与暗示

贾平凹是中国当代文坛最富创造精神，也是最具叛逆性的作家。他的成就卓著，影响广泛。他用笔、用心创作的长篇小说，无论数量抑或质量都可堪称中国式的巴尔扎克。从《浮躁》《废都》到《怀念狼》，从《秦腔》《古炉》到《带灯》，几乎一部一个台阶，一部一个水准。"每一部都有突破其实很难，但他恰恰做到了，每一部都不同，而且更优质。"①

贾平凹的新作《带灯》是一部关注当下、思考现实，书写"中国问题""中国经验"的优秀长篇小说。它从"乡镇"一隅的地域空间，隐喻整个"中国乡镇"的整体性空间及其现代性命运。既开启了一个被当代文学史叙述所遮蔽和忽略的"中国乡镇"及其"乡镇人"群像的新领域，又呈现了一个无比鲜明的、庞杂的，正在剧变中的新乡土中国的独特审美思考与精神空间。它既是贾平凹个人长篇小说创作中的重大突破，也是中国乡镇文学叙事发展中的重要开拓。

---

① 孔令燕：《火焰向上，泪流向下——评贾平凹新作〈带灯〉》，《光明日报》2013年1月22日。

一、乡镇：一幅隐喻性的真实画卷

贾平凹在《带灯》中描绘了一幅崭新的"镇街"生活画卷。它既不像浩然的《艳阳天》以一个村庄为中心画面，描写肖长春引导广大贫下中农一道走上社会主义的金光大道；也不像刘震云的《我不是潘金莲》以一个人物为发展线索，刻画李雪莲从丈夫告起一路连续告到县、市直至人民代表大会。而《带灯》则把叙述画面聚焦于乡镇的"镇街"，乡村只不过是它叙事远景，"镇街"也不止是一个自然空间，而是一个多维的、整体性叙事画面，一个小型的不同层级社会网络系统。比如樱镇就有"镇街"官方集体空间、"镇街"民间个人空间和"镇街"周边村庄空间三个部分，由此就有了"乡镇干部""镇民"和"镇街"周边农民三类人物群像。樱镇"镇街"又由镇中街村、镇东街村和镇西街村所组成，从而形成了一个乡镇中心驻地村所，里面除了乡镇政府及其附属机关外，还有钢材铺、肉铺、杂货店、饭馆、饺子店、米粉店、镶牙馆、私人诊所和中药铺等个体企业。由于"乡镇干部""镇民"和"周边"农民之间的利益纷争、商贸流通和文化交流在"镇街"中彼此交集在一起，既显现出乡镇经济的繁荣景象，又构成了一个立体的、鲜活的、崭新的"中国乡镇"。

乡镇也是由一个个乡村组成的。"樱镇辖管几十个村寨。"村寨就散落在秦岭腹地，虽然既有"县上的后花园""秦岭里的小西藏"的美誉，又有保护生态、敬畏自然的传统；既有接待过"皇帝"、寄宿过"文人骚客"的历史，又有寺庙老松、碑文篆刻的文化。但大多村寨都处在或黄土高坡，或河堤沙滩；或崇山峻岭，或沟壑深谷。那"土路似乎不是生自山上，是无数的绳索在牵着所有的山头"，把镇街和一个个村庄连接在一起，就是一条条土路，而在一条条土路和镇街之间奔波的是流动的农民。乡镇除了管理功能之外，就是承担村庄与村庄之间、农民与农民之间进行物资、信息、精神交流的集市功能。正是在政府乡镇所在地的管理功能和集市交流功能的作用下，《带灯》乡镇"镇街"便渐渐成为了具有一定政治、经济、文化、娱乐等多元属性的复合场所。特别在逢集市的日子，乡镇"镇街"更是变得热闹非凡，盛满了各种声音。大自然的天籁之音，在风的吹拂下失去了节奏语言，集市"街面上人们都在说话"，"这就是市声"。它们聚合在一起就是一幅中国乡镇民俗风情的生活画卷。

《带灯》展现了一曲中国"现实矛盾""困境和难题"的问题画面。贾平凹说："了解了中国农村，尤其深入了解乡镇政府，知道那里的生存状态和生存者的精神状态，我的心情不好，可以说社会基层有太多的问题。"①曾经一度朝气蓬勃的乡村世界如今已陷入某种空前凋敝的残酷状态。儿童留守，土地荒芜；伤残返乡，权益无助，甚至村里有人下葬都找不到抬棺的人了。"谁好像都有冤枉，动不动就来寻政府"，就"拿头撞墙，刀片子划脸"。"维稳"就成了乡镇最关键紧迫的问题，樱镇"维稳"就有四项总体原则，具体多达 28 项。比如小说描写王随风的上访，既令镇政府头痛，又让人心生同情。王随风原来在县医药公司承包了三间房做生意，狠赚了一些钱。但后来医药公司职工下岗要求收回房子，而合同期又未到，在未征得王随风同意的情况下，医药公司不仅硬性单方面终止合同，还强行把她的东西扔到了外边。在双方谈判无果，王随风执意上访时，县委给镇党委施压，镇政府就采取了野蛮的手段。"村长就对王随风说：'我可认不得你，只认你是敌人，走不走？'王随风说：'不走！'村长一脚踢在王随风的手上，手背上蹭开一块皮，手松了，几个人就抬猪一样，抓了胳膊腿出去。"明明遭受了冤屈的上访者，结果被当作敌人，被当成猪一样的畜生对待。当下乡村社会的问题多么严重，王随风这类普通

---

① 贾平凹：《带灯·后记》，人民文学出版社 2013 年版，第 357 页。

乡民的生存状态多么严酷！

发展是人生的梦想，人类社会永恒的主题。正确认识和处理改革发展稳定的关系，可持续发展与利益的关系，物质与精神协调发展的关系，就是把握事物内部矛盾不断产生、发展和解决的运动变化过程。《带灯》描写大工厂在樱镇的落户建设，就是发展的产物。既能给樱镇带来经济的发展，也将影响樱镇的自然环境，还会牵扯出各种利益的纠葛。因为大工厂的建设，不仅将从根本上改变樱镇的传统生存格局，而且也是一个发展自身获取巨大经济利益的良机。于是，元黑眼五兄弟在准确判断大工厂的建设肯定需要大量天然河沙之后，就先下手为强地圈地占沙，把本来属于公共资源的河滩强行据为己有，办起了沙厂。而薛家的换布、拉布兄弟，则是要通过改造老街办农家乐的方式发财。可当换布得知，"元黑眼兄弟五个要办沙厂"时，换布马上意识到"办沙厂倒比农家乐钱来得快"，利润丰厚。换布兄弟托人找到县委书记秘书，给县河道管委会打招呼，镇党委书记得知县委书记秘书打的招呼，明知河道狭窄，极易发生纠纷，却同意换布办起了第二家淘沙厂。元家五兄弟就怀恨在心，却又胳膊扭不过大腿。最终因杨二猫的被打而酿成一场惨不忍睹的械斗悲剧。其结果造成死亡一人，致残五人，伤及三人，为十五年来全县最重大的恶性暴力事件。尽管可以指责元黑眼、换布的唯利是图，视钱如命。但官员之间的权力寻租，徇私枉法，贪污腐败，无疑也是造成许多百姓无辜伤亡的根本原因。

《带灯》再现了一帧精神信仰、文化生态的缺失画幅。民间文化生态的演变相比急剧的社会变革与法制的修改变迁，要缓慢得多。但其显现出来的持续性与浸染性的心灵变量却巨大得多。《带灯》曾有这样的描写，以往社会的安定，早先有礼义仁智信；后来有马列主义毛泽东思想、阶级斗争为纲。"现在讲究法制了，过去的那些东西全不要了，而真正的法制观念和法制体系又没完全建立，人人都知道了要维护自己利益，该维护的维护，不该维护的也就胡搅蛮缠着。"于是，观念的超前，思维的陈旧，导致"上访者"与"镇政府"都处在一种怪谬的"错位"状态。患了"矽肺病"的打工农民不去上访，上访的尤其缠访的竟然多是有不良企图的"刁民"，而镇政府又不辨是非曲直，一律采取以钱止访、息访的思维和做法。小说中姓严的为了一棵核桃树与坡地住家"起了争端"，镇政府多次调解"都不行"，就出"三百元"来平息。"还有一个李志云的"，因特大洪灾倒了小房，按政策规定不在补贴之列，他就一直上告，镇政府又给他"面粉和被褥，还办了低保"。结果"该享用的享用了，该告还告"。不仅农民不够理性，胡搅蛮缠，镇政府也在以非正义、非法制的方式参与其中，这无疑进一步加剧了乡镇社会生态的恶化，让农民心生彻底失望之感。樱镇民事纠纷和访民的大量出现，不仅是干群关系紧张和经济利益冲突加剧所造成的，更是从上到下精神信仰的缺失、现代法治和公民意识的匮乏的结果。

随着现代化的推进，传统的乡土情怀、文化生态在文化消费主义面前不堪一击。物质、欲望、享受成为一种可怕的"新意识形态"，肆虐侵蚀着从城市到乡镇、农村的当代中国人的心灵。乡村的文化生态令人忧虑。《带灯》把大工厂选址在"发现了驿站旧址"的梅李园，按带灯和竹子的大胆设想，"把驿站遗址保护和恢复起来，不就是个好的旅游点么"！可大工厂建设不仅"毁掉了梅李园"，"许多石门梁、柱顶石""拴马桩""石狮子"都被私人拖走据为己有；而且"樱阳驿里玉井莲，花开十丈藕如船"的石刻文物，连同那"汉白玉的细腻和汉白玉上图案的精美"的井台圈，都被炸掉了。而乡村文化心理结构的恶变更加可怕。作者写王中茂办婚宴，没请孩子舅舅。有人问起来，正在街上担尿桶的舅舅生气地说："没钱的舅舅算个屁！"这人又说："这就是中茂不对么，这么大的事不给当舅舅的说。担尿桶的突然流一股眼泪，把尿桶担走了，脏水淋淋，巷道里都是臭气。"这无疑就是樱镇民间文化生态的精神隐喻。王中茂败坏了仁义的民间文化生态，前来吃酒的客人也作出了伤风败俗的举动，把吃完饭的碗碟扔到尿窑子里。邻里亲戚是碍于仁义的传统而不得不来，但内心却充满了怨怼。看来，这民间文化的"礼"及其精神内核正在流失，那"现实的危险早已在人的本质处影响着人了"。

二、带灯：熠熠发光的幽灵化形象

带灯是贾平凹突破他以往女性形象塑造"总有一种丰饶多情与豁达坚韧，有时贤良，有时放任；有时专情，有时迷乱"[①]的模式，而使带灯身上具有一种崭新的精神元素：如一只黑夜"带灯"且独行的萤火虫一样幽暗明灭地闪现在樱镇的世界里。美丽又善良，刚强又柔弱，执着又犹豫；饱满而复杂，果敢而机智，粗豪而仁慈。带灯夜行而熠熠发光，虽然微弱，却超凡脱俗。

带灯是"藏污纳垢"乡镇官场的一朵奇葩。她以其独特的思维与行为方式，影响和改变着中国乡镇的政治生态。带灯"农校"毕业分配到樱镇，其丈夫"在镇小学工作"；带灯清秀美丽，"接待她的办公室主任白宝仁……说，你太漂亮"了；带灯"读了好多的书"，别人喊她"喝酒""打牌"，她都不去。于是，在樱镇干部眼里，带灯"还没脱学生皮"，"是小资产阶级情调"，她"不该来镇政府工作"等。而带灯总是对镇书记敬而远之，她以她的清高与书记的粗鄙形成反差；镇长对她施行潜规则，她毫不含糊地警告他说："你就管好你"；副镇长好一口红炖胎盘，整烧娃娃，她一见就"胃里翻腾，喉咙里咯儿咯儿地响"。就这样一个靓丽高洁而又

---

①　陈晓明：《萤火虫、幽灵化或如佛一样——评贾平凹新作〈带灯〉》，《当代作家评论》2013 年第 3 期。

"不合时宜"的带灯，直到"差不多陪过三任镇党委书记，两任镇长，"才给她安排一个综治办主任。综治办最重要的工作，就是"维稳"。对此，带灯仍然以她出色的工作能力，处事的机智果敢，清醒的政治头脑，深邃的人性内涵，与樱镇镇政府的其他人员，形成了极其鲜明的对照。当侯干事以种种令人发指的非人方式折磨王后生时，带灯却反复叮咛："去了不打不骂，让把衣服穿整齐，回来走背巷。"侯干事无法理解："咱是请他赴宴呀!"当村长对王随风凶神恶煞时，"带灯说：心慌得很，让我歇歇。却说：你跟着下去，给村长交代，才洗了胃，人还虚着，别强拉硬扯的，也别半路上再让跑了。"带灯不以简单粗暴的方式对待农民的截访打骂、威逼利诱，总是以一种温和说理、苦口婆心的方式去化解矛盾。她既是"维稳"的得力干将，又是农民的贴心"棉袄"。

建立一张乡镇干部与各村农民的"老伙计"联络图，从源头上化解矛盾，从情感上关怀农民，是带灯的一种创造性"维稳"工作。"老伙计"是樱镇男人之间的称呼，带灯却把她觉得友好的村寨的妇女也称"老伙计"，无疑是建立在与农村妇女平等相待、无私帮助、心心相印的情感基础上，经历了日常生活实践磨砺和时间检验可以掏心窝子的友情关系。自从得知岔河村十三个妇女的丈夫在大矿区得了"矽肺病"，带灯就始终在四处奔波，为她们寻求赔偿，可是由于没有劳动合同和身体检查证明，疾病的鉴定屡屡受挫。王后生就乘机以替代"上访"为名从中渔利。带灯不仅发动"老伙计""绝不能让王后生插手"，主动替她们请求书记、镇长督办，还"以综治办一月给你一百元"，让"毛林做个线人"，制止王后生策划上访的阴谋。即使是为了消除上访对樱镇产生的负面影响，"老伙计"们也是倾注全力。比如王随风上访在县上喝农药，樱镇被点名批评。镇长让带灯"以最快速度去村寨收购几十斤土鸡蛋"，"还要是没被公鸡踏过的"。带灯找六斤，六斤与"老伙计"们一商量，马上完成镇长交办的任务。这种人格平等与彼此尊重的"老伙计"关系，对维护樱镇社会的和谐稳定，具有巨大的精神价值与思想意义。而且，带灯时刻都在为村民操心，替"老伙计"办事。"南胜沟旱得没水吃"，带灯就为他们想方设法"借到抽水机"，缓解了旱情；"老伙计"有病，"带灯——为她们号脉，盘问病情"，还"教她们一些按摩的办法"。带灯替她们解决实际困难，纾解她们的精神焦虑和痛苦，还给她们以抚慰与尊严，从而赢得了"老伙计"的"心"。

带灯的精神世界与情感心灵是丰富的、深邃的，也是复杂的、虚幻的。作者单独以一条结构线索、二十六节的篇幅，通过"给元天亮的信"把带灯浓郁的忧患意识、孤独的情感心理刻画得栩栩如生。元天亮是元老海的本族侄子，是樱镇走出的"第一个大学生"。他既能写书，又能做官；既乡音不改，又热心为家乡办事。他的传奇在樱镇"到处流传"，他的大幅照片已框在镇街的宣传栏。他成了樱镇的名片和招牌，也成了带灯的精神寄托与倾诉对象。其实，带灯与元天亮并没有见过面，因为读过元天亮的作品，听到元天亮的传说，带灯就给自己的崇拜者发了一条短信，没有想到竟然收到元天亮的简单回复。"镇政府的生活常常像天心一泊的阴云时而像怪兽折腾我，时而像墨石压抑我，时而像深潭淹没我"；而丈夫的俗气还"不肯洗澡"，他们在一起也是充满着吵架的声音。于是，带灯就把自己女性的阴柔美放到与元天亮的精神交往之中。在给元天亮的短信中既坦承了自我内心世界的情感轨迹，又显现出一种自我想象的虚幻化、阴柔性。这些短信毫无例外的是带灯向元天亮发出的单向性生命情思诉说，是带灯与外部世界进行精神联系和情感倾诉的虚空化对象和符号。它既传递出了带灯内心情感的荒芜、悲伤、无尽的温情与爱，又呈现出一种不受世俗所约束的蓬勃泼辣的野性精神之美。

带灯是在尽情释放自己的生命激情，在自我想象的、文字所建构的精神世界中获得抚慰和满足。元天亮是否真实存在，是否出现在带灯的眼前已经不重要了。他已经化为一个精神符号，一个可以倾诉的对象而存在，如同山间的一朵花、一片云、一缕擦肩而过又无处不在的风。在带灯眼中，"自由的生灵没有家，运行是它的心地；飘逸的生命没有家，它的归途是灵魂的如莲愉悦"。因此，带灯像不屑浮华的王宝钏一样，"在人生道路上把许多的背影看做心头至爱"，让"那条干枯泪腺里的石头瓦块"融化为汹涌的爱的河流。①可见，"给元天亮的信"已经成为带灯精神力量的源泉。无论是给元天亮描述自然中的花鸟虫鱼，还是给元天亮叙述樱镇的变化以及民生的疾苦；无论是给元天亮解析自己心中的苦恼与困惑，还是给元天亮诉说她心中对他的想象与爱慕，那"地软"始终是"你梦牵魂绕的故乡"，那"风筝"是她"给太阳送一个笑脸"，那山果记载着"农人脊背朝天"的汗水，那端午的雄黄酒、艾枝、露珠是"珍惜的良药"。这一切，都是与大自然、世界进行生命对话的精神方式，或是超越世俗生活之爱与美的艺术化生存；是抗衡现代性的物质发展主义的精神追求，还是"对这个世界构成一种更深层次的批判"。②由此可见，"短信"成了带灯的精神支柱，使她有力量去帮助和拯救那些需要她帮助的匍匐在地上的人们，使她有力量、有勇气去面对阴谋、陷害与种种令人不齿的恶行，从而使带灯的理想主义光芒虽然微弱却熠熠生辉。

带灯是理想主义悲剧命运的真实再现，也是"属于风过之后"金子般的先锋战士。带灯原名叫"萤"，即萤火虫，因"萤虫生腐草"之虞而易名带灯，取黑暗中自明之意。这个名字也显示了带灯的命运，拼命地燃烧和照亮，却注定是微弱无力与幽暗。因为美丽与超拔同脏乱和下旋的环境形成了强烈的反差，带灯身上也有了卑俗的一面。一方面，她独来独往，身边有一位竹子，还有一位同学是镇长，但没有一个人能理解她，没有一

① 张丽军：《"新乡镇中国"的"当下现实主义"审美书写——贾平凹〈带灯〉论》，《文学评论》2014年第1期。
② 李云雷：《以"有情"之心面对"尖锐"之世——读贾平凹的〈带灯〉》，《小说评论》2013年第4期。

个人能真正和她的内心交流，她就是如此的孤独；另一方面，她的脾气越来越大，开始粗野骂人，还有两次不得已打了人。偶尔也会抽烟喝酒，会"移情别恋"，甚至还终于在内衣中发现了两个虮子，从此也便有了虱子。而村民与村民之间并非因为苦涩与烦闷而相互体恤，而是因贫富差距利益的不均积怨太深而恶斗，元家与薛家的械斗就是野蛮与血腥至极。带灯毕竟是一个弱女子，她一个人终究对抗不了嘈杂琐碎而又锐利残酷的现实，她的理想主义的浪漫、善良不但拯救不了别人，也救不了她自己。于是，她在现实世界与心灵世界都找不到自己时，她就只能成为一个疯子，成为现实的祭品，成为现时代一个真正的另类的"乡镇干部"。最终成了一个鬼魅世界借以宣泄郁勃黝黯情绪的幽灵。它既是五四以来启蒙主义"吃人"主题以及"人变成鬼"主题的富有时代感的真实写照，也是对樱镇乡镇以及整个社会的悲剧性命运作出的形象暗示。

　　显然，带灯的美丽、漂亮与不同凡响，不属于过去，只属于未来；不属于现实，只属于理想。因为幽灵化的隐喻具有神秘性，具有非现实性。那么，在如此具有现实感的"西汉品格"的文字书写中，为什么一定要如此强调幽灵化？带灯既要介入中国乡镇的新农村建设，又要承载当今困难重重的政治上的"维稳"任务。也就是说，她身上能折射出多少今天政治思想的光芒，或者她能预示出怎样的出路？小说结尾处关于萤火虫阵的描写，就作了隐喻性的回答："带灯用双手去捉一只萤火虫，捉到了似乎萤火虫在掌心里整个手都亮透了，再一展手放去，夜里就有了一盏小小的灯忽高忽下地飞，飞过芦苇，飞过蒲草，往高空去了，光亮越来越小，像一颗遥远的微弱的星……那只萤火虫又飞来落在了带灯的头上，同时飞来的萤火虫越来越多，全落在带灯的头上，肩上，衣服上。竹子看着，带灯如佛一样，全身都放了晕光。"这场面壮观的萤火虫阵，既是佛的意象与精神底蕴，又是带灯形象的理想性化身。陈晓明说："带灯身上无疑有我们久违了的'人民性'，有那种与穷苦百姓打成一片的'阶级性'，甚至有着高度自觉的'党性'。"① 这些正是作者一种超越性的审美思维模式，而创造出的带灯身上所具有的美好品质，它既寄托了作者的政治理想，也是一种审美理想的表达。恰如陀思妥耶夫斯基所言，"世界将由美来拯救"。《带灯》所塑造的超越凡俗女性的、汲取天地灵气的、具有神性的"带灯"形象，是反抗现代性、拯救和照亮"中国乡镇"的爱与美的天使。萤火虫阵及其所组成的"如佛"形象，既是对带灯的赞美，也是对樱镇的农民、大地与中国乡镇未来的期望。②

三、叙事："海风山骨"的艺术体验

《带灯》的"西汉品格"与"海风山骨"的境界，体现为一种美与丑、实与虚、远与近的准确把握，一种此岸与彼岸、世俗与精神、现实与自然的细致描绘，一种理想与悲情、写实与象征、出场与影子的审美判断。它们虽然是家长里短，柴米油盐；"拉拉杂杂，混混沌沌"。但却做到交相辉映，因果推进；明丽轻快，疏密有致。从而使小说既隐喻含蓄、意蕴幽深，又清新自然、气韵生动。

《带灯》的结构艺术，既有显性的，也有隐性的。以樱镇"维稳"为中心的现实生活的真实摹写与带灯写给元天亮的短信，构成了两条并行不悖的结构线索。前者是日常生活，后者是形而上线索；前者是接地气的，后者是艺术的飞升。樱镇现实生活这条线，一方面固然是在描写带灯与竹

---

① 陈晓明：《萤火虫、幽灵化或如佛一样——评贾平凹新作〈带灯〉》，《当代作家评论》2013年第3期。

② 张丽军：《"新乡镇中国"的"当下现实主义"审美书写——贾平凹〈带灯〉论》，《文学评论》2014年第1期。

子她们综治办的"维稳"工作，但实际上是在充分展示樱镇芸芸众生在当下这个特定时代的众生相，展示他们的苦难生存状态，尤其是通过那些上访者不幸遭遇的具体状写，强有力地揭示普通百姓现实生活的残酷凄楚，以及官员的投机逢迎，欺上瞒下。樱镇洪灾死亡十二人，镇书记瞒天过海，弄虚作假，一一排除，只剩一个还报"烈士"材料，树个典型；元家与薛家械斗伤亡惨重，他抽身而出，诿过于人，让带灯与竹子受到处分；他虽在樱镇工作，却每天下午都回县城，整晚应酬，为自己升迁谋门路。而带灯的精神世界这条线也丰满鲜活，她在现实中无法表达的爱意，都被远方的乡人元天亮点燃了。带灯于元天亮，虽然以爱慕的姿态开始，但是她其实从来不求回报，为的只是为自己的精神世界找个家园。无论元天亮是否回复，甚至是否存在，都无关紧要，紧要的是带灯需要倾诉。而且，在这场清水静流的爱恋中，带灯焕发了超越于一个乡镇干部可能拥有的丰富才情，她的意象灵动，词句优美，是任何被俗世被规矩限定的人，所无法达到的。于是，二者形成了鲜明的对比，带灯的短信越是浪漫美好，樱镇现实生活的苦难与惨酷越是突出。从各节的篇章上说，它们长短不一，看似独立，却内有关联。这种"短信体"的结构形式看似松散无章，没有骨架，实际上却别有韵味。

　　而隐性结构，是指人物群像板块系列：它是以镇书记、镇长、马副镇长、带灯、竹子、白仁宝、侯干事、刘秀珍等组成的基层乡镇干部系列；以元黑眼、元斜眼、元老三、换布、拉布、曹老八、张膏药、陈大夫、马连翘等组成的镇街小镇人物系列；以"老伙计"（如刘慧芹、六斤、陈艾娃、李存存、范库荣等）、"十三个妇女"（丈夫都在大矿区染病）、"老上访户"（王后生、杨二猫、朱召财、王随风等）等组成的村寨人物系列。他们或是"地位低下，工资微薄"，都能分片包干、尽职尽责，堪称"江山社稷的脊梁""民族的精英"；还是"巴结上司"、弄虚作假，既对上访者气焰嚣张、手段残忍，又阳奉阴违、以权谋私。他们或是吃苦耐劳、精明干练，却能勤俭持家、和气生财，应是樱镇繁荣的"能人"、发展的动力；还是利益纷争、大打出手，既霸道龌龊、心胸狭窄，又械斗杀戮、你死我活。他们或"日出而作，日落而息"，却能精耕细作、知恩图报，也是历史前进的动力、富裕的根本；还是家境贫困、凄苦潦倒，既抱怨社会、肆虐无信，又卑怯懦弱、虚妄阴暗。他们都生存在一个正在走向现代化城镇化的中国乡镇——樱镇，彼此联结，编织成网，构成了一个巨大的隐喻。它隐喻了当前中国现代化进程带灯前行的处境，而带灯也并非是小说绝对的主人公或中心人物形象，她只不过是一个参与到小说的整体情境之中的叙述者或说话人。小说中竹子、马副镇长、元家兄弟、"老伙计""老上访户"的形象都不是带灯所能代替或遮蔽的，甚至有些人物在完整性和深刻性上还超过了带灯，这实际上是人物群像板块结构大大地拓展了小说的话语空间，而兼具小说和散文的结构特点，实现了"复调"叙事结构的艺术创新。

《带灯》的诗化艺术，就是意象与象征的巧妙运用。意象是中国传统文化的核心内涵。它是通过形象描绘表现出来的境界与情调。《带灯》"埙声"的意象叙事，既是带灯逃离现实的呐喊，又是她心灵的回声。贾平凹在小说中引入埙声，是因为"埙是古乐器……善吹一种浑厚的、幽怨的调子，发出的土声穿透力特强"。[①]《带灯》中时隐时现的埙声，就成了整部作品贯穿始终的音乐背景。自从带灯有了埙，就对它爱不释手，常常吹上一段，可镇政府的人都不喜欢，认为这埙声太过悲凉，听了"总觉得伤感和压抑"。带灯却认为，埙是土声，"这世上只有土地发出的声音能穿透墙，传到很远很远的地方"。于是，埙声就成了繁复小节中一条明亮的河流，使作品在混沌中不乏轻灵的格调。事实上，自从埙乐加入以后，小说的基调的确愈发悲凉，埙声缭绕，带灯那萤火虫一般的光亮也越来越暗

---

① 贾平凹：《与穆涛七日谈》，见《坐佛》，译林出版社2002年版，第369页。

淡，后来带灯患病，埙也不见了。带灯哀伤地感叹："那真是它走了，不让我吹了"。埙声仿佛一开始就已经为带灯奏响了挽歌。埙声的消逝，既是带灯的生命活力的渐渐流逝，也是带灯心目中美好的田园家园的消失。而带灯的名字，萤火虫，更是作品最显性的隐喻。荧光，是烛光，这点小光，是理想的光，是理想主义者精神中微弱的照亮。它可以点亮自己，却无力改变世界。这种燃烧已不是点亮自己照亮别人的崇高，而是洁身自好，自救而已。只有聚在一起，才能温暖黑暗的寒夜；只有聚成萤火虫阵，才真的成了光。小说结尾这样描写："这些萤火虫，一只一只并不那么光明，但成千的成万的十几万几十万的萤火虫在一起，场面十分壮观，甚至令人震撼。像是无数的铁匠铺里打铁淬出火花，但没火花刺眼，似雾似雪，似撒铂金片，模模糊糊，又灿灿烂烂，如是身在银河里。"这种隐喻，给带灯，给樱镇，给世人以希望，也是带灯精神、理想、人格与诗情的象征，是带灯命运的写照。

象征既有比喻中的暗喻成分，又有表述方式中的比附因素，它们的生发和放大，就是特定形象的一种含义和观念。《带灯》虱子的隐喻与象征，就是一种艺术，一种创造，一种新观念的寻求和诞生。在樱镇，人的身上有虱子已是司空见惯，习以为常。但带灯却不同，她不仅拒绝自己身上有虱子，而且还向镇政府建议在全镇范围内开展灭虱的动员，发硫黄皂，发洗衣粉。可樱镇人不仅不想灭，反而觉得带灯可笑。带灯就只好孤独地抗争。从不睡别人的床，勤洗澡换衣。直到那次带领妇女们去邻县打工摘苹果，结果带灯和竹子沾上了虱子，但经过紧张的处理，虱子远离了她们。最后，带灯毕竟力量微弱，而虱子的数量实在太多，她终于无力招架，只能无可奈何的妥协。不仅带灯与竹子的身上再一次生出了虱子，而且"无论将身上的衣服怎样用滚水烫，用药粉硫黄皂，即便换上新衣裤，几天之后就都会发现有虱子"。甚至带灯对于虱子也从紧张、厌恶，变为习惯和麻木。"也不觉得怎么恶心和发痒"，并自嘲"有虱子总比有病着好"。带灯与虱子进行的战斗，不仅象征一种陈腐的思想观念的根深蒂固，也是她与现实丑恶势力和恶劣环境抗争的一个缩影。而白毛狗的象征意义，更是意味深长。带灯初到镇政府工作时，那条狗还是一条杂毛狗。因为带灯特别爱干净，所以就给狗洗澡，结果那条狗居然变成了一条白毛狗。带灯对白毛狗宠爱有加，下乡走访也常常带着它，可是白毛狗先是被打跛了腿，又被人害掉了尾巴。白毛狗仿佛镇政府的护卫，它用吠叫吓退上访者，同时也承受着上访者对镇政府的仇恨。它屡次受伤，却始终能够坚强地存活下来，成为带灯工作中可以信赖的伙伴。当带灯患上夜游症，精神上出现了问题。这时的白毛狗也"再不白，长毛下生出了一层灰绒"。从象征隐喻的角度看，写狗也即是写人、写环境，通过一条白毛狗的描写，折射出带灯在这样一种环境下，只能是理想的破灭，理想主义的完结。

《带灯》的语言艺术，既有山骨般的阳刚，又有海风似的阴柔。阳刚犹如山骨一样坚硬、粗犷，冷干、固定。它是一种大气磅礴、汪洋恣肆的狂放语言。《带灯》主要以处理政事与上访为核心。于是，人们整日处于各种问题的旋涡之中，不是讲奋斗，就是谈挣钱，这种阳刚之气使得身体、自然、社会、精神等生态都遭到严重破坏，去大矿区打工的人大多得了"矽肺病"，旱涝灾害频发让人苦不堪言，社会贫富不均造成了暴力事件，人们在精神上更是无所适从。这些都在樱镇世界得到全面的展示，并落实在阳刚、公共的话语体系上。尤其是书记、马副镇长几乎就是公共话语的代言人，整个镇政府都充斥着大话、套话。特别是开会话语与文件话语，不是命令，就是拍板；不是训斥，就是压制。马副镇长等折磨王后生时训斥的野蛮，村长扇朱召财老婆耳光时的粗俗；镇长下令绑了闹事的田双仓时语言的残忍，马副镇长对带灯说"这不是天了"的荒诞等，都是一种"山骨"般的刚性话语。而且，作者还采集了大量的民歌民谣、奇闻轶事、笑话段子、野史方志、残碑断简、地方曲艺之类穿插其中，甚至还有政府公文、领导计划、会议记录、工作日记等。比如县委县政府为市委黄书记到樱镇视察下的文件："……书记、镇长和大工厂基建负责人就到樱镇边界上恭候迎接……讲话稿不用镇上准备，但多准备几个照相机，注意照相时多正面照，仰照，严禁俯拍，因为黄书记谢……"这些安排本来就像白花花的骨头一样坚硬。但经过作者的艺术剪裁，不仅没有生硬和不协调，反而呈现出一种艺术笔墨的味道，这是大胆的文件杂糅，既增添了作为小说的说话的谐趣，也强化了小说叙事的历史感。

阴柔就像海风一样阔大、柔软，温润、流动。它是一种温顺柔和、大气沉稳的明丽语言。带灯写给元天亮的信，就是阴柔话语的核心。有了元天亮的信，才有了带灯自己的精神"星空"，她是在写信的过程中建构起自己的心灵世界的，只有这时，她才属于她自己。在倾诉中，她虚构了时间与空间，有了自己的私密空间，思想自由遨游，只有这时，她才找回了自己的生命感觉。于是，她行走在山林里，在幽谷的清风里对着远方的人说话："我在山坡上已绿成风，我把空气净成了水，然而你再没回来。在镇街寻找你当年的足迹，使我竟然迷失了巷道，吸了一肚子你的气息"以及"你是我在城里的神，我是你在山里的庙"，明丽而又精致，清新而又灵动。不仅如此，在政事叙述中，也有不少温润与明快的语言。刘秀珍夸儿子是她河边慢慢长大的树，身心在她的水中，水里有树的影子。她说儿子是天上的太阳照射着河水，河水呼应着怎么是又清又凉的水流？这就极具诗意。[①] 小说最后描写"萤火虫"："正是傍晚，莽山已经看不见树林，苍黛色使山峦如铁如兽脊，但天的上空还灰白着。她们才一到河湾，二猫就知道了，撑了排子吱呀吱呀划过来，让她们坐好，悠悠向芦苇和蒲草深处荡了过去，而顿时成群成阵的萤火虫上下飞舞，明灭不已。"既有意境，又有韵致；既有情趣，又有意象。它诗意盎然，简约直白，充满着情感的力量，悲剧的美感。

---

① 谢有顺、樊娟：《海风山骨的话语分析——关于〈带灯〉》，《当代作家评论》2013年第 6 期。

《带灯》语言的阳刚与阴柔、山骨与海风又是辩证统一的。它们是在温润与硬气之间徘徊，用柔性的笔法写出庄重的话题。比如"元家兄弟又被撂倒了两个"一节，那场在粪池边上的打斗，简直把暴力与荒诞、仇恨与滑稽、凶恶与无聊天衣无缝地糅合在一起了。这暴力写得淋漓尽致，却又如此痛楚，它完全就是一种海与风，山与骨；绝望与希望，社会伦理与个人伦理，交织在一起。从曲处能直，密处见疏；以小见大，以柔克刚中，既表现出了黑暗的力量、心狠手辣，也写出了宽容与悲悯、信心与希望。这就是多种写法的综合，是各种精神的矛盾的辩证统一。

第五章

王安忆长篇小说《天香》：
盛极而衰的人生宿命与艺术真谛

    王安忆是中国当代文坛享有崇高声誉与广泛影响的著名女作家。从《本次列车的终点》到《小鲍庄》，从《发廊情话》到《长恨歌》等，她几乎囊括了中国当代文学的全国优秀短篇小说奖、中篇小说奖；鲁迅文学奖、茅盾文学奖等各类文学的最高奖项。无论她的短篇小说或散文创作，还是她的中篇小说或长篇小说创作，都既有多义性，又有无定性；既有严肃性，又有哲理性；既有立体感，又有层次感；既有模糊感，又有默契感。所有这一切，她都能从偶然与必然，象征与隐喻；找寻与探究，无奈与圆融中见出其思想与艺术的光茫。她"既是古典主义式劳其心志，精益求精"的经典作家，又是"社会主义式兢兢业业，实事求是"的"劳动模范"。

    而她获得第四届世界华文长篇小说奖红楼梦首奖、第二届施耐庵文学奖的《天香》，则是一部"文字婉约而深情，境界幽远而圆通"的优秀长篇小说。作品叙述了从晚明（嘉靖三十八年即 1559 年）到清初（康熙六年即 1667 年）这一百多年间，上海一个申姓大家族从兴旺奢华到繁花将尽的历史过程。它既是一个家族的兴衰史，也是一部上海的异变史；既是一帧艺术文化史，也是一曲人性心灵史。它明丽清新、绵密疏朗，典雅华美、情趣高洁，是一部细腻、冷静、理智、思辨的学者型长篇小说。

一、烈火烹油的繁华景象

《天香》描绘出了一幅烈火烹油、美轮美奂的崭新园林景观。天香园那百花争艳、蝶舞蜂喧的繁华景象，就像苍翠欲滴的绿叶之间，晶莹的露珠正在滚动、闪光，披着茸毛的蓓蕾正在轻轻地颤动、绽放，刹那间一朵朵薄绢般的花瓣都纷纷舒展开来了，有的俊俏，有的浓艳，有的清丽，有的妩媚，有的端庄，有的妖冶，各自以其缤纷的色彩和迷人的姿态，仿佛在丽日和风中浅笑絮语，扣人心弦。

天香园的旖旎风光、诗情画意。既是那种"借得山川秀，添来景物新"的千姿百态，琳琅满目，又是那种天工造化，"浑成精当"的别致格局，新颖构想。它是作者描绘出的一个绚丽多彩而又细腻逼真的人间天堂，又是一个焕发特殊光彩的古典园林建筑。随着作者的生动描写，我们仿佛身临其境，走进"板上刻团花和蔓草、漆大红和大绿，墨色描线"的四扇正门，感受到"楼阁迤逦"的豪华气派。绕过"风火墙"，峰回路转，柳暗花明，"几重庭院，几处厅堂"，"几层过廊，几条甬道"，规模宏大，气势不凡。那"汩汩水声"，从"一条细流在两面山墙之间穿行而来"，溶溶汤汤，曲折萦纡，或如晶帘般奔入小溪，或潺潺出于石洞，似闻水声琤琮作响，如见飞瀑白练倒悬。那"山峦"，或如猛兽，或如鬼怪，白石峻嶒；或"乱云飞渡"，或"为霄之上"，纵横拱之。有"形制翻卷搅缠"，"犹如迷津"；也有"镂空中两相面对"，小山点缀。这里的房舍，或楠木为楼，釉砖铺地；或团花蔓草，大红大绿；或雕甍绣槛，崇阁巍峨；

或飞楼插空，层楼高起。有"平房院落"，半宅数楹茅舍；也有青藤"爬墙"，一个三间小院。这里的花木，有栽的荷花，绿叶幢幢；有"垂柳荡漾"，婆娑丝丝；更有"青篾细条编成的篮子里是大红桃子；琉璃盘里是大红桃子；鹅黄的络子将大红桃一个一个网起来，连成串，底下垂着嫩绿流苏，舢板外面描着仙草，里面装的是大红桃……"天香园变成一座果仓，一个蟠桃会，挑香弥漫，娇艳无比。石、灯也很别致，"石头眼里"，是异峰突起，危如累卵，重峦叠嶂，穿流漏雨。灯则是"美人靠隔几步一盏，隔几步一盏；亭台的翘檐，顺了瓦行一路又一路；水榭和舫，是沿了墙廊勾了一遍"，天黑下来，一池子的烛光，映出花蕊丝丝，香雾弥漫……那"白鹤楼"的"繁花胜景"更是雨后重生的彩虹："青蓝黄并一股，蓝绿紫并一股，紫赤橙并一股，橙绛朱并一股，于是又繁衍出无数颜色。单是一种白，就是泛银、泛金、泛乳黄、泛水清多少色！千丝万缕垂挂花绷上，无风而荡漾，掀起一披虹，一披霞，一披远黛，一披岫烟，一重雾，一叠云，一幕春雨，一泓潭水，水里映着万紫千红"，等等，真成了个轰轰烈烈的"小世界"。更不必说那不及细察"硬木龙骨""手划舢板"的码头，"这一殿、一堂、一阁、一林""竟觉得是个人间仙境"的禅房与莲庵。偌大景致万千气象，竟然无一重复之笔。真可谓王安忆《天香》中的天香园深得曹雪芹《红楼梦》大观园的神韵与意趣。它们丝毫不游离于主线之外，而与作品的意趣浑然一体。

王安忆对天香园的描写，还不仅仅止于山、水、树、径，亭台楼阁。这些毕竟只是大体的轮廓，为了不致使人一览无余，王安忆又用传统绘画的"横云断岭"法虚实结合，伏下了许多胜景，为小说情节发展的反复皴染，留下了无限的空间。甚至那些不同时空、不同用场的景致特色，也显得糅合穿插、变幻多姿。园林建筑的新颖别致与人物活动交织在一起，互相衬托，构成一幅色彩鲜艳的图画。写白天，"走出柳林，一片烂漫扑面过来。碗口大的红花，开在白和粉的小花之中；喇叭筒状的紫色花突兀而立，底下是无数倒挂的小金钟；复瓣的黄花，一层层叠垒着，四周是细长蕊的蓝花；无色透明薄如蝉翼的黛色花，映着绒球般翠绿的蕾。花和花之间是各样的草，锯齿的、裂瓣的、镶边的、挂絮的、双色的、嵌拼的、卷曲的、垂悬的……走过去，忽然腾空而起一幅锦缎，原来是采花的蝶，覆在花丛，锦缎揭开，花与草的颜色更深一成，形制轮廓也鲜明凸起。"这"天地间全让颜色和光线填满了"，真是五彩缤纷的花的世界。写夜晚，"园子里静谧着"，"池子明晃晃的，连荷叶的影都透亮，犹如蝉翼；柳条里藏着晶片，一闪一闪；水榭、画舫、亭台、楼阁，凸起在开幕前，一拱一檐都镀了银。那积翠岗竟是墨绿的，树和草不像长在岗上，倒像是涌出地皮，再淌下来。四面都有香气扑来，是桃子熟透的沁甜，荷花的清新"。完全是一派皓月清风、万籁无声的夜景。写宴请，"宾客分三处就座，第一处主宾由申儒世申明世陪，宴席设在碧漪堂前，碧漪堂背积翠岗向莲池，相隔有阔大地坪，铺青白方石，地坪周边是石灯笼，灯笼内如今亦是一支烛。团团围绕其中，摆开十二圆桌，全是地方上的人物名流。第二处由老母亲领着，在画舫中，只有一大圆桌，凡家中女眷携幼儿女全在桌上，足有二十座。第三处是积翠岗阳面的阜春山馆里，挤挤挨挨十数张案子，全是小辈及学友玩伴，最为热闹喧哗"。这是何等妖媚、流光溢彩的繁华景象。写设市，柯海占了碧漪堂开布肆，镇海在积翠岗上的阜春山馆设书铺，小绸在水榭开药铺，荞麦、小桃、妹妹在荷花池边卖的是馒头。"柯海巡视一遍，觉得还是市井不足，繁荣不够，他筹划着摆成一幅《清明上河图》。于是，又遣几个仆佣摆出一个肉摊。"这是一幅多么鲜艳、绮丽、繁华的景象啊！那耀眼夺目的景色，奢靡张扬的气象，再加上沁人的荷花，拂鼻的桃香，把天香园衬托得分外娇艳明丽。难怪"举城议论，众声喧哗'香云海'，刚消停下来，倏忽又来一景。前一出是雅，后一出是俗，可谓天上人间，却都是惊人的别致"。这正是申府烈火烹油、鲜花着锦的极盛时期。

二、秋风肃杀的悲凉之雾

天香园的景物描写，也是随着人物思想感情的变化、故事情节的发展和四季景物的转换而不断变换、逐步加深的。于是，申府的坐吃山空与内外矛盾的不断激化与扩大。那烈火烹油、鲜花着锦的繁盛，墨香题咏、笙歌饮宴的欢乐都迅速闪过去了，形势急转直下。柯海的纳妾，引发与小绸的矛盾，像一块巨石投进水中，激起的情感波浪，聚荡反复，影响深远。申明世虽"太奢华"，"富豪风气"不知节制，但仍有他的全力维护。而孙辈的逛窑子，押娼妓；输钱被骗，赊账游玩；开店贴钱，卖地陪嫁，其锋芒所向，已使申府人人自危。原来固有的矛盾没有平息，新的纷争又不断激化，先前的无忧无虑渐渐变得空前紧张。每一个人都在为自己留后路，为自己作盘算，都在沿着自己的方向前进了决定性的一步。分崩之势铸成，衰败之象已显。

在申府人人制造欢乐、享受繁华的气氛中，小绸出现了，她是第一个敏感意识到申府繁华过后是凄凉的人。这时留在画面上的，"嫁的嫁""娶的娶"，"羊车不知去了哪里，八成当劈柴点火烧了"。小绸"满眼望去，全是粉雕玉琢的人，绮绫衣裳，金银钗环，一船的锦绣"。这时她不禁觉得"好看得令人担心，担心世事难料"。随着她的漫想，悲凉的心境逐渐推向了高潮。"如今自己年过四十，柯海还要长两岁，公公已是花甲之年，护这一家子还能护几时？再说，天灾人祸全是命运，又有谁能护得了谁？小绸心里不禁阴郁起来。"而且，自万历年来，既是"七月大雨"，又是"十月飓风"；既是"冬雨木冰"，又是"黄沙蔽日"；既是颗粒无收，又是"饥民遍地"。"申家的田地只有一半产出"，"仅缴上一成租子"。这么一大家的开销，进账则少，出账则多，"丫头采萍出阁，颉之、颀之出阁，三大桩费用；阿奎婆，阿昉婆，再是阿潜婆，又是三大桩"。虽然这个家"轮不着她发愁"，但"天有不测风云"，她不得不对景感怀，倚窗忧伤。申府的一串变故，这个"局外人"自然格外地敏感。作者正是通过小绸的眼神与"漫想"，把这个纵有锦衣玉食，姹紫嫣红；击鼓传花，饮酒赋诗，或有仆佣福哥的繁忙竭力撑持着虚假的繁盛表现出来，但那凄凉的心境，凄冷的爱情，凄楚的前景，交织成一片凄暗的氛围。真是千里搭长棚，没有不散的筵席。

而到了"停船暂借问"，作者笔锋一转，通过描写闵师傅在天香园不同寻常的"走走看看"。以这样一组节奏徐缓的慢镜头，扫过天香园大大小小的院落水榭。从而把天香园的凋落、申府的式微，用饱含诗意的笔触，描绘出园中景色的凄清：

> 颓圮的竹棚木屋；杂乱的草丛；水面上的浮萍、残荷、败叶；空落落的碧漪堂；伤了根的桃林……

寥寥几笔，竹棚、草丛，和着幽怨的风声，又仿佛曹雪芹《红楼梦》大观园的境界，但又是另一番情调，像一幅光与影组成的画。而在这幅画中也有连续的动作，是在诗意般纪实时发生的：

> 湖上莲花半开半谢，残荷来不及收拾去，看上去就有些杂乱。庵后面那一片百花园也荒芜下来……泾对面却平地起来一片屋舍，隔水听得见鸡犬声。……厅堂闭着门，斗拱下的燕巢空了，却有蜘蛛在结网。绕堂一周，砰一声响，闵师傅吓一跳。原来是一扇后窗窗轴松动，窗扉便闪开了。……面前空地上有几处倾塌的竹棚和木屋，看那倒势便知是竹根蔓延生长，拱起地基。桃林，不似先前的繁荣，而是凋败了。……从桃林出来，闵师傅对申家的境况已了然几分。心下哀戚着……

　　小绸的敏感，闵师傅的所见，莲荷、百花、厅堂、窗扉、竹子、木屋、桃林，一段话有多少组对照，将人物神情、画面、音响、色调融为一体，又反衬出笼罩在日光之下这广阔空间无边的寂静来。这使小绸触景生情"不由得要想到将来"的忧思，闵师傅"心跳着""惶然着"的悲戚，顿时使整个天香园的凄凉气氛达到饱和。这种江河日下的申府现状，连小绸这样一个孤僻冷漠、才高八斗的知识女性，都不愿它这样下去，并力图出来止住它的下滑。但是，天香园的滑落已经给我们留下了难以磨灭的印象。最后闵师傅"绕园子一周"，"踟蹰片刻"，"脚停在一幢玲珑的小楼前"听到"冷冷的动响，似乎是钗环的叮当声"。这是以有声衬托了无声，把天香园这种不详的寂静扩大到了无边无际。

　　最后，王安忆以点睛之笔，多层次多视角地描绘出了天香园一草一木、一枝一叶，一砖一瓦、一鸾一簪的百卉凋零，秋风肃杀。的确，天香园在众目睽睽之中扭曲了、变形了，往日的魅力荡然无存，过去的迷人土崩瓦解。不仅"坊间都在传闻"，为了"几项人情往来"，"柯海早在卖地"了。"俗称'刀切豆腐两边倒'"，申府的家底已经"抖搂得差不多了"，其哀痛愤激莫不至于极点。即使"蕙兰回来一看"，也"看出了凋敝。园子里花木杂乱荒芜，亭台失修，桃林早就不挂果，竹子倒开花，结竹米后枯萎大半。青莲庵住持，也就是蕙兰的祖父，两年前圆寂，庵子便颓圮下来，如今只剩下一堆乱石，几堵断垣"。繁花绿柳的天香园，已是"莲天衰草，岂独兼葭"。不仅仆人李大觉能看出破绽："那宅院大是大，可角落墙根出入着老鼠，还有一只黄鼠狼。烧柴湿了，满院子里烟，呛得大人小孩咳喘不停。大门前的码头木地板朽烂了，拴船的石柱断了，就知道有多久没有贵客上门了。"真是"门前冷落鞍马稀"，青燐落日零星骨；就是在专从钱塘赶来吊丧的杨知县眼中，"申家终究是落魄了"，"灵堂设在府上，青莲庵早已倾圮，碧漪堂也四壁漏风，墙倒楼塌，池子淤塞了，花木凋零，家中人都不大去了"。"悲凉之雾，遍被华林"，已是人去楼空。不仅一个雕梁画栋，朱红雀绿；百花盛开，花团锦簇的天香园，成了"甘薯的叶子披在垄上一行一行碧绿，白莲泾淤滩上的芦苇，抽出一片白叶。凋敝的天香园又有了生机，是乡野的生机，与原先的玲珑瑰丽大相径庭。残余的几处亭阁越发旧损和矮小，草木杂芜，遮掩了甬道，又被老赵的役工大刀横斧破出一条直径供作田的人往来"；就是余下的申家人也"或是不管事，或是自顾自，外面看是一家，内里其实已经各过各的。院落与院落之间，因疏于往来走动，回廊过道渐渐颓圮，残砖烂瓦堆垒，又成隔断。那大厨房以及厨房前的小码头也久不用而废，塌下水里，三重院有两重是不住人的。两处楠木楼还算完整，在一片颓败中尚留些生气，却又显得突兀，而且不可靠，早晚都会被瓦砾堆掩埋"。不仅"蕙兰心中感慨，大家败落也是大败落，非市井小户可比，更加触目惊心"；就连"阿晥回来"，也不认识自己的家了，"门上的竹签子断的断，朽的朽，铁钉子也锈完了，门脚下生了青苔，显见得长久不开"。真是屋宇楼阁，"空廊寂寥"，"曲终人散"。作者把这种衰败写得惊心动魄而又意味深长。这块人间乐土的衰微破败，世外桃源的理想幻灭，正是一曲繁华表面深层悲剧的成功艺术抒写。

三、钟灵毓秀的闺阁女子

《天香》女性人物形象的人生智慧与创造精神，既是兴旺、发达、成功的标志，又有典雅、婉约、聪颖的美感。王安忆说："要写上海，最好的代表是女性。"[1] 因为"城市更适合女性生存。她们卸下了农业社会对于

① 王安忆：《上海的女性》，见林石选编：《女人的秋千——女性的中国》，花城出版社2000年版，第210页。

体魄的苛刻要求，这个崭新的场所更多地接纳了女性灵巧和智慧。"①《天香》中"最有生气、最生动的人物谱系是一系列女性形象"。② 正是他们那"灵巧与智慧"的闪光，才让"天香园绣"逆势而长，最终达到出神入化、天下绝品的境界。

小绸聪明美丽，勇于担当，卓尔不群。她是世家贵族出身，有娇艳柔润的容貌，有诗书画艺的脉承；但却性格倔强，疾恶如仇，心气高傲。她嫁给柯海，就把自己的乳名和身家性命全部交出。唯其用情极专极深，所以容不得一丝一毫的情感亵渎。当丫头没出生多久，柯海就纳闵女儿为妾。这在小绸看来，既是一种背信失义的行为，也是一种无法被原谅的背叛。于是，她既断了与柯海的交情，也不与全家人往来，"平时连一日三餐都着人送到院子里，娘俩自己吃"。"没有丫头伴在身边"，她就一个人在那作"璇玑图"以自寄。其实，小绸与姊娌镇海媳妇之间，并没有什么过节，完全是由于小绸把自己对柯海的怨恨与愤怒发泄并转移到镇海媳妇身上。镇海媳妇为人大气，从不计较，当别人都对小绸敬而远之时，她却不怕小绸的冷脸，敢于与之周旋，终于感动了小绸，消除了她们之间的罅隙，并凝成割头也不换的情意。更为关键的是，由于她的巧妙安排与沟通，还消除了小绸与闵女儿的误解。而闵女儿在被冷落之后，也以绣艺作为生命的寄托："这一幅睡莲图是漫天地撒开，闵女儿好像看见了自家庭院里那几口大缸里的花，停在水面，机房里传出走梭和提花的声响……好了，睡莲的影铺满白绫，从花样上揭起，双手张开，对光看，不是影，是花魂。简直要对闵女儿说话了，说的是花语，唯女儿家才懂……"闵女儿把从苏州世代织工中的上乘绣艺带进了天香园，恰巧又遇上秉承书香渊源

---

① 王安忆：《男人、女人和城市》，见《漂泊的语言·王安忆自选集之四》，作家出版社 1996 年版，第 408 页。
② 张文诺：《乡土上海的文化记忆——论王安忆的长篇小说〈天香〉》，《临沂大学学报》2013 年第 3 期。

的小绸，绣艺融入诗心，就有了天香绣的成型。因此，"天香园绣中，不止有艺，有诗书画，还有心，多少人的心！前两者尚能学，后者却绝非学不学的事，唯有推摩，体察，同心同德，方能够得那么一点一滴真知！"所以，如果小绸与柯海的夫妻矛盾写出了小绸的刚烈、决绝，那么，在镇海媳妇早逝后她毅然以伯母的身份承担母亲的责任则表现了她的担当精神；如果小绸与闵女儿的罅隙表现了小绸的任性、高傲，那么，"天香园绣"第一代更上层楼的关键则是她作出了独特的贡献。

沈希昭清秀可人，心性高卓，钟灵毓秀。她出生在杭州一个"诗书传家"，既是南宋遗民，又通"桃花源"。沈老太爷从小就把"希昭是当男孩养的"，"念书""临帖""学女红"。什么都学，一学就会，因而在她身上积淀着厚重的历史文化。她从杭州嫁到上海申府，与小绸本是侄媳妇和大伯母的关系，由于沈希昭的丈夫阿潜实际上将小绸带大，情同父子。希昭与小绸本应是亲密的婆媳关系。可围绕着到底是学绣还是学画她们之间发生了争执，也是在暗中较量。对此，作者描写道："这婆媳二人从开初起，之间就植下了罅隙，先是柯海的夙怨，后是阿潜这个人。这还在明里，内里更有一重原因，在于这两人的秉性与天分……要说相知相识，就是这两个人；相怨相嫉，也是这两个人；相敬和相畏，更是这两个人。结果呢，通着的就是隔断的，近着的就是远着的，同道的就是陌路的，这两人就越来越生分。"这似乎就是所谓的一山不容二虎，因为小绸与沈希昭都属于出色的闺阁女子，所以，当这两位女子碰撞在一起的时候，就必然会有一些未必和谐的火花碰撞出来。它确实准确地道出了两位出色女性之间隐秘的内在关系。相知相识，是非常自然的事情，没有共同能够抵达某一人生高度的人，实际上是很难真正互相理解的。然而，也正因为这种相知相识、互相理解，会使得她们心生积怨。既然互相了解、互相忌惮，那最后的结果，必然是相敬相畏了。于是，"天香园绣"要再往上走，发展到极致，自然落到第二代沈希昭身上了。天香绣在小绸、闵女儿手中还只是消磨时间、寄托情感的闺阁之物。而沈希昭之于天香绣，是"见过于师，方堪传授"，独辟蹊径，得灵感于宋汴绣的绣画，使天香绣自成格局。所以她能"集前辈人之大成"，褪去闺阁之气，升华为一门艺术。在开绣之新境中，推天香园绣而至鼎盛，达到"天下一绝"之境界。不仅被以香光居士为代表的男权社会肯定、认同，就是申家老爷要一副上好的棺材木头，还是希昭首次落款"武陵绣史"的四开屏绣画换来的。

　　蕙兰憨厚敦实，心地善良，意志坚韧。她出生时正值申家鼎盛之际，自幼学绣，聪明灵秀。但出身高贵却命运多舛。到了该出嫁时，申家却办不起嫁妆；嫁到张家不久，又面临丧夫之痛。但她仍刚烈淡定，拒绝再嫁；奉养公婆，抚育稚子。当乖女生存无着，祈求跟她学绣以觅活路时，在是否收徒传艺上，蕙兰踌躇了。因为申府有规矩，"天香园绣"的绣艺不能外传。蕙兰虽是大户人家娇生惯养的大家闺秀，使她拥有一颗高贵的心灵，但悲悯情怀同样也是贵族文化的基因。而她身为败落中张府的媳妇。蕙兰也切身感受到了底层生活的艰难不易，体察到乖女心境的悲凉。于是，她毅然违逆艺不外传的规矩，决定收乖女和戬子两个无以自立的女孩为徒，将来让她们以此安身。其实，蕙兰要了"天香园绣"的名号做嫁妆，就是她打破常规的一种深谋远虑。这种打破常规不是绣品本身技艺、境界上更加精进，这一点在她婶婶希昭那里已经登峰造极，蕙兰做的是把这项工艺与生活、生计、生命更紧密地联系起来，给了这项工艺更踏实、更朴素、更宽厚的力量。也就是说，她以手中的针线将天香绣另辟天地，从雅到俗，从艺术到实用，不仅撑起张家倾塌的门户，让婆媳在相依为命的艰难日子里，用绣品支撑起稳定的生活。还正如希昭对蕙兰阐释"天香园绣"的来历时说的："莫小看草莽民间，角角落落里不知藏了多少慧心慧手……大块造物，实是无限久远，天地间，散漫之气蕴无数次聚离，终于凝结成形；又有无数次天时地利人杰相碰相撞，方才花落谁家！"起自民间，经过闺阁向上提升精进，又回到民间，到蕙兰这里，就完成了一个循环，没有这个循环，就不通；不通，也就断了生机。希昭把"天香园绣"推向了极高处，而蕙兰则设幔收徒，让天香绣由殿堂走向民间，莲花遍地。真是去尽丽华，却一颗锦心犹在，在民间重获勃勃生机。

"天香园绣"的历史也是一部上海女性的心史，它的每一针每一线都凝聚着申家女性的心血、生命和感悟，从中可以见出申家女性精细、坚韧、勤劳、雅致的精神气质。因此，当农耕文明逐渐中落，继之而起的商业文明使女性的弱势转化为优势，新兴的商渎之邦——上海也为女性提供了更广阔的空间，凸显女性的价值与地位、成就与贡献。

四、萎靡虚浮的退场男人

《天香》男性形象的担当与责任、避世与萎靡。既财力雄厚、意气风发，又天性自由、喜爱享乐；既婉而不迫、出手大方，又不事稼穑、玩物丧志。虽然浸润着风雅、儒雅、俊雅的贵族气质，却充耳不闻北方金戈铁马、西域蒸汽远航；虽然都是"大隐于市"的性情中人，却挥金如土热衷造园为乐、痴迷器物为美。最终他们都一一凋零衰败。它类似于《红楼梦》"楼起了，楼塌了"的悲凉凄惨，又是王安忆小说"可爱的男人"必然的人生宿命。

担当的男人。男人任何时代都是社会的主体。担当就是责任、奉献和才干。它既是履职的尽责，也是宽阔的胸怀；既是执着的追求，也是无畏的勇气。《天香》"名绅"申府就是男人的担当，而积聚了丰厚的财富："祖产极丰，经营盐业，就很可观，又有大片田地，苏州地方上顷的棉田，松江则是稻麦，浙一带又有桑林与竹山。"到了兄弟一辈，申儒世在"西南地方做太守"，且固守读书人之道，喜欢低调，生活端肃，喜朴实不爱奢华。申明世在"江西道清江县"做官，后又"调往京师"。他们兄弟又将申府的"田产增了一倍多"。而被誉为"神童"的申柯海，可惜"开蒙早，闭蒙就也早"，但他办事认真负责，在"造园子的二年里，他就好像监工一样，日日到工地点卯，看劳役挖池子，堆山石，栽花种苗，建堂筑阁，章师傅都不如他到得勤"。天香园的精致华丽，"一夜莲花"都有柯海的辛劳。再到晚辈，阿暆是一个会办事的"务实"人。他虽是叔叔，却与蕙兰年龄相差不大，两人自幼就交好，蕙兰出嫁后遭遇种种变故，他一直勉力照应，蕙兰的绣活就是他找龙华寺一位名叫畏兀儿的朋友接来的，蕙兰也因此以绣像而得名。然而，申明世的担当，并不是儒家传统意义的"修身、齐家、治国、平天下"的人生取向，而是一种"现世的乐趣"、俗世的喧哗。因为他自小喜爱华服美食，声色犬马，挥霍张扬，豪华奢侈，性情丰饶。他虽没有"万般皆下品，唯有读书高"的等级观念，但他十分关注、向往乡野民间。比如，在天香园的建造伊始，他就青睐极富乡野生趣的荞麦，并以此效仿纳菜农之女为妾，赐名小桃。而到了晚年，他又旷达起来，凡事不管不问，无所牵挂，面对生死也很淡定。如果说，申明世的担当立足于上海地方文化品格的通俗、消费、享乐的特点的话；那么，书中大量出现的能工巧匠、市井奇人，如大木匠章师傅、能人赵伙计等，尤其是织工世家闵师傅，他到申家走亲戚时，借小绸之口赞他不卑不亢、出语大方、很有见识，又借他之眼指出希昭的不可小视，并因此改变了他认为申家气数将尽的看法，而是有更大的势不可当、摧枯拉朽的气数，这其实亦是他有见识的体现。而在希昭的成长过程中，从开蒙、读书、临帖、临画到日常游冶，都有着沈老太爷希望孙女长成才女的悉心调教等，就都是一种责任精神的担当、精彩生命的张扬。

　　避世的男人。所谓避世，就是避开喧嚣的世俗，远离人群的喧闹，隐居清静悠然的居所，不与外界接触。《天香》中的申儒世就是典型的"避世之人"。他"勉强做了三年"官，因"丁忧卸任"，"就再不去了"。倦于仕途，遁居以自适。这既是元末文士越来越看重个体心性自由的一种反映，也是传统文人一种"穷则独善其身"的处世哲学。因为封建社会后期的人们都在以不同的方式忘怀世事。申儒世的这一个体行为，正被作者赋予普泛化的价值，从而概括出了一种地域性的文化现象："上海地方，多是居着赋闲的官宦人家，或悬车，或隐退，或丁内外忧。说起来也奇怪，此地士风兴盛，熏染之下，学子们纷纷应试，络络绎绎，一旦中举做官，兴兴头地去了，不过三五年，又悻悻然而归，就算完成了功业，余下的便是游冶玩乐，久而久之，酿成一股南朝风气。"对此，王安忆给出了多重解释：即"总体来说，上海的士子，都不太适于做官。燕飞草长的江南，特别助于闲情逸致。稻熟麦香，丰饶的气象让人感受人生的饱足。"而且，新兴的上海别有天机："地场大，气象大"，"人烟浩穰，海舶辐辏"。它的最初文化定位："俗""民间"。所以，申儒世的避世是"器与道、物与我、动与止之间，无时不有现世的乐趣生出，填补着玄思冥想的空无"。而申镇海的避世是皈依佛门。在"镇海丧妻的次年春上"，他"先到三重院内给父母磕了头，再到嫂子处托了阿昉阿潜，最后上了西楠木楼见哥哥柯海"。之后就去"莲庵守志"了。为此，申明世不仅扩建了莲庵，还"新建一进天王殿，一进观音堂，一进读经阁，阁后种一片柳林"，使莲庵又成了个"人间仙境"。申镇海的避世，表象是因镇海媳妇去世，实则是疯和尚的出现，龙华道士的算命。它似乎是一种寓言式的象征，为镇海出家抹上虚无玄幻的色彩。于是，申镇海的存在，就成为一种坐标式的参照系统，在申家男人中，他成为哥哥申柯海的对立面，以跳出红尘外对照世俗中的申柯海，以"色""空"的佛文化反观熙熙攘攘的上海世俗民间。但作者并没有将红尘写成苦海、佛门所谓净土，龙华道士箴言的"同根生"的"苦果"与"乐果"并没有重复传统意蕴指向；相反，她更着意于凸显民间世俗的勃勃生机与繁华，这才是王安忆一直探索的上海的底蕴。《天香》中镇海的避世不是类似传统文化的人生价值取向的启示，而是王安忆致力于构建的上海文化品格中的一种外在参照。

虚浮的男人。申府历经四代而衰败没落，就是"没有一个读书求仕，没有一个经营桑麻"的男人。他们或浮而不实，贪玩求乐；或意志消沉，放荡不羁；或精神颓丧，情绪低落；或兴趣减弱，思维迟缓。申柯海"为情所苦"，但经过诸如远游、制墨、再纳妾的几番消沉、几番折腾，"天香园"的奢华就逐渐颓败、消散，他乃至申家男人的身影也就逐渐虚浮、萎靡。接着，与柯海同父异母的阿奎。他虽"胆小，不敢有大作为"，却捅下不少"纰漏"，也让申家经不住折腾了。他娶了媳妇，有了儿女，还在"小秦淮"有另一个家。那些卖笑姑娘"伺候阿奎并不难，几句奉承，一些儿温柔。再加酒菜弹唱一番热闹，就够他心甘情愿，往外掏银子的了"。而且，他愚蠢无知，容易上套。"狐朋狗党"耍他，拿出一幅唐子寅《李端端图》赝品骗他为真迹，他竟信以为真，心头一热，一步步入了套还以"五百五银子"定夺了买卖。为此，惹上了官司，还欠了一身债。"柯海先还清阿奎的高利贷"，申明世则去拜托杨知县。结果，为答谢杨知县，从申府"插一批桃枝给杨知县……后来，杨知县把桃枝栽到南门外数十里的义田，第二年即成树，第三年挂了果。但天香园的桃林自这一回大批的插枝，狠伤了元气，结出的果实色香味都淡薄了。"再是阿昉，"家中人向以为阿昉稳重沉静有自律"，却不料"阿昉成了豆腐房主"，豆腐店就开在大王庙集上最热闹的一条街上，店名为"亨菽"。其实，"做豆腐是福哥带几名伙计包下，阿昉专司卖豆腐，买家多半是自家人，还有亲戚朋友。称盘、戥子，都是玩意儿和摆设，说是卖不如说是送"。结果，"鸭四一走"，"'亨菽'便关门了"。阿昉开豆腐店亏蚀的钱，只能让柯海感叹，"该轮到阿昉花银子了"！而阿潜比之叔伯更加"羸弱缠绵"，在光彩照人的沈希昭的对照下愈显苍白虚浮，贾宝玉式"精致的淘气"下是不成熟的人格意志。连最疼他的小绸也叹气："想这阿潜并不是自己要长成人，而是让岁月逼上来不得不为之。"甚至蕙兰也觉得在叔叔婶婶中"叔叔（阿潜）是女，婶婶（沈希昭）是男"。于是，"阿潜在外游荡赊欠的账"，"阿暆驯鹰养狗，一条大黄就是十数两黄金"等，终于把雄伟而旖旎的天香园及其申府给彻底挥霍了，湮没了。

五、精致美妙的典雅艺术

《天香》是王安忆"上出一层境界，扩出一种格局"① 的创作，是"一幅精美绝伦的图画"。它虽描写的是一个人工建成的天香园，却像天造地设一般，浑然天成，又无雕琢痕迹。作者凭借他对小说与诗画的卓越才华，使她能在《天香》中创造出一种古韵精工、晶莹剔透的艺术意境。其广博的知识、浓烈的诗情、典雅的语言，无不给人深邃的意蕴、无穷的魅力。

《天香》是一部形象的百科全书。它深入社会肌理，刻画细腻精粹。因为"百科全书式小说的书写传统，是发现或创造知识的可能性，而不是去依循主流知识、正统知识、正确知识、真实知识甚至知识所为人规范的脑容量疆域，而是想象以及认识那疆域之外的洪荒"。小说中的五行、官制、民俗，木石、器物、书画，美食、花草、节令等，这些知识考古无疑是以苏松上海一带为底座，并用朝廷权争、海上倭扰、土木之兴、婚丧嫁娶、园林墨绣以及张居正、海瑞、董其昌、徐光启等名流为事件。据此而可以通古与今、雅与俗、贵与贱、上流与民间，向上成为古、雅、贵、上流的借道，向下吸收今、俗、贱、民间的"蛮横得很"② 的风俗。所以，"疏

---

① 张新颖：《王安忆长篇小说〈天香〉："一粒粟子"的内与外》，《文艺报》2011 年 5 月 4 日。

② 胡晓：《写回去与写上来——评王安忆长篇小说〈天香〉》，《文学报》2011 年 7 月 7 日。

浚吴淞江"大小河流，上海"大户人家全都十分踊跃"；"忽又兴起捐桥""一条黄浦江繁衍出多少""纵横穿越""街巷交汇"的桥。诸如"继芳桥""瑞龙桥""龙德桥，阜民桥，曼笠桥，学士桥，馆驿桥，万宁桥，安仁桥，福佑桥"；还"有单孔，有多孔，有平，有拱，有青石，有紫石"；桥身还写有"行道有福""月印川流，水天一色""十字河分两县界，百廛市聚四方人"等，既描摹了上海的地势、河流特点，又表现出了上海的世态风习及精神风貌。甚至由河写到桥，由桥写到人。于是，上海富人那追求生活奢侈、铺张扬厉、高调炫耀等，都得到淋漓尽致的展现。然而，虽上海富户纷纷建桥不乏炫富的心理，却也为上海的发展奠定了必备的物质基础。海河路通，市肆兴隆，此时的上海才显出轰轰烈烈的气象来，才形成大都会的基本格局。王安忆说："落笔前，我先列一张年表，一边是人物的年龄推进和情节发展，另一边是同时间里，发生的国家大事，上海城里以及周遭地区发生的事情。看上去似乎是背景和气氛，但实际上却是和故事有潜在的关系。比如疏浚、造桥，促进上海城的繁荣，市场博兴，产出丰富，给天香园绣走出闺阁而成商品，面向消费开拓了道路。"[1]因此，捐桥、建桥的描述使小说既渗透着浓郁的历史感，又在推动木匠、石匠、烧砖、商铺的繁华中展示了知识的广博性；就是对造园过程的抒写，也透出了一种文化的韵味。江南贵族在家里造园以显示自己的德政，这是中国的一种"耀祖"文化。"传统中国人经商致富一定不忘回乡置产，安享晚年。"[2]如果做了官，更是晚年告老还乡，叶落归根。园子不但显示主人的富庶，更表现主人的精神、气质与个性。彭家园子以石为主旨，叫作"仁者乐山"，"奇石""玉玲珑""三生石""含情石"等，就传达出主人以"仁义"立人的高尚；申家园子以桃林取胜，亦称"智者乐水""红云悬浮""如同花蕊""粉蝶飞舞""碧绿缠绕"，就寓意申明世的待发之势。它们虽然都

---

①　王安忆、钟红明：《访问〈天香〉》，《上海文学》2011 年第 3 期。
②　许倬云：《中国古代文化的特质》，新星出版社 2006 年版，第 50 页。

透视出一种奢靡的生活，家产的丰裕；却确也是一种文化的标志，知识的总汇。

将诗词文赋融入作品，使小说更具诗歌的意境与美感的魅力，是《天香》突出的艺术特征。这些诗词，都是经过作者精心构思，揣摩人物的身份、思想、性格、文化修养而引用和创作的，不仅表现了人物的志趣，也往往隐喻着他们的命运。在描写石、园、桥、巷时，她有意识地利用对联、匾额、诗词来启发和调动读者的想象，以扩大意境，加深印象。在明末清初，匾额、对联之类是封建社会的文人雅士常用来托意寄兴的笔墨，虽属点缀小品，却往往借景抒情、以情衬景，平添意趣、耐人寻味，而且兼有指路和装饰的实用意义。直接引入旧体诗词，借用古典诗词的文采、意境、氛围，来描写环境，刻画人物，既形象生动，也是王安忆诗化小说一个非常现成的手段。比如小绸和阿潜谈"杭城""宋人后裔"，"宋徽宗体"后，插进几句吟诵"望海楼明照曙霞，护江堤白踏晴沙。涛声夜入伍员庙，柳色春藏苏小家"的诗，很能勾起人们对沈希昭显赫家世的联想，又透出一种门当户对的高雅气息。又借南宋词人王沂孙咏物词《天香》所写到的"孤桥蟠烟，层涛蜕月，骊宫夜采铅？"借用诗与园的景致与神韵，突出了建筑的特色与作用，别有一种遥相呼应的暗示，耐人寻味。特别是《武陵绣史》中沈希昭与阿潜的几段古文的引用与辩白，更是怀古喻今、今强于古的繁花胜景："上古六居而野处，后世圣人易之以宫室"，说明古时的蛮荒；而"食不厌精，脍不厌细"，虽是"折腾人"，却是"人间之大德"；而那"食之必常饱，然后求美；衣之必常暖，然后求丽；居之必常安，然后求乐"，却使天香园蒙上一层文化的色彩。这种生活状况，与申府的享乐、奢华的情趣追求相一致，流淌着一种优雅活泼的气息。而化古诗的意境与情感入小说，更能增强作品的表现力，它不是呈现词汇的表面，而深含在内里，既自然流畅，又波谲云诡。作者描写桥上题词，就是这样一种化境。那"九峰列翠、重镇桃源早发，三泖行帆、鹤荡渔歌晚唱”，它借用了唐代诗人王勃《滕王阁序》中“渔舟唱晚，响穷彭蠡之滨”的意境，形象地表现了渔夫荡桨归舟，乘风破浪前进的欢乐情绪。它除了指路，也呈现出一幅江南水乡晚霞辉映下载歌而直至月光如水、万家灯火的动人画面。另一桥上“遥望瑶池降王母，东来紫气满函关”，既说明这是传说中的西王母住的地方，堪称美池，也借用了陆扆《禁林闻晓莺》诗：“绣户惊残梦，瑶池啭好音。”此外，作者代书中人物拟作诗词、文章、对联，它不仅要符合人物的性格和经历，而且要符合当时的文风和习惯。比如张陛父亲张老爷请乔、陈二位老爷做客，饭后二位作了：“室内姬粗丑，夜饭减数口，暮卧不覆首，所以寿长久。”就很准确地表现了张老爷“惧内”的性格，也反映出这类文风的特征，是骈体而又不那么严格，符合当时士绅文人的风尚。作者把握住了这些因素，因此仿作得很像，既丰富了人物刻画的艺术手段，也表现了王安忆独特的艺术成就。

语言典雅明畅，精美醇厚；含蓄细腻，隽永洗练，是《天香》另一艺术追求。语言是“文学的第一要素”。没有一部在艺术上称得成功的作品，不首先在语言上取得卓越的成就。《天香》正是这样一部作品。它着墨深细，层层皴染；骋其笔势，一片神行，把语言提高到了美学的、诗意的境界。而且它表现在全体，并不在一枝一节。“从小说的开篇处一直到小说的结尾”，都经得起严格的品尝。在语言的密与疏或详与略上，它追求对立统一、互相结合的整体的审美效果，发挥彼此衬托、映照生辉的辩证的艺术把握，从而达到浓淡得当、粗细协调的艺术境界。小说一共写了三次规模较大的丧葬过程，申老太太去世时，申明世正在京城做官，值兴旺之势。小说详细地描写了丧事的过程，守灵、垂吊、入殓、盖棺、停灵，然后是念经超度，最后写申明世回来后的大殓……都一一呈现，琳琅满目。这种精雕细琢，绘声绘色，形神具现，毫发无遗，细到不可再细，密到不可再密，可以说就是“密”或“详”。申夫人得到申府上下的尊敬，她去世时丧事办得很隆重，小说叙述得却很简单，但就其所用笔墨来说，是着笔不多，所以又可以说它是"疏"或"略"。镇海媳妇中年多病，过世得早，她的丧事就篇章描绘之少来说，是"疏"。如此密中有疏，在不同的场合，对不同的人物用不同的笔墨，显示出一种艺术的节奏感与整体美。在语言的色彩描写上，是通过形象化的语言，画出更加鲜明强烈的立体雕像，产生状貌传神的艺术效果。比如写"杭城"美景的色彩，是"蒹葭杨柳，菱叶荷花""桃李林荫，飞檐翘脊""烟波浩渺，水天一色"。这不仅画出"杭城"的色彩鲜艳浓烈，而且使它更显得气贯长虹、光彩炫目，既像海市蜃楼，又似蓬莱仙境；既妩媚秀丽，又蔚然壮观。它犹如绘画的浓墨重彩，具有震撼人心、令人陶醉的艺术魅力。她写"广富林"的"葱茏"，是"细林九峰""花团锦簇"。既不见"青""赤"二字，也不见"红""绿"二字，却给人以青翠、鲜红的色彩感。尤其是一个"林""峰"字，一个"花""锦"字，更给那青翠、鲜红般的色彩增添了活力，仿佛把人们引入那"草木""茉莉"竞相争艳、生机盎然的画境。在语言的生动性与准确性上，它"使文章增添活气"，[①]"是真理的暗示与譬比"，还"只有一个词可以表现它"。正像严羽说的："盛唐诸人唯在兴趣，羚羊挂角，无迹可求，故其妙处透彻玲珑，不可凑泊。"[②] 小说中"丫头……喊一声'娘'，娘已经闪出门去"的"闪"；"镇海不说什么，跟了柯海，在人丛中挤着，往龙华荡过去"的"荡"；"一朵花或一叶草在绫面上浮出"的"浮"；"说着拨了一下弦子，就有一声颤音漾起来"的"漾"；等等。形象、生动、准确，既精练，又贴切；既绘形，又传神。真是字字珠玑，简洁精到。

---

① 《鲁迅全集》第3卷，人民文学出版社1981年版，第15页。
② 严羽：《沧浪诗话校译》，郭绍虞校译，人民文学出版社1961年版，第26页。

第六章

格非长篇小说《春尽江南》：
颓废"江南"的诗意陨落

《春尽江南》是格非获茅盾文学奖《江南三部曲》的第三部，如果说前两部《人面桃花》《山河入梦》关注的是现代中国革命波澜壮阔的历程，交织着人们渴望解放的梦想激情，在兴衰成败与悲欢离合中，呼应了宏大的历史运动；那么，《春尽江南》则是延续了这个家族的第三代的生存状态，审视了中国社会进入市场化时代人们所面临的巨大焦虑和失衡，揭示了人类的理想情怀，已从精神深处退回到物化层面，诗性的光晕已被生存的本能所取代。

一、欲望时代的感伤主题

小说通过对两个时代不同的本质特征的参照描写，深邃而微妙地展现出欲望的膨胀泛滥、诚信的缺席失范、道德的滑坡堕落，充斥着现实生活，侵蚀着人的灵魂。对这一现象展开深入的剖析与阐发，并把历史中易于忽略的因素揭示出来，既是一种有深度的写作，又具有深刻的思想价值与文化内涵。

小说形象地再现了欲望的泛滥对社会环境与人格精神的污染。欲望在本质上就使人痛苦。弗洛伊德指出："本能是历史性决定的。""作为一种本能结构的欲望，无论是生理性或心理性的，不可能超出历史的结构，它的功能作用是随着历史条件的变化而变化的。因此欲望的有效性与必要性是有限的，满足不是绝对性的，总有新的欲望会无休止地产生出来。"由于欲望的不知餍足的特性，欲望的过度释放就会造成破坏的力量。这样，欲望就不再仅仅是对自己存在的肯定，相反会进而否定或取消别人生存。新时期以来，欲望的无限滋生，使当代中国的生存环境日趋沉重。在那里，宁静诗意的村庄已经消失，到处都是严重污染的天空和河流；那"车窗外的山野风光，也无非是灰蒙蒙的天空、空旷的田地、浮蒲绿藻的池塘""偶尔可见到一堆一堆的垃圾"，山林正在消失，"乡村正大规模地消失"。经济利益成为人们交往的基本法则，以致"水不能喝，牛奶喝不得。豆芽里有亮白剂。鳝鱼里有避孕药。银耳是用硫黄熏出来的。猪肉里藏有 B_2 受体激动剂"。欲望伦理在小城的每一个角落四处泛滥。"吉士呢，恨不得天下的美女供我片刻赏乐。被酒色掏空的一个人，却在呼吁重建社会道德，滑稽不滑稽？难怪我们的诗人一言不发呢。"不仅那个曾是校园诗社社长的宋慧莲，漂白了移民身份之后，成了金钱的小贴士，就是她的母亲在农村种出的毒白菜只用来卖钱，自家人不敢吃，即使剩下几兜卖不出去，她们也用作农田的肥料。吴宝强仅因怀疑女友与她的上司有染，就在一个风雨之夜连杀七人，外加一条藏獒。他的理论是，杀人和赚钱的道理是一样的：人活着总是要赚点什么，哪怕是没用的东西。富商守仁，最终被人砍杀于自家门口，至死不敢说出凶手的名字，因为害怕连累家人。城里最好的中学里的班主任以斩杀孩子的天性为乐，恨不得把所有的学生都变成蒙上眼罩只会低头拉磨的驴子。第一人民医院特需病房的护理部主任自称是死神的使者……在《春尽江南》中，人似乎已经陷入了欲望与贪婪的深渊。而且，欲望的旗帜，它一个劲儿地上升，就如桅杆上鼓满了风的船帆，使全社会的人都陷入了疯狂，都是当了牺牲之神的恐怖祭司，争先恐后地把自己和他人推上祭坛而不自知。于是，牺牲不再是远古时代肃穆而神秘的仪式的一部分，也不再是革命时代为了达成某个或具体或虚幻的目标的必需品。牺牲已进入了每个人的日常生活，与神圣无关，与历史进步无关。"正因为今天的牺牲都没有任何价值，他们才会成为真正意义上的牺牲者。"白白地牺牲，于己无益，于人无益，还无端地赔上了大自然的青山绿水。正如王元庆说的："我们其实不是在生活，连一分钟也没有。我们是在忙于准备生活而成天提心吊胆。"《春尽江南》将这种带有超越性的伤感体验与特定的社会条件和主体心灵关联起来，表现了欲望膨胀的社会现实在敏感多思的心灵上刻下伤痕印记，从而使这种伤感的体验具有了鲜明的现实批判的维度。

小说生动地写出了诚信的缺失，影响了社会风尚，导致了行为的失范。早在先秦时期，儒家就提出来"诚""信"概念。《礼记·中庸》把"诚"视为礼的核心范畴，"唯天下至诚，方能尽其性"，认为诚笃之德是达至"天人合一"境界的前提。孔子还将"信"视为"仁"的体现，要求人们"敬事而信""信则人任焉"，他强调"人而无信，不知其可也"，将"信"作为交友的重要原则。可在市场经济大潮中，那种无视基本商业信誉，违背经济活动基本准则，罔顾人民生命财产的偷工减料，谋财害命，甚至暗箱操作，弄虚作假，欺上瞒下，造假成瘾，蒙骗成瘾的现象，污染了整个社会风气。正如有人在评价《春尽江南》庞家玉那套被租客强占的唐宁湾新房时，就指出正是"这个时代污浊无耻本质"的反映①。端午家玉夫妇在唐宁湾买了一套带花园的新房。房子装修后由于一时无人居住，就想暂时租出去赚点租金收入。女主人庞家玉正好在北京学习，租房的事宜就落在

---

① 王春林：《时代现实的别一种直击与洞穿——论格非长篇小说〈春尽江南〉》，《文艺评论》2014 年第 11 期。

了书生气十足的诗人端午身上。没想到，粗心的端午却在联系租房的业务时，竟然把自己家的房产证落在了颐居公司。谁知，这个颐居公司是一个假公司，已经多年都没有到工商局检验过，长期处于非法经营状态。等到端午三个星期之后，去取回自己的房产证时，颐居公司居然莫名其妙地失踪了。身为律师的庞家玉，居然被一个中介公司成功地骗租了房子而且悄然脱身，这本身就是对现实秩序的一种反讽。当端午感觉不妙，试图用钥匙打开自家房门时，他的钥匙竟然已经无法打开自家的房门了。等到端午找到租房客时，身为医生的房客，公然以自己已经给了颐居公司两年的租金为由，拒绝从房中搬出，不仅置若罔闻，而且反唇相讥。法律在庞家玉的手里，连合理的自卫功能都已丧失。最后，在采取了各种手段都无法奏效无法要回住房的情况下，他们只好动用了黑白两道并最终通过黑道，在"国舅"的黑恶势力介入之后，房客才被迫搬走把这套房子物归原主。在这件收房事件的描绘中，作者动用了相当铺张的笔墨，由小地痞到小公安再到大流氓，通过他们与租客李春霞的多轮心智较量，既展示了无理耍横的世风，也折射了世道人心的荒凉。如此一种荒诞现实的形成，尖锐有力地说明我们这个社会的诚信已经堕落到了怎样一种令人触目惊心的地步，我们的精神已经沦落到了一种怎样无以复加的地步。它表明，在一个理性缺席的时代，在一个不讲究规范和秩序的时代，在一个没有逻辑和道理可以申诉的时代，法律只是一张空洞的白纸，流氓才是现实中通行无阻的王牌。格非能够如实地把自己所真切感受体验到的社会现实状况毫无讳饰地描摹传达出来，正是《春尽江南》这部长篇小说最为突出的思想价值所在。

小说深刻地表现了理想丧失，导致了道德的滑坡与人性的堕落。理想本来是人们追求社会事物合理性、完美性并通过努力可以实现的美好向往和追求。从古至今，理想都是文学的精神旗帜。但新时期以来，伴随着物欲的膨胀，理想在一些人的心目中渐渐淡漠。宣泄欲望，消解理想；关注自我，突出本能，成了一种凸显的生活现象。既追求原始的生命冲动和欲望表达，又追求突出人的本能和随心所欲。于是，就不惜将原始的兽性当做人生，将粗鄙的欲望当做理想；不再追求崇高与深邃，不再表达理想与信念。原本是对自我的严格要求，最终反倒丧失了自我；原来是一副藐视世俗姿态，最终陷入最庸俗的泥淖。《江南三部曲》中的花家舍，在《人面桃花》中，花家舍是温馨、和平的桃源美梦的象征。它追求整齐划一的大同社会，实施起来虽充满了谎言、暴力和荒唐。但在这片土地上偏偏有着极强的生命力。《山河入梦》中的花家舍，把人民公社建成桃花源一样，那里有连在一起的风雨走廊，一样大小的院落，一样多的阳光落在院里，每个人的行动都要保持一致，共同劳动，共同分配财产。虽每个人都被监视，每个人随时随地都有可能被告发。但梦中的社会主义新农村已经在花家舍建成。到了《春尽江南》的花家舍，这个曾经承载着革命理想的"花家舍"，已经不是梦中的桃花源，也脱去了"共产主义"式的人民公社的印痕。在如今这样一个寻求纵欲的时代，花家舍给人们提供了无所不能的服务，用徐吉士的话说："你只要有钱，在这里什么都可以干"，完全变成了现代城市边缘的"销金窟"，纸醉金迷，物欲横流，直接见证了时代的堕落与理想的湮没。如果说作为一处现代高级会所的"花家舍"，还只是一个表征性的符号，那么，畅游在其中的人们，则是一种更为真切的、活生生的蜕变。以徐吉士为首的，曾高喊启蒙与救世的诗人们，在饱尝了 20 世纪 80 年代的激情和理想化之后，终于在时代的淘洗之中，成为"花家舍"消费的常客。所谓的诗歌研讨会，由形而上的口号迅速变成了形而下的狂欢，由理性化的借口变成了感官化的满足，因为他们早已明白，"到了今天，诗歌和玩弄它们的人，一起变成了多余的东西。多余的洛尔加。多余的荷尔德林。多余的忧世伤生。多余的房事。多余的肌体分泌物"。80 年代那个体育明星曾经找了诗人作为丈夫，是那么体面而风光，后来留下个女儿被逐出家门；那个电视美女，也以找个诗人老公而自豪，后来换成了家财万贯的生意人。花家舍同样，俨然已成为一个堕落至极的狂欢之地，藏污纳垢。从而揭示出了一种真相：在文明与进步的掩饰下，维系人类发展的传统正在崩溃，爱正在丧失，理性也在大面积地缺席，历经了百年艰辛启蒙，中国人却再度开始自觉地异化为一群非理性的动物。就像"春尽江南"所传达出来的颓败一样，它不仅意味着一个自然意义上"春水碧于天，画船听雨眼"的江南不复存在了，更意味着历史与文化意义上"二十四桥明月夜，玉人何处教吹箫"的江南消失殆尽了。

二、性格相悖的前世姻缘

谭端午、庞家玉的形象，就是一面时代的镜子，一个急剧变革时代社会风貌的表征。他们虽然是夫妻，却性格相悖。前者成了这个时代真正的局外人，成为隐于闹市间的真隐士；后者则积极介入这个物欲横流的功利社会，成为"永不掉队"的能干人。前者软弱无力，后者泼辣干练；前者永远是现实生活的疏离者，后者则是现实生活热烈的拥抱者。

谭端午的百无一用，既是时代的产物，也是他个性的使然。大学时代，他是一个充满理想激情的诗人。因为在中国历史上既有"士志于道""道尊于势"的传统，又有"唤醒民众""重铸国魂"的担当。即使1942 年以后成为被改造、受打压的对象，但到 20 世纪 80 年代以前，知识分子依然处于风暴或舞台中。某种意义上受到批判，也说明他们的重要性。他们无疑就是那个时代的拉奥孔或普罗米修斯式的英雄，能够激起整个社会的关注、同情和尊敬。基于此，在当时的语境下，文化和"知识"在社会变革中被赋予了中心地位，格外引人注目。陈平原曾说："几乎每个学者都有明显的公共关怀。独立的思考，强烈的社会责任感，超越科学背景的表述……八十年代的中国知识分子，特别像五四时期的青年，集合在民主、科学、自由、独立等宽泛而模糊的旗帜下，共同从事先辈未竟的启蒙事业。"①而且，这时的大众文化还未及发育，知识精英文化对大众的感召力可谓风头正劲。但这种想象中的"黄金岁月"很快消失了，90年代以后，随着社会的转型，市场化的来临，随着政治文化的断裂，大众文化的发育，一切被迅速改变和遗忘，不仅知识分子不再占据社会中心位置，他们再度边缘化成为了不争的事实。谭端午研究生毕业，在经历了那场东藏西躲的风波之后，他只能回到家乡鹤浦矿山机械厂工作，后来又调鹤浦地方志办公室。在这个"可有可无、既不重要又非完全不重要的单位"，他真的成了一个"什么都不会干，即使干也干不好的文弱书生"了。既不能养家糊口，"每月两千多一点的工资只够他抽烟"，又不承担家庭责任，家玉已去北京学习，让他办一下租房手续，就闹出一场声势浩大的房屋风波；既不能为儿子若若做点什么，妻子与孩子发生冲突，他"退避三舍"，"躲到外面去散步"，又不能为单位做点贡献，"他隔三差五地不上班，躲在家里读书、写诗或干脆睡大觉"。写诗，"羞于拿出去发表"；上班，"只要有可能就溜号"。在现实生活中他无法解决一个实际问题，以致家玉骂他"难道你就心甘情愿，这样一天天地烂掉？"而他自己"觉得那是一段寂寞而自在的时光，百无聊赖。灰色小楼里的生活，有点像僧人在静修，无所用心，无所事事。在这个日趋忙乱的世界上，他有了这么一个托迹之所，可以任意挥霍他的闲暇，他感到心满意足"。一个现代知识分子，在现实生活中的确成了一个无用的人。

谭端午是一个能够守住基本道德底线的君子。他坐怀不乱，当绿珠用挑逗的目光望着他，"你老婆不是去北京学习了吗？""她那目含秋水的眼睛一直死盯着他"，"期待他有所表示"。而端午虽然"心房的马达"持续"轰鸣"，却感到"羞怯"。绿珠不依不饶："你也用不着假装不想跟我搞。"把

---

①　查建英主编：《八十年代：访谈录》，生活·读书·新知三联书店2006年版，第133页。

端午的脸憋得通红。绿珠再次真诚地向他询问自己未来的去向时，端午又是"犹豫再三"，又是"自相矛盾"，绿珠毫不客气地打断了他的支支吾吾，冷笑道："你这人，真的没劲透了。"显然，端午对绿珠的猛烈攻势，不是"丧失了行动能力"，而是他自己的道德坚守。他洁身自好，从不去色情场所。当吉士硬要"带他去破了这戒"时，并用歌德《浮士德》的名言"对人类社会的一切，都要细加参详"来怂恿他，他也就有了"不妨去去"那种地方。当他们来到一个"幽僻的短巷"的花厅，十几个"美女从天而降，堆花叠锦"。端午"立刻就不好意思"，吉士帮他挑了美女，并批评他"闭关修炼的时间太长了"。吉士带着一个女孩去隔壁房间，留下他和另一个女孩。女孩立即脱掉丝袜说帮他洗澡，端午"兴味索然"地回绝了，并与她"保持"一定的距离，与她聊天。女孩要求他"试试"，端午还是拒绝了。"钱一分都不会少"让她自行离开了。他在出国之际，即使被拉入了"红灯区"，也能守住自己的道德底线。他疼爱儿子，对他温文尔雅，像个传统的士大夫。若若为讨好班主任鲍老师，巩固自己在班里的地位，使劲动员端午去班上演讲。鲍老师定的题目是郑渊洁和张晓风，心高气傲的端午感觉很不爽。夜晚他被迫在灯下苦读张晓风的作品，发现儿子已经在床边睡着。第二天上午他乘坐 16 路去学校，刚开始演讲时，儿子突然跳上讲台帮他擦黑板。"端午转过身，看见黑板上密密麻麻写满了英文单词时，若若的个子还太小，就算他把脚踮起来，他的手也只能够到黑板一半的高度。端午朝他走过去，在他耳边轻轻地说了一句'爸爸来吧'，可若若不让。他坚持要替父亲擦完黑板，够不到的地方，他就跳起来。端午的心头忽然一热，差一点坠下老泪。"他感觉讲课的效果不错，"在讲课过程中，他望见儿子一直在笑。"端午也为儿子兴奋与全班同学的成长而贡献了自己的智慧，感到开心与自豪。显然，端午无疑既有才华，又有智慧；既有爱心、品质，又有知识分子底线的坚守。

由此可见，谭端午的无用与失败，玩世与颓废，是寄寓了鲜明的忧心与幽愤。他带着20世纪80年代的"六朝遗梦"，沉浸在诗歌、历史、音乐之中，而与当下的社会深刻地隔膜着，抗拒着世俗化的勾当与交易，他的人生态度与底线价值的坚守，表明了"知识分子退居边缘，传统意义上的知识分子已经整个地失去了他们存在的合理性。因为传统意义上的知识分子所赖以存在的，是一整套神话和真理的神话'宏大叙事'。但是后现代的多元的、破碎的语境之中，公共信仰的元话语已经不复存在，也不需要存在，那么知识分子也就丧失了其存在的意义。"[①] 于是，谭端午就不可能成为社会舞台的主角，而必须让位于新环境下的各种既得利益者，从而注定被这个时代所湮没。谭端午这一形象的塑造，就像西方文学的堂吉诃德与哈姆莱特，以及19世纪俄罗斯文学众多的"多余人"形象；就像中国文学《红楼梦》贾宝玉式的人物，以及五四以来鲁迅《狂人日记》、郁达夫《沉沦》、钱锺书《围城》中的"狂人"与"废人"那样，昭示了知识分子无法逃脱的精神困境与灵魂陷阱。这种天然的桀骜不驯和"被去势"之后的逆来顺受，最终只能走向"空无"与幻灭。

庞家玉是一个顺应时代发展的成功者，也是这个时代的祭品。她柔弱与刚烈并举，既体现了现世的无奈与悲凉，也见证了生命的悲怆与苦涩。她成功地从昔日的"秀蓉"，曾经追随时代思想风潮的理想主义者，脱胎换骨成"庞家玉"，一个投身世俗生存场上的现实主义者。大学毕业她就拒绝进文化单位，宁愿摆地摊、开小店，后经"高人"指点与刻苦自学，当上了律师。"当他们家的富裕程度已经达到了需要两台冰箱的时候"，当她"开回了一辆白色的本田轿车……接着，家里有了第一位保姆。很快，他们只用农夫山泉泡茶。很快，他们的儿子以全年级排名倒数第二的成绩，转入了全市最好的鹤浦实验中学。很快，他们在市郊的'唐宁湾'购买了一栋带花园的住房。""尽管谭端午至今仍然弄不清律师如何赚钱，但

---

① 陶东风主编：《知识分子与社会转型》，河南大学出版社2004年版，第38页。

家庭经济状况的显著改善，却是一个不争的事实。"庞家玉对工作十分敬业。她整天忙于律师事务所的日常工作，忙于调查、取证和出庭。她从北京上培训班回来，不是先回家，而是直接去了办公室；并且只在律师事务所楼下买了包方便面、一根玉米、一只茶鸡蛋，外加两包速溶咖啡，"一边啃玉米，一边阅读桌上的材料"。她就像一个上满发条的机器，一刻不停地运转着；她的人生信条是：一步都不能落下，为了自己的家庭，为了丈夫和儿子，她付出了怎样巨大的代价，作出了如何巨大的牺牲，直至把自己操劳折磨到身心交瘁的地步。庞家玉的内心也有着炽热的爱。办理案件代理过程中，她对受害的弱势者总是倾心倾力，仗义执言。对待朋友，既不趋炎附势，也不附庸风雅，总是以礼相待，即使那些为唐宁湾房子回归立下汗马功劳的黑道人士，她也真诚地摆酒答谢。对待丈夫，也曾主动与他一起谈论诗歌，一起交流读书心得，一起欣赏音乐，聆听丈夫关于人生的诸多思考。丈夫酷爱音乐，渴望有一根价值不菲的音箱接线，她毫不吝啬地买来送给端午。她的本质是善良的，也是单纯的。

庞家玉虽然应付社会驾轻就熟，但却不是一个完美的女人。她在成功里承纳污浊，又在异化中变得暴怒。丈夫谭端午在她心目中，既不顺眼，也不称心。她认为他是一个正在"烂掉的人"，一个没有责任感和现实目标的废物。一有烦恼，就发泄对端午的愤怒与不满。比如，谭端午正为自己写了一首《牺牲》着迷，而家玉却认为端午成天躲在阴暗的角落里思考问题。当端午认为中国随时都会崩溃。"崩溃了吗？"她严肃地质问端午。"没有"，他自己作出了回答。她觉得丈夫之所以这样，是拒绝与这个时代一道前进，是在为自己的掉队落伍辩护。她把《牺牲》这首诗扔在一边。"无聊"，她说。端午恼羞成怒地喊道："你至少应该读一读，再发表意见……哎哎哎，叫什么叫？别总说这些没用的事好不好？"并把自己二十年来的生活从头到尾捋了一遍，悔恨地在心里说："如果说二十年前，与一个诗人结婚还能多少满足一下自己的虚荣心，那么到了今天，诗歌和玩弄它们的人，一起变成了多余的东西。"庞家玉也要让儿子在现行的教育体制中出类拔萃。但儿子最近学习成绩下滑，很快还要为小升初分班考试。当她从厨房出来，看见儿子仍在偷偷玩他的 PSP 游戏机，她终于失去了控制。"她疯子一样冲进儿子的房间，将他正要藏入抽屉的游戏机一把夺了过来"，打开纱窗直接将它扔了出去，并怒骂道："你他妈的怎么回事呀？啊？你到底要不要脸，啊？谭若良，我在跟你说话呢！你他妈在蒙谁呀？你成天假模假式地装神弄鬼，你他妈的是在学习吗？啊？"为了断绝儿子的贪玩之心，她甚至将自己从西藏千里迢迢带回来的心爱之物鹦鹉放走，弄得儿子几乎精神崩溃。庞家玉还是一个性放纵者。二十年前，躺在招隐寺小屋床上的家玉，就为并不了解的从上海来的青年诗人端午献出了贞操，那年她刚刚十九岁。分别仅仅一年六个月，她与唐燕升谈恋爱，就为他"打过一次胎"。正准备结婚碰上端午，又跟端午结了婚。为了解决儿子的上学问题，她又曾和教育局长有过不可告人的私人交易。端午发现家玉藏在手机包里装满精液的避孕套，不就是一种暗示吗？特别是在北京学习期间，她"从开班第一天"，就注意到二十六岁陶建新那张"干干净净""精致而大胆"的脸，"心里掠过一阵畅快的涟漪"。于是，她与陶建新就有了"汹涌而至的快感"，并像又活了一次。那"身体的贪婪与狂野"、成熟与放荡，让她"双腿与乳房都有点酸痛"，尤其到了离别的那几天，他们把"所有时间都用来性交"，直至双方感到腻味。

"摔碗"，是危机的极致；离婚，是家庭的崩溃。庞家玉的形象是不完美的，但却是真实可感的。她为此付出了沉重的代价："除了生孩子之外，我所做的每一件事，都是自己厌恶的。好像只要闭上眼睛，就可以什么都不想。渐渐地就上瘾。自以为融入了这个社会。每天提醒自己不要掉队，一步都不落下。"试想，一个人硬要去干自己不愿意或厌恶的事情，却又不得不干好、干得漂亮，需要多么巨大的勇气，多么顽强的意志！这正是一种"我不入地狱谁入地狱"的牺牲精神。最终，她还是仰慕那块洁净的雪域高原，选择死在西藏。表明她身处世俗洪流，内心却向往美好纯洁的情怀。质本洁来还洁去，再次回到诗性的内心，果断地告别了尘世。"黄泉无旅店，今夜宿谁家？"一个渴望出人头地、从不轻易服输的灵魂，终于被这个时代无情地打败。这是庞家玉（秀蓉）个人的人生悲剧，也是一个时代的大悲凉。

三、精神困境与行为乖张

社会人格与感情人格的不健全，既有社会的缘由，也有个人因素。因为人的精神底部无法排遣的纽结找到全面爆发的契机，就是个人精神问题产生的根源。无论王元庆、绿珠，还是吉士、冯延鹤，他们身上那最富有精神深度的经验与故事，在解构主义消费文化盛行的时代，都得到了淋漓尽致的揭示，入骨入髓而又活灵活现。

王元庆与谭端午是同母异父的兄弟，他虽不是谭功达的亲生儿子，"却在关键时刻扮演了救世主的角色……确立了自己作为未来家长的牢固位置。"他很早就表现出了类似谭功达的聪慧与洞穿世事的敏感，多才多艺，交游广泛。"他的秉性中的异想天开和行为乖张，竟然与谭功达如出一辙。""每走一步，都踩着那个疯子的脚印。"20 世纪 90 年代中后期，他凭借倒卖钢材起家，拥有了自己的公司和酒楼，而且是花家舍最好的设计开发者之一。在他的构想中，未来的"花家舍公社"将是一个可以"大庇天下寒士"的理想化场所，并把花家舍公社打造成对陆秀米时代和谭功达时代的乌托邦理想的一种当代延续。可与他合伙买下整个花家舍的土地的四川人张有德，在如何开发这块土地上与王元庆意见迥异。张有德想建成一个来钱快的销金窟。张有德告诫王元庆："老兄，你可以和我作对，没有关系。但请你记住，不要和整个时代作对！"两人角力的结果可想而知。王元庆惨败撤资。花家舍项目失败之后，王元庆又倾其所有在鹤浦投资建造一个现代化的精神病治疗中心。"他认为，伴随着社会和经济的发展，精神病人将会如过江之鲫，纷至沓来，将他的中心塞得满满当当的。"然而，具有强烈反讽意味的是："精神病疗养中心落成的同时，他本人就不失时机地发了病，成了这所设施齐全的治疗中心收治的第一个病人。"现实就是如此的残酷：有理想的建造了疯人院，并且自己成了疯子；求实惠者建成纸醉金迷、声色犬马的大妓院，自己成了皮条客。作为一个精神病患者的王元庆，或许就是知识分子人格精神在这个价值扭曲的社会中进一步发展之后的最终指向。正像卡伦·荷妮所说："那些有可能变成神经症的患者，似乎是那些十分敏锐地体验到文化环境的人，他们通常由于孩提时的体验，结果无法解决这些冲突困境，或者只能牺牲自己的人格来解决它们。"① 因为最先认识到的先知先觉者，往往被认为是精神病患者。精神病的"异常"与所谓"正常"之间本来就是两个相对且不断位移的概念，我们指称一个人精神"异常"所依据的标准，往往是我们这个时代中大多数人予以认可的行为模式，这种行为模式也就是所谓的"正常"。"正常"的概念不仅在不同的文化中具有不同的内涵，而且在同一种文化中也会因世异时移而大异其趣。② 就像王元庆自诩他是这个世界上唯一的"正常人"，其他人都是"疯子"一样，在人人都灵魂出窍的时代里，那些自以为"正常"的人，不过是另一种形式的疯癫而已。这就不仅深刻地揭示出知识分子精神上的困境，也暗含着知识分子在当下言说的困境。

---

　　①　[美] 卡伦·荷妮：《我们时代的病态人格》，国际文化出版公司 2001 年版，第 198 页。

　　②　[美] 卡伦·荷妮：《我们时代的病态人格》，国际文化出版公司 2001 年版，第 13 页。

　　绿珠是一个"目空一切""不爱搭理人"的女孩。"她总是故意将自己弄成邋里邋遢、松散随便的样子，永远是一副睡不醒的神态。"她虽涉世不深，也还算不上真正的知识分子；但在她身上留存着一些高贵的痕迹，有一种自诩清高的傲慢。而优越的生活条件并没有让她放弃梦想，总是执迷于那些不切实际的生活。她对男性有一种天然的藐视，唯独对谭端午情有独钟。既勇敢地向谭端午进行情感的挑逗，又征询他对自己未来走向的意见。当"端午将手里的一根烟捏弄了半天"，才"最后道"。脾气直爽的绿珠一针见血地打断了他的话，并指出了他的精神性格弱点："我简直不知道你在说什么？"对谭端午显示出一副蔑视的眼神与不屑。而且，绿珠对这个社会有她自己的看法，她拒绝一切体制的束缚，"唯一的伴侣就是随身携带的悲哀"。但她醉心于动物权益保障。"绿珠不知道从哪弄来一些流浪猫狗，养在家里。""小顾还帮着她一起给小动物洗澡、刷毛、包扎伤口、去动物防疫站打针，甚至还专门请来了康泰医院的骨科主任，给一条瘸腿的小狗接骨。""绿珠自从有了这批宝贝之后，既不失眠了，也不忧郁了。"还与南京的一对双胞胎兄弟"在云南的龙孜，买了一片山地，打算在那儿做一个非营利性的 NGO 项目。这个项目被称为'香格里拉的乌托邦'，致力于生态保护、农民教育以及乡村重建"。结果，不但没有成功，反而被骗。显然，绿珠的内心也有着深深的乌托邦情结，因为，这种乌托邦精神，其实就是人类内心深处有关自由与诗性的理想。它看起来空洞、虚无，却时时支撑人的灵魂，使人们在与现实的碰撞中获得内心的平衡。它使人们拥有一种激情和希望的诗意召唤，从而在心理层面上摆脱现实的拘囿。蒂里希就认为，人类的自由通常包含两层内涵：一是指人能够作为一个完整的生命存在，进行无障碍的自我行动；二是指人是一种拥有可能性的生命存在，原则上没有任何被给定的事情是人不能超越的。① 无论现代文明如何发展，都无法从根本上实现人类对于梦想的全部需求。这一点，既是人类存在的一种本质特征，也是乌托邦的价值所在。在《春尽江南》中，乌托邦也只是一个知识分子的幻梦，绿珠永远无法摆脱漂泊和寄居的生活，这让她感到羞耻和疲惫。这意味着，在她的精神深处，潜意识状态里，既摆脱不了某种纯粹的梦想，也摆脱不了某种非物质性的精神需求。她既可以将自己从破碎的现实中抽离出来，求得一个完整的自我；也可以获得现实难以企及的自由和快乐。其实，这一切都不过是乌托邦式的白日梦，只有退回到人物的精神深处，从现实中找回自我，才是人生的必然选择。这就是绿珠最后不得不放弃了那些崇高的，对有意义的事情的追求，在鹤浦定居下来，过一种踏实而朴素生活的根本原因。

　　徐吉士与冯延鹤是两个不同时代、不同类型的知识分子。在20世纪80年代，徐吉士也是有理想、有抱负的青年诗人。但徐吉士格外喜好女生。大学期间，徐吉士带着女大学生宋慧莲去看电影，"在光线昏暗的电影院里，徐吉士有些突兀的试探"，他手一伸，就让宋慧莲给了"一记凶狠的耳光"，还被"刺耳的苏北话当众骂了他将近十五分钟"。毕业后，吉士进了文化单位，在《鹤浦晚报》做编辑、记者，当过新闻部主任，后来升任社长兼总编辑。但他似乎从来就没有坚守阵地的思想，也没有为落实上级精神而日理万机工作的意思。他早已失去了知识分子的精神气质与人格操守，在他身上显现的爱与性也是远离了应由知识分子用来启蒙的平等、尊严、责任。因而，他不是与谭端午在"呼啸山庄"喝了太多的酒，然后在江边的池塘里钓鱼，就是说起刚刚结识一位税务局的女孩，就与她去宾馆开房，说起绿珠到他这里借过福楼拜的《包法利夫人》和其他小说；不是到楼下一家清真饭馆吃羊蝎子，就是说唐晓

---

① 洪治纲：《乌托邦的凭吊——论格非的长篇小说〈春尽江南〉》，《南方文坛》2012年第2期。

渡从北京打来电话；不是谈经费、吃喝、旅游，就是不断地玩弄女人，与女人寻欢作乐，等等。这个毕业就进入体制内的吉士，除了在单位升官晋职之外，便是钟情于声色享乐之中。"我们的文化成为了充满感官刺激、欲望和无规则游戏的庸俗文化。"① 当把整个世界看做一场"游戏"的时候，人与人之间失去了最基本的爱与同情，知识分子失去了责任与操守，生活也就成为了某种形式上的娱乐。而作者正是以一种知识分子的警觉审视着这样一个让大多数人醉生梦死的"喜剧世界"，正像萨义德所说的："总括来说，知识分子一定要令人尴尬，处于对立，甚至造成不快。"② 他不时发出"悲夫"的叹息，让弥漫在整部小说中的悲剧意蕴保持着与一个"喜剧世界"的对立。而冯延鹤却是一个带有几分旧式意味的人物。他的一举一动、一言一行都代表了传统与老派。他是一个退休的语言老师，被返聘到市政府地方志办公室，是"业务上的负责人"，也是"方志和年鉴实际上的主编和编审"。"他做事一丝不苟。"可他这种认真与执着似乎只是作为别人戏谑的对象而已，没有人会将他的话当真，将他的态度放在眼里。他对专业要求很高，张口闭口不离庄子，对下属的古文字基础极度质疑，他为此组织了几次"集体学习"。但在"知识"与"文化"的神圣性早已不复存在的今天，他根本无法让这些圣贤之词在实际生活中发生作用，而只能让自己成为这个"地方性知识分子标本"。最后，他虽以"修德就贤，居于北海之冥，以待天下之清"自况，却仍然只能向大大小小的权力表示屈服；他虽然以"无用者无忧，泛若不发之舟"自慰，最终只能成为一个无用的人。

---

① ［美］尼尔·波兹曼：《娱乐至死》，章艳泽，广西师范大学出版社 2009 年版，第 4 页。

② ［美］萨义德：《知识分子论》，单德兴译，生活·读书·新知三联书店 2002 年版，第 17 页。

四、隐喻艺术与诗化叙事

从艺术上说，《春尽江南》的结构与故事、笔法与神韵、格调及语言都是丰富多彩的。无论是内在的时空设置，或外在的结构框架；无论叙事的风格形貌，或美学的精神气质；无论承载的生命体验，或包含的循环反复，都显示出了它意象的含义丰富，结构的传奇模式，语言的多种形态。

隐喻的精彩运用，使小说既显得生动、简洁，又更加灵活、形象。隐喻表现为一种意象，而意象本身就有隐喻性。如有学者认为："隐喻是在彼类事物的暗示之下把握此类事物的文化行为。"比如"睡莲"这一意象，既是审美的象征，又是审丑的暗喻。端午第一次到招隐寺那个夜晚，作者对"睡莲"的反复描写，显示了对美好人性与生命激情的温情追忆。它的高洁与"不染"，正是"睡莲"丰富内涵的隐喻。而现在，招隐寺的"睡莲"没有了、消失了。冥冥之中就喻示着佛性的丧失、人性的泯灭。"荼蘼花事""有一缸睡莲，柔嫩的叶片刚刚浮出水面。花缸边上，搁着一个黑色的伞桶。墙角还有一丛正在开花的紫薇。院中的青石板，让雨水浇得锃亮"。它虽鲜艳，却养在花缸里，身处金钱消费的"天上人间"，其纯粹意味已然消失；而花家舍的睡莲，则是塑料装饰品，虽有睡莲之形，却无生命活力之实，成了丧失魂魄的行尸走肉。完全没有了睡莲自身的精神存在。相反，成了歌舞升平盛世繁华外衣包裹下伪圣洁的物质性存在。这种塑料睡莲意象，似可视之为睡莲之死。这"死"不独为花家舍所有独有，而是普遍存在的社会现实的喻示。它不仅仅是花家舍这个温柔富贵之乡的堕落，也是整个社会伦理道德大厦的坍塌。小说以《睡莲》作结，某种意义上也是作家的一种情感寄托与希冀。正如诗的末尾一段描绘的那样："仿佛，这天地仍如史前一般清新；事物尚未命名，横暴尚未染指；化石般的寂静，开放在秘密的水塘；呼吸的重量，与这个世界相等，不多也不少。"而端午又在日记中感慨："最使人神往的，莫过于纯洁和宁静以及对生死的领悟。"前者说明诗原来能为世界拓开一片绝对的清新和寂静。或者说是无法挣脱的时代局限性在于：在一个主体被抹除因而根本性悬欠着的时代，我们必须制造出一种对于诗的人为的需要，不是诗本身而被造的伪需要让我们感到自己与故园、真实和梦的虚假关联，这一关联反过来一劳永逸地遮蔽掉我们早已不在的事实，于是，空无便永远地空无着。所以，伪需求制造者不是真的诗人，而是消费社会的同谋。后者也暗含了此中真意。于横暴肆虐的世界中寻找并坚守自己内心的一方净土，这或许又是"睡莲"意象给我们的又一体悟。

结构的巧妙设定，既是时间、空间的重新排列，又是象征暗喻的特定安置。使那些被破译的密码、故事的谜底，都能得到精妙的辨析、准确的寻绎。《春尽江南》的空间跨度的双向交错的对比式结构，是以20世纪80年代末与现在时发生的故事为交错对比对象。这种极其巧妙的方式不露痕迹地将长达二十多年的空间跨度有机嵌合到了作为故事主体的一年中。比如第一章"招隐寺"的第一节，就是从二十多年前开始的，第二节到第四节叙事空间回到了当下，第五节至第六节又闪回到过去。紧接着的第七节一直到第十四节，叙述的都是当下的故事，第十五节又回到过去。到了最后第十六节又回到当下时代。第二章"葫芦案"只有第七节与第十二节在叙述过去的故事，第一节到第六节、第八节到第十一节以及第十三节都是叙述当下发生的事情。第三章"人的分类"以当下故事为主，偶尔闪回历史故事。第四章"夜与雾"完全叙述当下故事，但发生的地点却在鹤浦、西藏、四川的空间距离之中。整部小说在叙述当下时代故事的过程中，不时跳回到过去，进行必要的想象性回忆叙述；也可称为主线与副线的关系，如同两种不同乐器的合奏，既有主旋律的强音，也有穿插其间副旋律的协奏，从而构成一种形式上和谐的合奏。但从作品显示的审美效果上看，这种不时地相互缠绕在一起的双向空间结构，做到了主体分明，虚实得体，统筹兼顾，繁而不乱。作者就像一位出色的设计师，以恢宏的气度，谨严的布局，精心完成了一座凝重、庄严、美观而又精致的艺术建筑，成功地解决了面临的一系列复杂的问题。从而在过去与当下对比意义的空间结构中，强化了小说主题的表达。既是形式的存在，也是精神的存在，而以"时间结构"为本位的"悲剧式"的结构，即以二十多年的完整时间长度催生的一曲"一朝春尽红颜老，花落人亡两不知"的悲剧故事。这种时间流始终保持一种自然状态，也赋予它以"反现代"的永恒轮回的属性。这种回归传统叙述的时间感，彰显的是古典主义的感伤情怀，在历史审美化中使作品具有了中国传统的美学意义。《春尽江南》完整的时间长度带来的宿命论、末世论和"非进步论"的解释，也必然会裹挟着感伤主义与虚无主义的情绪，营造出"林花谢了春红，太匆匆""春风桃李花开日，秋雨梧桐落叶时"的美学意境。恰如《春尽江南》所创造的：由《祭台上的月亮》到《睡莲》，再到化用的古典诗词，都给整个作品带来了"祭台上的睡眠起了波浪；我栖息在刀锋之上，等待卷刃；有什么东西从心底里一闪而过；而涟漪依旧锋利，令这片上了釉的月光徒然寒彻"，感伤主义弥漫始终。也正如陶渊明《闲性赋》诗句形容的时间美学所带来的感伤和虚无："淡柔情于俗内，负雅志于高云，悲晨曦之易夕，感人生之长勤，同一尽于百年，何欢寡而愁殷。"作者是在借鉴旧律诗词意境的基础上，创造了一种类似现代性的"内心时间"，赋予小说的人物在迷离、恍惚、模糊的诗性感受中把握存在于永恒，敏感地体悟并彰显人生的悲剧诗意。

语言的典雅、诗韵、书卷，或凝练、自然、贴切。既是一种"杂语"的狂欢，又是一种诗意的流淌。巴赫金认为，"杂语是小说语言的本质，各类语言混杂合一是小说体裁的主要特征。"首先，格非是诗人，小说语言充盈着诗意的澎湃。那"广场的飓风，刮向青萍之末的祭台，在花萼闭合的最深处，当浮云织出肮脏的亵衣，唯有月光在场"，"许多迹象可以让人清楚地感觉到春天的消逝。杏子单衫，丽人脱袄；梨院多风，梧桐成荫。或者一切突如其来的暴风雨，使刺目的繁华，一旦落尽……从蒙古国刮来的黄沙，一度完全遮蔽了天空……就如观看一张久远的发黄照片。""祭台""繁华""落尽"对应着小说的书名"春尽江南"。故事起始于一年前的春天，仅仅一年时间，一切都发生了巨变。陈守仁走了，庞家玉走了，物是人非，春夏之交的江南景致就只能是如此了。这种诗化的意境，正是主人翁端午一种主观心境的外化投射。真是"喜怒哀乐，亦人心中之一境界。故能写真镜物、真感情者，谓之有境界；否则谓之无境界。"只有这种"一切景语，皆情语也"才能达到高妙的艺术境界。其次，疯子的话语与大众文化话语，简短、犀利，充满了格言警句。如家玉无意中看到的王元庆信件，"我们不过是纸剪的人偶。虽生之日，犹死之时。女人可以一生纯洁。可一旦红杏出墙，通常不会只有一次。知我者谓我心忧，不知我者谓我何求。悠悠苍天，此人何哉！"它让家玉感到如芒刺在背，它也成为家玉命运的部分写照。王元庆如同一个先知，以"呓语"的形式发出了一个知识分子的洞见与独白。而家玉与端午的网络QQ聊天："秀蓉：现在想想，我们的重逢，更像是一个愚人节开的玩笑！端午：我知道你现在在哪儿了！莫非你在西藏？""秀蓉：问你一个问题。你相信有'命'这回事吗？端午：说不好。你总爱胡思乱想。"这使叙述节奏一下子变得凝重而意味深长。它们不仅仅展现了现代汉语丰富的内部层次及当下生活与文化的多样性，更隐含着知识分子能力和趣味。"他刚刚提到王安石变法，却一下子就跑到《天津条约》的签订。随后，由《万国公法》的翻译问题，通过'顺便说一句'这个恰当的黏合剂，自然地过渡到对法、美一九四六年签订的某个协议的阐释上……正是这个协议的签署，导致了日后的'新浪潮'运动的出现……""随后是Grrr。哥本哈根协定。阿多诺临终前的那本《残生省思》，英文是 *The Reflections of the Damaged Life*。

接下来，是所谓的西西里化和去文化化。葛兰西、包德里亚和冯桂芬。"大量的新知、西语词汇或语句、智慧的谈吐与对话、文本掌故互文插接等汇集其中，构成了一种充满知性乐趣的叙事体与语言流。虽然"知识叙事"本身就带有一种戏谑与嘲弄、颠覆和讥讽的意味。但这种叙事确实能夹杂大量的知识信息，表现出主体的博学与出众、稀有与独特。

第七章

李佩甫长篇小说《生命册》：
乡村的丰盈与都市的苍白

　　李佩甫获得茅盾文学奖的长篇小说《生命册》，是他"平原三部曲"
（《羊的门》《城的灯》《生命册》）的最后一部。它既是一曲余音绕梁的
乡土哀歌，又是一帧时代剧变中人物命运的跌宕起伏、交相辉映、悲欢
离合的生命图册。它在城与乡、灵与肉、理想与现实、过去与未来中，
描绘了几十年当代中国社会的历史变迁，展现了时代与人的命运之间那
种或显或隐的关系；并把自己对精神家园、人生意义的探寻，与社会现
实、时代、文化的思考交融在一起，创造出了一部虽有缺憾，却堪称
"心灵史诗"的杰作。

一、平原的美妙神奇与城市的虚幻缥缈

　　《生命册》选择一种乡村与城市的二元结构来表现作品的思想主题、
地域风俗、文化意味，并被称为"巅峰之作"。对此，虽然不能完全苟同，
但作品对平原地域、文化、风貌的描绘，却是精美绝伦的，而对城市的神

韵、味道、特色的刻画，却显得有些干瘪苍白。前者表现为一种浓郁的抒情性，后者则是一种强烈的批判性。

小说把平原风景、风物、风俗描绘得十分精美、细腻、形象。如果说，《生命册》的乡村描绘是我国当代文学时代艺术画廊的一顶桂冠的话；那么，李佩甫在《生命册》中所描绘平原的风景风俗，可以说就是这顶桂冠上的璀璨的明珠。它为这顶桂冠增加了更加魅人的熠熠光彩，让人仿佛置身平原那美不胜收、形态各异的感观之中，去感受作品中那美的熏陶。平原的生存环境有和谐的美妙音符，也有丑陋的人性灾难。当和谐的音符奏响，人与人、人与自然的天然之乐、天然之趣就油然而生；当灾难的阴影爆发，自然的残酷、人性的丑陋的恐惧悲惨就接踵而至。小说中的自然的独特与神奇，时时散发着原始乃至远古的气息，这种神奇的力量就会牵引着读者一步步走进中原那遥远的历史与神秘的氛围之中。小说中的自然风景、社会风俗定格于中原无梁。在那里，芦苇碧波荡漾，蛐蛐叫声聒语，场院草垛相间，枯草树枝横飞，木橛木凳各列其位，风雨虫鱼轮番登场，自然在此呈现出生机勃勃而又神奇美妙的色彩。险恶的、异常的自然环境予人艰难与神奇的双重感受。那一马平川，四顾茫茫的中原，徜徉其间而沐平原之灵；那自然万物，鬼斧神工的山川，生存其间而窥圣灵之魂。平原的树没有一片叶是干净的，也长不出栋梁之才。不论是树枝绵软，柳叶细长，见风起舞，遇热即弯的柳树；还是皮糙质白，木质坚实，树叶老相，绿也老油的榆树。不论是汁液沥黄，瓣穗白色，扇状铺展，周期稍长的槐树；还是挺拔壮美，枝叶扇状，果实蛋黄，木质绵软的楝树。不论是木质细腻，木色鲜亮，材质漂软，催生繁衍的椿树；还是碎小白色，木而不甜，疙疙瘩瘩，丑扭无形的枣树……尽管"平原上的树有一个可怕的，也是不易被人察觉的共性，那就是离开土地之后，变形"。但是，这股源源不断的内生力量，却让人的情感体验油然而生。既能感受到这片土地的神奇，又能体验到各种生命力的顽强。小说中对于花卉、风、雨、吃食的描摹，更是入乡随俗，美轮美奂。在作者信手拈来或妙手偶得之际，万物浑然一体，天地相通。作者描绘花卉，花卉顿时化身沐浴日月星辰的自然之美。翎子花是鸟屎撒播种子长出的一株株奇异的植物，长菱形状，先绿后红，会变色，真是化腐朽为神奇；地龙花蔓开蔓长，杂着白色、紫色、粉红色、米黄色小花，春天里满地生辉，灿若星辰；野生喇叭花，在平原野生野长，来去无踪，无种无植，遍地开放，朵小、淡，却艳丽。而以夜幕摹写动物，动物俨然就是一道天然的星火。在无梁那无边的黑夜里，夜气一墨一墨地流，浓得化不开，看不到方向，人就只能高一脚低一脚地走，越走越害怕，就像一两星"鬼火"，让人胆怯心惊。突然一通狗咬，就有了亲人般的温暖。于是，听到狗咬声，脚步不由得就慢了，心也就松下来了，就像夜行人有了照路的灯。那风的酷烈，就像"从远方射出的一粒子弹，初时烈，距离越远质量越重，那些有质量的细小尘埃就此飘落在平原的树上"。"风对树的侵害是无声的，它很少有刮倒树的时候，但它常年一次又一次地去侵袭"，那结果是不言而喻的。而黄风，刮起来昏天黑地，"风一柱一柱地旋，把枯草和干树枝都旋到了半空中，满满的，帅帅的，像是呼啦啦扯起一面黄旗"，嘴里、眼里都有土气，四顾茫茫，满脸都是泪水。还有无梁美味的描绘，蕴含着浓郁的乡土气息，有"重达一百九十八斤"的"红薯王"，也有井拔凉水泥薄荷叶拌饸饹面；有泥蛋子红薯麻雀，也有榆钱妈做的柿糠沙。还有无梁的牛毛细雨、瓦沿儿上的雨水、灭鼠的"八步断肠散"等，既散发着泥土的香气，又意蕴着地域的特色；既俯仰相依，又相克相生。它是人间的黄土地，是诗意的中原平原。

小说把乡村与都市纳入一个共同的精神视野来进行对比、映衬式阐释，并在思想倾向上将作为与城市相对立而存在的乡村原野充当了诗性意义的原乡。而作者对城市的书写却并未深入对象的肌理，只有"入乎其内，故有生气；出乎其外，故有高致"。① 作者观照城市的思想体系不仅未达到高致，就是细部的挖掘也缺乏细致入微的都市本质特征的揭示，由书写的弱化导致了都市描绘的苍白。像都市特征性的描绘，既没有郑州崛起的中原速度，又没有深圳开放的日新月异；既没有北京胡同的古都神韵，又没有上海弄堂的江南风味。都市的现代性摹写，既没有二十多层的摩天大厦，又没有五颜六色的城中花园；既没有四通八达的高架天桥，又没有网状穿行的都市地铁。都市生活流的刻画，既没有夜总会、信访接待站，又没有洗澡堂、证券交易所；既没有全天候堵车、塞车，又没有街上的奔驰与奔奔发生剐蹭。尽管小说也写到这些城市欲望崛起或商业气息浓厚的现象，勾勒了原始资本积累过程中的"黑金"色彩，触及了一些资本运作的流程，以及工业化语境中人伦的新变，但这些因素的再现或多或少地带有符号化的特色。毫无疑问，《生命册》的"城市生活，给我们留下的，大概也只能是充满着罪恶与欲望这样一种现象"，"这就意味着，李佩甫并没有把现代城市生活的复杂性呈现出来"。② 而只是把那些尔虞我诈的都市病，"抓"与"抢"的精神焦虑揭示了出来。比如骆驼进京求助的第一人老万，就是城市中常见的那种口蜜腹剑、阴险狡诈的奸商。他答应骆驼帮他完成出版经典的梦想，但当骆驼邀了几个写手准备开始做"经典"时，老万却让他们以美国女作家"艾丽丝"的笔名写一套色情小说。这几位"枪手"在北京地下室苦熬苦干了两个月拿出了书稿，老万却假托"专家"意见对他们破口大骂，说他们写的是"垃圾"，让他们修改。可没等多久，骆驼竟发现这套书已经在全国各地上市，老万也换上了一部二十多万的帕萨特，日子过得很滋润。当骆驼带着证据找上门时，他还哭穷，直到骆驼

①　王国维著，彭玉平编著：《人间词话》卷一（初刊本），中华书局 2010 年版，第 97 页。

②　王春林：《"坐标轴"上那些沉重异常的灵魂——评李佩甫长篇小说〈生命册〉》，《文艺评论》2014 年第 1 期。

用一把刀子捅了自己，他才骂了一句"比我还流氓"，撂下十万块扬长而去。正是老万这样的人，让城市蒙上一层挥之不去的"罪恶""奸诈"的阴影。小说还把那种拉关系、走后门非常盛行的时代病，写得入木三分。《生命册》中写道："一个伟大的时代就要来到了。""这是一个伟大的时代，同时这又是一个在行进中，一时又不明方向的时代。如果等各项法律、法规都完善、齐备了，也就失去了发展的大好机遇……""我很清楚，在目前的情况下，无论是做证券，还是搞实业……你都不可能不拉关系、不行贿。我断言，这在任何企业，都是一样的。一旦进入了，那也只是大小之说、多少之说，没有区别……"这里，作者只是以"小说家应当从蕴藏于自身的经验，而不是从蕴藏于文化的、宗教的传统之中提炼主题；换句话说，应当从正在行进的历史，而不是已经实现的历史之中，去提炼自己的思想意识"。① 所以，在这种不规范的"初级阶段"的市场条件下，不正当手段的运用充斥了城市的各个阶层、各个行业之际，李佩甫只能怀着深深的忧虑，提出自己的质疑；却没有站在时代的高处，对城市现状隐喻作一种更深的精神反思。这或许就是作家思维观念和方法论层面的问题。作家夏榆在谈到文学与社会关系时，有这样一段文字，他说："社会现实是我们存在的场域。了解和认识社会现实，熟悉它的运行方式，洞察它的内在构造和肌理，这是写作者必须做好的功课。写作是个人的，也应是公共的，当个人的写作具有公共意义和普世价值的时候，它的价值会有不同的显现。"② 如果一个作家将重心过多地放在对社会学思考之上，而社会学观念是有时效性的，而且它的理论体系大多来自异域，在解决本土经验方面存在错位，要使作品达到恩格斯要求的"较大的思想深度和意识到的历史内容"的高度统一，作家既要建构自我的大历史观，又要有深厚的哲学涵

---

① ［意］阿·莫拉维亚：《小说文论两篇》，见吕同六编：《20世纪世界小说理论经典》（下），华夏出版社1995年版，第36页。
② 纳兰妙珠等：《全民写作时代的散文》，《人民文学》2012年第3期。

养。否则，无法从社会学上升到哲学层面，这就是制约作家（包括李佩甫）的一个"瓶颈"。

二、乡村灵魂的凝重与独创

《生命册》乡土灵魂的雕塑堪称"经典"。既有鲁迅小说人物的命运悲凉，又有沈从文艺术形象的心灵美感；既有师陀典型创造的复杂性格，又有李準乡村灵魂的质朴厚重。他们就像无梁这片土地上生长着许多植物一样，或生于斯长于斯，或像随风飞来的植物，到这里落地生根，靠着"智慧"和"聪明"经营"自己的地盘"，演绎了黄土地上半个世纪精彩的人生故事。

"老姑父"蔡国寅是"飞来的植物"的典型。他原本是一位战功赫赫的上尉连长，却爱上了当时还在读初中的美女吴玉花。为此，他不仅穷追不舍、成了上门女婿，还耽误了前程，因与农村姑娘结婚而成了地道的农民。而吴玉花"本意是要嫁给一个军官的，却阴差阳错地嫁给了一个农民"。于是，他们永无休止地吵架、打斗，直到生命的最后一刻。"老姑父"入赘无梁的第四年，当上了村党支书。的确，他任劳任怨为村里做过许多事。在饥荒年代，为村里人私瞒胡萝卜，救了许多人的命；对于"我"这个孤儿，"老姑父"以村支书的名义下令，强制全村人共同抚养了"我"。当虫嫂因偷玉米，怀疑偷茄子，既是"斗"，又是"搜"时，"老姑父"既是"算了吧，下不为例"，又是"几个茄子，算了"；当杜秋月下放无梁要被抽到"镇上去游街示众"时，"老姑父"既是拦住，"不能走"，又是"张罗"他与刘玉翠的"婚事"。在他几十年村支书任上，救过全村人的命，保护过许多受迫害、受歧视的人。这种正直、朴实、有人情味正是平原上一种"善"的集中体现。然而，在"老姑父"身上又负有乡村权力结构的复杂因素。他不断被所求的妇女"领席"，就像一夫多妻制的部落酋长一样。这是由于他腰带上挂着权力象征的印章，有了这枚印章他才可随心所欲地和那些女性发生身体关系，那些女性之所以愿意和他睡觉，并不是因为他的形象魅力或性格魅力，就是因为他腰间悬挂的那枚印章。这一形象又暗示了温情脉脉的乡村习俗中根深蒂固的权力统治和崇拜。它既是平原乡村生活的再现，又是整个乡村文化范式的缩影。虫嫂则是从大辛庄嫁入无梁的"小虫儿窝蛋"。她一米三四的个子，是残疾人老拐娶的袖珍媳妇。她个子不高，却会爬树；身量较小，却很灵活。她既能干，又勤快；既能吃苦，又会生崽。她一连生了三个孩子，男人老拐瘤着腿，又不能劳动。一家五口人，只有她一个半劳力，三个孩子饿得哇哇叫。"饥寒起盗心"，于是她就去"偷"。她既偷过玉米，也盗过芝麻；既偷过谷子，也盗过豆子；既偷过辣椒蒜子，又盗过白菜萝卜。她还到邻村枣园里偷一袋枣，被看守的瞎眼老头抓着，逼迫她"松裤腰"，奸污了。以后虫嫂多次去背枣，两人真的好上了。村里那些无耻的男人知道后，也叫她去"谈话""松裤腰"……虫嫂这种低贱的行径终于引爆了全村女人的愤怒。她们围攻她、侮辱她、打骂她。在家里也遭到男人的诅咒，孩子的怨恨。从此，虫嫂改邪归正，"再也不干丢人的事了，再也不会让人戳脊梁骨了"。她拿着走乡串户贩卖鸡蛋挣的"一叠厚厚的毛票"送给儿子，大国不许她进学校，她就在学校外的桥头边蹲着等。二国上中学的学费，是她卖了两次血换来的。女儿上中学时，她就跟着进县城，推着一辆比她还高的破三轮车，吆喝着收了十二年的破烂。就是这个袖珍女人，用自己的心血和汗水，喂养出三个大学生。然而，三个孩子都以她为耻，没有一个愿意让她住进自己的家里，就是她的丧葬费也是她自己捡垃圾攒下来藏在扇里的三万块钱。虫嫂如草芥一般生存着，却有崇高的精神内涵。唯其卑贱得彻底，才显高贵的亮色。在她身上，我们看到了生命力的坚韧和母爱的伟大。虫嫂是文学史上一个填充空白的独创人物，是作者一个无与伦比的独特贡献。在作者笔下，"老姑父"与虫嫂都是不洁净的，却都有闪光的灵魂。"老姑父"是无梁的精魂，恢宏又阔大；虫嫂是平原的精灵，轻贱却刚毅。

梁五方是无梁土地上最有希望成才的一颗新星。他聪明能干，十八岁就跟九爷学泥、木匠活，在给镇政府大会堂封顶时，师傅要他塑龙，他却塑了一个"龙麒麟"，表现出了过人才干与精湛技艺。然而，超行越师，犯了大忌。尔后，他又一个人在水塘上盖起了一栋房屋，"还是一砖到顶的一间新瓦房"，又一个人举办了最简朴的婚礼，成家立业，还"每日里骑着他自己买零件组装的自行车，日儿、日儿地从村街里飞过"。谁知，他的"傲造""各色"，发家致富，令无梁村所有的人羡慕、眼红，这又触犯了众怒。于是，村里人借"运动"把对他的仇恨如洪水猛兽一样发泄出来。不仅将他由中农划为"新富农"，还被村人"过笼"："'呜'一下几百人一齐拥上去，就像是筛粮食一样，把梁五方当作一个混在麦粒中的'石子'，在人群中你推过来，我搡过去……在平原的乡村，这叫'过笼'。""你可以想象人们在庸常的日子里心里聚集了多少怨恨，埋藏了多少压抑！特别是女人，女人需要忍耐多久才有这么一次发疯的机会！"不论是林海家女人，聋子家媳妇，麦勒家老婆，二哥五升；还是扇脸，锥子戳，手掐、拧，往嘴里塞驴粪。"几乎是全村的人，都下了手……"此后，梁五方进行了无数次"上访"，从镇到县，从省到中央，成为一个上访的常客与"流窜犯"。直到被折磨得"走路两只胳膊紧贴着身子，头往前探，动作僵硬，身子佝偻，脖子梗着，往前一窜一窜地走，就像根本没有手一样……"一个能力极强的青年人，最终成了一个说玄道怪、巧舌如簧的东方巫师，成了平原上一个灵魂扭曲的异类。春才是无梁的鬼才，他性格孤僻腼腆，却手艺精致老到。他的编席手艺能让所有女人羡慕不已，方圆百里的姑娘都为能求到春才编的红炕席而自豪。村里的女人们毫不避讳地在他面前谈论那些"半含半露、有荤有素的话，就像民间生活的密码，终日包围着年轻的春才"。而且，到了夜里对门兔子家的女人动静很大，村支书的二女儿蔡苇秀又用眼和他说话，还送给他一粒扣子……这些只是"眼目望之"而没有"肌肤亲之"，有"心神往之"而无"身体近之"。他更不敢向蔡苇秀大胆表白，于是只能保持沉默。但本能欲望是无法遏止的，春才在欲望的驱使下偷窥了蔡苇秀洗澡。这一偷窥事件败露后，在受传统文化秩序和伦理规约深厚影响的乡村引起了轩然大波，一时谣言四起，外加公安人员的介入。这种压力对感情生活具有超常感受的人来说，只能使其敏感的神经变得更加脆弱。"每个人都是自己心灵的囚徒"，春才失陷于"内心的战火"而不得解脱……突然有一天，他用一片篾刀割掉自己的生殖器，在无梁留下了一个影响很大的歇后语："春才下河坡——去球。"这无疑就是乡土性文化的真实存在状态，是由封建伦理的规训、封闭的生活环境、文化娱乐的匮乏等多种因素造成的。春才正是这种畸形的性文化的受害者。但春才并没有因此而一蹶不振，而是在村支书的支持下，又承包了豆腐坊，他做豆腐的手艺，很快就达到炉火纯青的地步，春才的豆腐赢得了与昔日"春才的席"一样的声誉。后来，春才成为万元户受到县里表彰，并一直坚守着他不掺假的豆腐坊到慢慢老去。显然，梁五方、春才都是无梁村土地上能成栋梁之才的好苗子，都或由于环境或性格的因素，发生令人不可思议的变形。这既是命运的悲剧，也是时代的悲剧。

杜秋月是因"恋爱招来横祸"而下放的知识分子。他在无梁改造期间，成了村人眼中的"乡村人"。既挑过"尿担子"，又割过芦苇荡里的"苇子"；既"破篾子、编席"，又当过村小学教师。经"老姑父"撮合，他和寡妇刘玉翠组成了一个勉强的家庭。除了在社会政治上受到戕害之外，他在家庭生活中还得习惯向刘玉翠请罪："她逼着老杜弯着腰站在灶屋里，嘴里念念叨叨地背语录，向领袖请罪……刘玉翠很喜欢看他请罪的样子：他勾着头，虾一样弓着腰，每一个扣子都扣得整整齐齐的，很正式地背诵着领袖的语录。""文革"结束后，杜秋月经过曲折的上诉申请，终于获得政治生命的新生。于是，他那要摆脱屈辱梦境的强烈愿望就是与刘玉翠离婚。谁知，他虽然使用欺骗手段和刘玉翠离了婚，自以为获得了一种生命力的跳跃，原来这一"获生的跳跃"很快就变质为"致死的跳跃"。刘玉翠如影随形的纠缠吵闹，使他颜面尽失。他"先是从师范学院调到一所中学，尔后又从中学调到小学，就这么调来调去，居然连小学教师的资格也荒掉了。到后来，他完全成了一个病人，课也上不成了。他脑子坏了，课上得不好，名声也不好，学校有意见，学生家长更有意见……"最终丢了工作，成了失魂落魄的废物，过起了虽生犹死的日子。最后，杜秋月与刘玉翠复了婚，妻子成了他的依靠，他也成了妻子的精神寄托，但杜秋月只能封锁在他毁灭的环抱里，无法逃离出去。这就是知识分子的宿命。蔡苇香是无梁村的叛逆者与变革者。从小母亲就"没有给过她好脸色，不是打就是骂"。她是"在母亲的咒骂声中茁壮成长"的。学生时代她不但不读书，还跟人私奔。而且"身上已没了未婚姑娘的那种青涩。她就像一个熟透了的鲜艳无比的桃子"。后来游荡混迹在城里的"洗脚屋"积累了一定的原始资本。于是，人们都知道她"挣了大钱"，并在"村里批了一块地，十天之后，一座三层小楼拔地而起，而且里外都贴了瓷片"！可她父亲"却拒绝到新房里去住"，认为她挣的钱"不干净"。谁知，这次一走竟悄悄"带走六个姑娘"。村里人都知道干什么去了，"可谁也不说"。后来，蔡苇香回乡开起了板材公司，成为乡村工厂老总，有钱也有地位。无论过去的事多么不光彩，最后她却赎回了名誉，把原来凝结着无梁村望月潭芦苇荡的香味和水汽的名字，也被她改成了"蔡思凡"，并在给父亲蔡国寅迁坟时，可谓在家乡风光尽显。蔡总已经成长为一个羽翼丰满的女强人，她再也不是那个无梁村的小丫头"苇香"。时代的发展变迁塑造的一代新人，已经在无梁的土地逐步扎稳了根基。时代变了，作为知识分子的杜秋月一心想脱离无梁村返回城市，却一事无成，变成了货真价实的废物。而"洗脚妹"蔡思凡来到都市后，迅速赚了大钱，又回乡有声有色地办起了工厂，当上了老总。杜秋月的命运折射了知识分子的无用与历史的荒诞，而蔡思凡的命运则烛照出事在人为的潜能开发与"时代的进步"！

三、都市人格的虚浮与异化

《生命册》中的都市人，大都是从农村闯进城市的乡下人。这是一群"背着土地行走"的"城市牛仔"。虽然他们在城市充分地发挥了自己的聪明与才智，突出地表现了自己的胆识与魄力，描绘出了一幕幕惊心动魄的创业场面，雕塑出了一幅幅风生水起的战斗历程；但他们丰富的人生并未真正融入城市，仅仅只是局限在资本积累过程中的厮杀拼搏、大显身手。作为都市人，他们的性格单一而不丰满，虚浮而不深沉。

吴志鹏是小说贯穿始终的主要人物。在无梁村叫"丢"，进了城叫吴志鹏或"我"。他认为自己是一粒种子，被移栽进了城市；又想象自己是一个楔子，一根强行嵌进城市的柳木楔子——这本身就是一个悖论，意味着他难以融入。他生下来三天就成了孤儿，是老姑父背着他一家一家地寻奶吃，以强迫的方式让全村养活了他，在无梁村吃百家饭长大，后来又是全村人力荐保送上了大学。研究生毕业进城的第一晚，是家乡人油菜给他提供的住宿；大学讲授的第一课是老姑父让他从容镇定。无梁养育了他，给了他无尽的恩泽。到了省城的吴志鹏俨然成了无梁的代言人。求他帮忙"办事"的电话源源不断，老姑父"见字如面"的白条无穷无尽。诸如寻人、考学、借钱看病、找工作等不一而足。而他又不是每一件事都能办成的。这就形成了反向的拉力，它们在不断撕扯吞噬着吴志鹏存在并生活下去的勇气。在这种反向的牵引中，吴志鹏离乡亲越来越远，他不是疲惫地喘息于夹缝之中，而是痛苦地辜负或是背叛了那些本不可辜负的人们，孤零零地被置于一个不属于他的城市。于是，他毅然辞去稳定的工作，北上与朋友"骆驼"一起闯事业。先作"枪手"，费了九牛二虎之力，才捞回第一桶金；又到上海投入到股市之中，当股市涨涨跌跌日进账五百元时，这还不是他的奋斗目标；当他南下用五年的时间炒股挣了四百二十八万时，他觉得该慢下来的时候。然而，他又用"一年零六个月"的时间，在"骆驼"的操控下将"一亿二"的"钧州制药"厂以一千二百万的低价收购贱买过来。于是，他发现骆驼忘记了最初的梦想，一心追求利益，并且失去了做人的准则，他又毅然地离开了"骆驼"。最终"骆驼"东窗事发，走向败亡；而他却成为了双峰公司最大的股东，坐拥五十亿股份，成为村人眼中的成功人士。显然，吴志鹏"有很强大的内心自省意识，他之所以避过了很多陷阱，他不断地认识自己、不断地丰富自己，不断地清洗自己。虽然他有很多困顿，他仍然背着土地行走"，从而以他超人的意志力与判断力，证明自己可以在城市闯出一片新天地，可以建立起一个让城里人不敢轻视的领地。然而，当志鹏成为腰缠万贯的吴总经理以后，他并没有对故乡做点什么，也没有报答家乡父老的养育之恩。不仅那念念不忘家乡的百家饭、百家奶，不忘家乡人对他的帮助，给予他在城里向前冲杀、拼搏的力量与智慧是虚假的；连那躲避家乡人纠缠、躲避老姑父电话铃声的愧疚心理、道德压力都没有。当蔡苇香邀他去家乡投资的时候，作为一个五十亿股份的老总，仍然只是说要想一想并没有实际行动，吴志鹏的性格是虚伪的。直到老姑父迁坟的时候，蔡思凡又问吴志鹏，真的不打算回来了？吴志鹏在心里说，"我得找一个能'让筷子竖起来'的方法"，并感叹，"一片干了的、四处漂泊的树叶，还能不能再回到树上？……也许，我真的回不来了"，吴志鹏的人生是悲剧的。他既不愿用自己赚的钱去回报喂养过他的乡亲，又想不出振兴家乡的锦囊妙计，就只能表现出他灵魂的分裂、精神的焦虑、生存的漂流。因此，他是一个没有故乡、没有家园的漂泊的过客。其在作品中的结构性缺憾，不仅损伤了"整个作品的精神深度"，①而且显得虚浮而不真切，缥缈而不清晰。

骆驼是一个被欲望异化的典型。他出生在贫寒家庭，"我四岁那年，吃大食堂那年，哥哥从远处跑来，气喘吁吁的"，"他手里握着一个'面疙瘩儿'。那是一碗稀饭里最稠的东西……我哥在大食堂喝完了一碗稀饭，剩下了一个'面疙瘩儿'，没舍得吃。他吐在手里，给我拿回来……"，结果，哥哥"营养不良"病死了，"我"却活了下来。骆驼既有西部男儿的血性与粗犷，"骆驼一开口喉咙里就可以喷出血来，唱得我们热泪盈眶"；又身残志坚，凭借一股常人难以想象的毅力以优秀成绩完成研究生学业，担任过学生会主席，带走了中文系的系花。骆驼天生具有领袖气质，"骆驼最伟大之处，就在于他浑身上下的每一个毛孔里都充满着洞察力，"有宏图大志，且目光敏锐。那前瞻的目光能洞悉往后的经济发展态势。可惜，骆驼因"作风问题"在单位待不下去了而奔赴沙场，就像把都市与金钱作为猎物来捕获似的。他有超人的智慧，强势的手腕，老谋深算，敢作敢为。他组织"枪手"制作"垃圾文化"，书商拒付酬金，他不顾生命危险与之血拼，拿到第一桶金；他南下炒股，躲过两次下跌，又赶上两拨牛市，已赚到一千多万，还想到的是翻倍，再翻倍；账户资金有限，就违规贷款；为了提高中签率，他买断打新期间所有通往镇江的船票。他刚刚说过"一个亿"，马上想"十个亿了！""厚朴堂"股票"值一百六十七个亿"了，他仍不肯"收手"，他说："鸟，收什么手？做得好好的，我为什么要收手？"他的欲望已膨胀到极度的状态。接着，他用尽一切手段"打通关节"，想方设法把正直的人拉下水，弄虚作假实现上市，费尽心机要养两个官。随着财富的增加，他对身边的人不屑一顾，颐指气使。在充满物欲的世界中，骆驼已不受任何道德观念的约束，他的心就是他的通行证。他

---

① 王学谦、汪大贺：《焦虑的心灵，破碎的土地——李佩甫长篇小说〈生命册〉的情感世界与价值指向》，见《华夏文化论坛》第九辑，第244页。

对金钱的野心和渴望，已使他不计后果、不择手段，如精神病似的狂暴。最终，他虽然身缠万贯，却只能从十八楼跳下自尽。尽管从前的骆驼有情有义，侠肝义胆。"实际上，'骆驼'在背离土地之后，最终背叛了自己的土地，失去了自己的灵魂。他代表的是在金钱的诱惑下一步步抛弃自身的坚守，以'奋斗'的名义出卖自己的灵魂，并且染黑周围的人的那一类失节丧志的知识分子。"① 小说虽不无夸张的描写："我手里要是有十个亿，我会拿出五个亿，给我们西部山区的父老乡亲，每家每户修一个水窖。我手里要是有一百个亿，我会豁出去，拿出五十个亿，修一个水库，让西部的乡亲们祖祖辈辈都不缺水吃。我要是有五百个亿，我就炸开唐古拉山口……"这何尝不是他为自己的疯狂和贪婪作出的最能宽恕的交代。他的魅力、仗义和先知先觉，他的疯狂、贪婪、不择手段，就像他账户上仅仅意味着数字的金钱，统统化作了一个乡村苦孩子也能在城市中呼风唤雨的条件和代价。这是堕落的灵魂、人格的异化。骆驼性格的复杂性不是城市文化的丰富内含，仅仅只是时代病症的传声筒。

夏小羽与卫丽丽既是城市的圣洁、美好、幸福的象征，又是都市的虚伪、罪恶、苦难的渊薮。电视台节目主持人夏小羽，是一个"端庄、秀丽""清澈、明亮"的女孩。她天生丽质，才貌双全；出身书香，修养极好。她进电视台工作如鱼得水，她主持的节目广受好评。"电视台工资高"，"仅仅几年的光景，夏小羽已经有了自己的车，自己的单元房"。"她什么都不缺"。自从被精明的商人骆驼盯上以后，开始她是很有主见的，既"排斥"请吃，又"不要酬劳"；既拒绝"做专题片"，又不愿替骆驼给领导"说句话"。"是呀，她条件优越，她不缺钱。你说给一百万，她自己也许就有那么多，她看不到眼里。你说给她五百万，她仍然还占据着道德上的优越感，她守着一份矜持，仍然不答应……"然而，什么都不缺的夏小羽几经

① 晏杰雄、周刍：《人与土地的融合或背离——〈生命册〉中的人物群像》，《文艺争鸣》2013年第1期。

抗拒，最终还是抵挡不住巨额金钱的诱惑，尤其像她这样一个"品位高的漂亮女人，情感上的缺失是最大的缺失"。当金钱还能给她实现理想情感归宿的时候，"这就有了缺口了。这个'缺口'又是一日日地诱惑下铺垫起来的，就像天上的火烧云一样，让你眼花缭乱，五内俱焚，可顷刻间又是雷鸣电闪，人生无常啊！况且，她还是个姑娘，你让她怎么办呢？""人在病中，是最脆弱的时候。也许，崩溃就是那一刹那间产生……""当骆驼把一张事先准备好的银行卡装在信封里，放到了夏小羽病床的枕头下……夏小羽两眼闭着，什么也没有说。"结果，"傲气"的夏小羽不仅自己落得个身败名裂，还把副省长范家福送进了监狱。卫丽丽则娇弱、痴情、温柔、美丽。她既有天赋，又有城府；既有内涵，又识大体。她爱骆驼爱得如痴如醉，骆驼身有残疾，她"无视"，真心实意地爱着他；骆驼被免职，她"冒着与家人决裂的风险"，受尽"谤诽磨难"；骆驼"北漂"，她"勇敢辞去公职，义无反顾地追到北京"，在一家杂志社打工；骆驼"走投无路"，她用"卖'细节'挣来"的钱，暗暗地接济他们"赚得第一桶金"。她爱骆驼爱得如影随形，骆驼去"南方发展"，她"又辞了工作，跟他来到深圳"；骆驼办公司需要财务总管，这个"外语系的高才生"，又去"自修了电视大学会计专业，并通过资格考试"，"拿到了高级会计师的证书"；骆驼脾气暴躁，她"就像是一剂良药"，"春风化雨"，安抚转圜；骆驼跳楼后，她瘦得弱不禁风，却能担起打理资产上百亿公司的重任。可骆驼怎么对待卫丽丽呢？有了卫丽丽，骆驼身边还有不少别的女人，卫丽丽知道也不敢对他过分苛责；卫丽丽哭着要一个孩子，骆驼强迫她"打了三次胎"；卫丽丽为骆驼兑现"我"的承诺，她买来"非洲屋脊"埃塞俄比亚一百朵玫瑰，骆驼却从没给卫丽丽送过一朵"比西尼亚玫瑰"。就是这样一个不声张、不炫耀，有心智、有才能的女人，最终却变成了经济罪犯的帮凶，悲剧婚姻的寡妇。夏小羽、卫丽丽都是城市中"傍款"的一族。她们是城市堕落的化身，而不是城市美丽的象征；她们是"社会结构的衍生品"，而不是"有真相、色相还有众生相"① 的完整生命形态。

四、二元结构的精细与粗疏

《生命册》在艺术上是截取人物典型的生活"横断面"，把众多的生活片断连缀起来，构成作品一个有机的整体。这里既有"人与土地的对话"，又有"土壤与植物的关系"；既有城乡交错，又有自由切换；既有经典现实主义的方法，又有沉雄老到的笔力。但这种二元结构的"艺术表现力度实际上还是处于不平衡的状态"。② 乡村叙事十分精彩，城市叙事相对粗疏。

细节的成败，同样是衡量文学作品是否成功的关键。一个精妙的细节犹如画龙点睛，能使作品活色生香，意韵悠长；而一个粗疏的细节，则会让作品臃肿累赘，味同嚼蜡。《生命册》中细节悬念的精湛之处，就是发掘了平原世界中尚未被现代文明侵蚀掉的古典诗性质素，歌咏或鞭挞朴素的人性之美或丑、人伦之善或恶。比如，无梁村女人们集体清算虫嫂"罪行"时，那些女人们群体施暴的残酷，那些占过虫嫂便宜男人们的怯懦，以致这种"暴力"影响到了懵懂的孩子。虫嫂的三个孩子随之也成为同龄人的施暴对象。可在虫嫂死后，人们骂过大国的不孝，但后来"又开始主动找上门去"，因为大国当上了县教育局的副局长。而"虫嫂的事，没人再提了，一句也不提，好像世上根本就没有这个人"，就如祥林嫂、孔乙己等被淡忘一样。又如村民们对待老姑父的态度，也暴露出无梁人的功利和机巧。当"人们需要老姑父'哈一下'的机会越来越少"的时候，"脸

---

① 杨庆祥：《〈生命册〉每一个生命皆可成册》，《文艺报》2015 年 9 月 28 日。
② 王春林：《"坐标轴"上那些沉重异常的灵魂——评李佩甫长篇小说〈生命册〉》，《文艺评论》2014 年第 1 期。

上的笑容就淡了许多"。这些细节精彩无比，入木三分，真是写得痛快淋漓！它把如鲁迅所说的那种"对羊显兽相"和"拿残酷做娱乐"的劣根性，批判得体无完肤。而那些借助悬念来推进情节发展的细节描写，更能增加小说的趣味性和可读性。像"我"不断地劝骆驼要收手，骆驼跳楼的结局是一开始就交代了的；像汗血石榴盆景下是否有老姑父的人头，双峰公司藏在保险箱里的绝密材料等，这些细节与悬念的设计，都起到隐线穿珍珠的作用。然而，作者一旦描绘城市生活的细节时，不是干涩抽象，就是累赘重复。比如小说第七章命相理论的描绘，作者不是借用细节，而是从《易经》《三元经》《神白经》到《阎东叟书》《千里马》《搜髓论》，从《造微论》《玉匣子》《宝鉴赋》到《相心赋》《天理赋》《定真赋》。从"天为十干，分：甲、乙、丙、丁、戊、巳、庚、辛、壬、癸"到"地为十二支，分：子、丑、寅、卯、辰、巳、午、未、申、酉、戌、亥"；从"金、木、水、火、土"到"东、南、西、北、中"等古代典籍上加以阐释，显得生涩而不灵动，理性而不形象，有一种典籍归类综述之感。而在对梅村的精神风貌及人生命运的描绘中，既是一种创作理念渗透的结果，又有一种细节描写重复的现象。梅村本是一个外语系的学生，却爱上了自己博学多知的老师吴志鹏，并愿意用自己的身体去温暖有着不幸童年的老师。"那天晚上"，"她就像是一座肉体的火焰，凉凉的火焰，带着波涛汹涌亮光的、液体般的火焰，火焰发出的亮光把我给吞没了"。可是吴志鹏此后却留下一句"等我三年"的誓言，而一去不返。她一直在追求爱情，但却一次次被爱情所伤。当许多年后吴志鹏再在街头遇到梅村时，她已经变成带着孩子在第三次婚姻里挣扎的怨妇。作者本来已用了很长的篇幅，叙述了梅村与三个男人恼人的恋情，激烈的冲突；却又在吴志鹏"找到梅村的三本日记"之后，以另一种字体来一番日记的"惊险"展现，让人感到重复与多余。

分叉树状的结构，必须讲究对称与均衡。李佩甫说："我采用的是分叉式的树状结构，从一风一尘写起，整部作品有枝有杈、盘旋往复，一气贯之，又不能散。我以内心独白的方式切入，以气做骨，在建筑学意义上也是一次试验。"① 在《生命册》中，这种"试验"的结果，应该非常成功，但仍有遗珠之憾。所谓"树状"的"树"，就是以"我"为中心，构成乡村与城市彼此对称的独立部分。全书共 12 章，以单双数章为叙事结构。六个单数章，写的是吴志鹏、骆驼、梅村、卫丽丽、小乔、夏小羽、老万等的故事，时间是线性的，故事发生在省城、北京、上海、深圳等几个城市里，从而单独构成一个时间序列和一个空间区域。在这些城市里，既有他们的漂浮与拼争，又有他们的困惑与思考；既有他们的沉沦与挣脱，又有他们的迷失与自我拯救；既有他们的较量与背叛，又有他们的疯狂与豪赌。从而记载了一部现代城市的欲望变迁史。另外六个双数章，是一章写一人。第二章写蔡国寅，第四章写梁五方，第六章写虫嫂，第八章写杜秋月，第十章写春才，第十二章以蔡苇香（蔡思凡）为主。各章写一个人物，写他或她的命运，一个人物的一生。这些人物都是农民，他们的故事都发生在农村。在这里，有人物图谱、草本植物，也有生老病死、爱欲悲欢；有宽厚博爱、流言中伤，也有窥探猎奇、自我禁闭；有饮食、习俗的遗留，也有信仰、劳作的方式。它就是一部村庄的生长衰亡史。从双数章单独看，每一章里的时间都是线性的，而从全书来看，由于作为主线的单数章里时间一直是线性的，而这种线性的时间到了每个双数章就被打断一次，退回到"过去"的某一时间点。② 这就使全书形成了一种时间和空间的多维网状结构。作为中心而存在的"树"即叙述者"我"，把"枝"与"杈"即城和乡整合到一起，构成一个完整的整体，就是作者在"建筑上"一次成功的"试验"。然而，到了小说第十一章，作者却又戏剧性地安排了"我"出了车祸，这个偶然情节让"我"看到了更多的残缺的生命。在这一以"巨变"为主题的宏大布景上，既有被单位架空而去扫地，让药瓶

---

①　李佩甫：《获奖作家·访谈》，《文艺报》2015 年 9 月 28 日。

②　陈冲：《从茅奖进入李佩甫的文本》，《文学报》2015 年 12 月 3 日。

炸伤眼的老许，又有整日拿着手机"喂喂"地联系业务、被"铁门鼻儿"扎伤眼的副厂长；既有去水库炸鱼炸瞎双眼的村长儿子，又有为不成器的儿子能考上博士一辈子种果树种到视网脱落的老余……这种多元价值观的冲突，人性的斑斓与破败，以欲望之轻为灵魂作证，它能在更深层的意义上思考生命的本真问题。但是，这许多眼睛患病受伤的人物，既与整个作品没有关联，也不为丰富塑造作品的人物而存在。他们仅仅只是作为说明各种社会现象而存在。这无疑就有堆砌材料，罗列现象，给人拥塞之感，场面展不开，人物缺乏个性，从而损伤了结构的完整性。

性格刻画的复杂性与独特性，是经典作品的重要艺术准则。凡是那些曾经给我们留下过深刻印象的优秀长篇小说，大都成功塑造了不少具有人性深度的人物形象。《生命册》创造的一个个活灵活现的乡土灵魂，都是独一无二、不可重复的。他们各如其面，人之不同，充分揭示现实生活中人的性格的复杂性、丰富性和多样性。作者在描写他们身上的正能量时，也不回避他们身上的负面因素；在描写他们身上的负面效应时，也不忘记他们身上同时存在若干的正面因素，不抹杀这些正面因素。每一个典型人物都是相反两极因素的对立统一体，即正与反、进与退、肯定与否定、积极与消极的对立统一体，构成性格矛盾的两极组合或多重组合；而且性格的两极始终相互渗透、相互制约，又在一定的条件下相互转化。于是，《生命册》就"塑造了一大批鲜活的人物"，像虫嫂、老姑父、春才、梁五方、蔡思凡等。这就是李佩甫"一个极大的贡献"。[①] 他们既让我们看到时代"变迁"的波诡云谲，体悟到乡村平凡生命的韧性与厚度，也彰显了作者对乡村生命形态、人性扎实的叙述功力和表现能力。然而，作者一旦叙述城市人物的命运逻辑时，就显得单一干瘪或苍白无力。李佩甫说，每个人皆走向他的反面。在作家这种创作理念的影响下，他塑造的所有城市

———————————

① 杨庆祥：《〈生命册〉每一个生命皆可成册》，《文艺报》2015年9月28日。

人，都在原有的出发点上渐渐偏离正常的轨道，人生的矛盾与挣扎、错位与困窘，让我们感到都市人的存在的某种荒诞性，外部历史的力量尽管是一种压力，但人物性格的扭曲更使生活朝着非理性的方向发展，导致命运失控而走向反面。比如副省长范家福，母亲是个寡妇，却千辛万苦让他读书，"先后一共读了二十二年"。最初，他每到夏天"都会在老家的田野里，帮母亲一个坑一个坑地点种玉米"。在国内读完大学，又到美国去读农学博士。博士毕业回国，本意是要报效国家的，并且很快成了全国有名的育种专家，还当上了副省长。谁知，他既经不起一粒美国"纽扣"的诱惑，更挡不住电视台节目主持人美色的迷人，最后被"双规"了。"面对铁窗"，他"想申请二十亩地，回去种玉米……范家福走了这么一个圆圈儿"，最终走向了反面。在范家福身上，既没有充分的矛盾性，也没有复杂的多样性。他的形象是单一、苍白的，只有人性扭曲的悲怨之声萦绕耳边，空留人生莫测的迷雾散去之后的一腔悲愤。由此可见，人物"仅仅走向反面是不够的"。"仅仅走向反面，人可能还是社会结构的衍生品"，"只有当走向反面的人意识到了社会的异化和结构的非理性之后，他才能继续走向内面。"① 这就是《生命册》中城市人生命形态单一苍白的根本原因所在。

---

① 杨庆祥：《〈生命册〉每一个生命皆可成册》，《文艺报》2015 年 9 月 28 日。

第八章

金宇澄长篇小说《繁花》：
上海弄堂的味道与悲凉

　　《繁花》是中国当代文学中一部特力独行、摄人心魄的优秀长篇小说。它以 20 世纪 60—90 年代都市频繁交替出现在两个时空中的人与事，来记录上海普通人的生活，表现普通人的人生价值与审美追求。它以特有的上海腔调与言说，"从平凡物事中辨识出非凡畸异的品质，开辟了一条重新认识日常经验世界细节的新路"。它在一种微观美学的笼罩下，恣意盛开，低回婉约，缓缓舒展开来，具有一种深入骨髓的都市情缘与气味。

一、一轴当代上海风俗画长卷

　　原创型的《繁花》其思想意蕴和精神内涵，是容易被忽视、被遮蔽的。但只要联系近几十年中国社会的历史变迁，就能从散淡之中发现它飘逸出的思想风骨；只要细察近半个世纪上海弄堂的风云变幻，就能发现蕴含其中鲜活而饱满的精神内涵。在这轴当代上海风俗画卷中，有吴风习俗的再现，也有文化知识的展示；有政治风云的历史，也有欲望现实的批判。

　　《繁花》描绘出了一轴广袤精细的文化风俗画卷。小说的地域描绘十分广阔。从宝善街到棋盘街，从尚仁里到公阳里；从市中心到工人新村，从浙江嘉兴到江苏常熟；从新疆到黑龙江，从安徽到吉林，从香港到澳门；甚至把某人某日从什么路到什么街，乘哪路电车公车，都展示了出来。既有铺开生活面的过程，又有故事人物的偶观地点，以致各自的生活圈子和生活足迹，都像一张大网，慢慢笼络起这个城市的各种不同人生。看起来大相径庭，却又不是泾渭分明，通过各种潜在关系扭结在一起，形成一个强大的生活流，从而还原了上海的生活地图和人情世故，既琐碎，又卑微；既广袤辽阔，又充斥着人间烟火气。它的生活环境刻画异常精细。"两万户"的工人新村"到处是人，走廊，灶披间，厕所，房前窗后，每天大人小孩，从早到夜，楼上楼下，人声不断。木拖板声音，吵相骂，打小囡，骂老公，无线电声音，拉胡琴，吹笛子，唱江淮戏，京戏，本滩，咳嗽吐老痰，量米烧饭炒小菜，整副新鲜猪肺，套进自来水龙头，嘭嘭嘭拍打。钢钟镬盖，铁镬子声音，斩馄饨馅子，痰盂罐拉来拉去，倒脚盆，拎铅桶，拖地板，马桶间门砰一记关上，砰一记又一记"。"两万户"的"马桶间"，计有三万六千私人窥视孔，等等，这正透视着一种上海的味道，阁楼的静谧，老虎窗的昏暗，霓虹灯管的赤光，等等，作者都把它描绘得细致入微，质朴粗俗。它的知识蕴含格外丰厚。不仅有民间歌谣、流行歌曲、外国歌曲、红旗歌谣，还有江淮戏、弹词、沪剧、现代诗、古典诗词；不仅有《彭公案》《平冤记》《英台哭灵》《万有文库》《穆旦的诗》《现代诗抄》等国内图书，还有《士敏土》《三个穿灰大衣的人》《拖拉机站站长与女农艺师》《爱的科学》《竹取物语》等外国名著；不仅有《两只小蜜蜂》《莉莉马莲》《苹果花白·樱桃粉红》《小奏鸣曲 OP.36》等音乐，还有《百万英镑》《第四十一》《攻克柏林》等电影；不仅有黎莉莉、阮玲玉、邓丽君等艺术明星，还有张南庄、周天籁、韩邦庆等著名作家；不仅有会引用叶芝诗句的姝华、提到陈白露的阿宝，还有把《亭子间嫂嫂》读过三遍的亭子间阿嫂，文学或电影无不频繁出现在人物的天方夜谭之中。即使在特殊年代，仍可看到淮海路上的伟民集邮公司里，从交换邮票让人受到商品经济的洗礼，通过橱窗陈列的邮票让人神游世界；那南京路上的翼风航模店、卢湾区图书馆、头轮二轮电影乃至来自香港的明信片；那通宵排队买《红与黑》电影票等，都有一种深厚的文化氛围，让人无不感到一种知识的熏陶，一种视野的开阔，一种美的享受。

《繁花》是一曲寓意深邃的政治风云录。小说以细腻的笔触，还原了一幅动乱年代普通上海市民的政治生活画卷。伽达默尔在《真理与方法》中说："现在是时候了，该让记忆现象摆脱能力心理学对它的平庸化了。该把它当作人的有限历史存在的一个根本特征加以认识了。"他同样指出："实际上，不是历史属于我们，而是我们属于历史。早在我们试图在回顾中理解自己之前，我们就早已不言而喻地在我们生活其中的家庭、社会和国家里理解自己了。主体性是一面哈哈镜。在历史生活的整体回路中，个体的自我决定只是一点摇曳的微光。"[①] 小说中的"文革"叙事最为典型，既写外区学生来淮海路"破四旧"，剪长波波的鬈发、大包头、包屁股裤子、尖头皮鞋，又写斗"香港小姐"，到淮海路的国营旧货店替蓓蒂寻找被抄家抄走的钢琴，等等；既有"河滨大楼天天有人跳楼、自绝于人民"，又有"长乐路瑞金路的天主教堂忽然被铲平了"；既有"弄堂里，天天斗四类分子、斗甫师太、斗逃亡地主"，又有"大妹妹的娘，旧社会做过一年半拿摩温(隐瞒)，运动一来，听到锣鼓家生呛呛一响，就钻到床底下"；既有"隔壁烟纸店小业主，一自首，打得半死"，又目击了一个教师撞车自杀，"一粒孤零零眼睛，一颗眼球，连了血筋、白浆、滴滴血水"。眼前浮现出纷纷扰扰的历史场景，是多么惨烈而残酷！那不同的抄家方式，那路名的演变，那不同的"抢房子"行为，以及姝华去吉林务农半年后的来

---

① ［德］哈拉尔·韦尔策编：《社会记忆：历史、回忆、传承》，北京大学出版社2007年版，第13页。

信，谈到南市区一个女学生在去吉林上火车时，不慎跌进车厢与月台的夹缝里，信中写道："我当时就在这节车上，眼看她一条大腿轧断。火车紧急刹车。女生的腿皮完全翻开了，像剥开的猪皮背面，有白颜颗粒，高低不平，看不到血迹，女生很清醒，一直大叫妈妈，立刻被救护车送走了。火车重新启动。我昨天听说，她已经痊愈了，变成一个独脚女人，无法下乡，恢复了上海的户口，在南市一家煤球店里记账，几个女同学都很羡慕，她可以留在上海上班了。这事叫人难忘。"言谈闲聊之间，这些"文革"中的故事，都是一种政治风云的再现。这些哀怨、悲愁、无奈和缠绕不去的曲调常常在拨动着读者的心弦。因为这些故事不仅是与过去联系的、反思过去的一种心理方式，而且是接触一种消逝的社会和历史存在的方法。小说中的"文革"叙事既有时代特征，又有上海腔调，虽非完全的全景书写，却也写得十分沉痛。这里既没有关于社会批判的议论，也没有掺杂事后反思的评说，有的只是具体而琐碎的陈述。在这种捕捉与陈述中，展现了一个时代政治风云的历史反思。

《繁花》有对欲望现实的清醒认识，冷静把握，尖锐批判。欲望既是一种无情的命运，又是一种无目标的情绪。在这疲惫不堪、世俗化了的世界中，生活受到了一种永久漂浮的欲望支配，欲望则是焦虑和无聊的合成场。金宇澄的欲望故事从引子就开始了，但真正的展开是"拾柒章"了。一方面主人公进入了青春期，另一方面欲望总是缺失的转喻。当令人窒息的各种各样的运动袭来时，当束缚人心的清教主义引领这座城市时，欲望便成了幸福的惩罚和幸运的堕落。欲望总是被假设的不可满足的力量，正是它向心灵的变形机制供给燃料。所以，欲望就在现实中到处燃烧、蔓延。五室阿姨与黄毛在车间的偷情，银凤与小毛在二楼那狭小的空间里通奸等欲望故事都源于压抑。"拳头师父说，樊胖子，屁不懂一只，啥叫童子鸡，女人，是不讲年龄大小，只要对男人好，就可以了，做人，为啥不可以回头，回头有味道，有气量……小毛看过了女人淴浴，吃到了甜头，有了经验，就是男人了，师父表扬小毛。"这位师傅不仅不与樊师傅一道去制止徒弟的偷情，反而鼓励徒弟的不道德行为；不仅和女徒弟不干不净，而且在师徒聚餐中津津乐道他多年的老师傅怎么让弟子去看女人的裸体，都是一种欲望的泛滥。到了20世纪80、90年代，上海的都市性更加明显，欲望的表现更加强烈。小说中那些人物的出处就五花八门，常熟的徐总，江苏的范总，台湾的陆总，等等，他们聚集上海，演绎出上海上层社会的另一种生活。也正是因为有了这种都市性的存在，小说才有了进一步建构的可能。于是，资讯的发达、交通的便捷、价值观的趋同等诸多现代性因素相互综合、融通，这使得上海与香港、与东京、与巴黎、与纽约等大都市的差异在缩小。但金宇澄写的却是这座城市中芸芸众生的个体性的生存面貌。它既包括对自由、平等、民主、理性的过分追求，同时也表现为保守、自私、明哲保身、胆小怕事，无止境的欲望和处处要彰显作为大城市居民的优越感。因此，以经济建设为中心，刺激并引导欲望沿着无形的资本流水线流淌。聚会、饭局和旅游变成了典型的场景。商品经济正在把社会现实变形为镜子中的荒野。在这个世界里，一切都成了广告和品牌所要显示的东西。消费主义及随之而来的消费行为就像语言一样，靠的就是供需的问答关系。"原件存在的根本条件是永远在场的副本实体，到处是可以模仿的声音，可以复制的舞步。"[1]那一场接一场的饭局，就是一场又一场的偷情。康总、徐总、丁老板、钟大师、林太古太陆太、汪小姐、华亭路小琴、小开、青岛秦小姐、新加坡人等，真实姓名的人都被符号化了。这种基于食色的欲望化的生活既是高度流动的，也是高度静止的，小说意义上的"人"不复存在，生命的成长已然终结，一切支离破碎，狰狞可怖——在腥气阴森的汪小姐的故事中，她怀上的不是孩子，而是双头蛇般的怪胎，对于欲望的追逐最终让人沦为兽，欲望的故事最终必然走

---

① 程德培：《你讲我讲他讲，闲聊对聊神聊——〈繁花〉的上海叙事》，《收获》2012年秋冬卷。

向虚无。临终前的小毛像一个濒死的哲学家一样慨叹，为一代人作出了总结："上流人必是虚假，下流人必是虚空"，无疑是对欲望现实的深刻批判与鞭挞。

二、世俗欲望中的上海女人

《繁花》塑造了一批缱绻细腻、痴迷沉醉，风骚绝情、哀苦悲凉的女性形象。她们既荡气回肠、柔美温润，又自私放荡、变态愚昧；既风情万种，散发钻石般的高贵光华，又自然素颜，释放出霜叶似的繁花欲谢。作者对女性的想象方式、描述方式以及女性的人性内涵、文化意味、历史意蕴等，都有深度的挖掘；而在美学的范畴上，则是一种繁花落尽，悲凉丛生。

雪芝精致而优雅，含蓄而婉约，散发着一股淡淡的幽香。作者以古典口吻形容她是"吐露温婉，浅笑明眸"，"像从古典时代穿越到上海的少女，喜欢临帖、打棋谱、集邮，称呼对联为'堂翼'"。① 她既像是一轮妩媚的月亮，又似一颗耀眼的星辰。那么栩栩如生，气韵生动："雪芝背了光，回首凝眸，窈窕通明，楚楚夺目，穿一件织锦缎棉袄，袖笼与前胸，留有整齐折痕，是箱子里的过年衣裳，蓝底子夹金，红、黄、紫、绿的花草图案，景泰蓝的气质，洒满阳光金星。"作者对雪芝的描写，就像雕琢一件艺术珍品，反复渲染，让雪芝在小说中就是一个活灵活现的真实的人，可感可触。这就像是一处隐喻：对于现代的上海人，古典时代是幸福的时代，"世界广阔无垠，却又像自己的家园一样，因为在心灵里燃烧着的火，

---

　　① 黄平:《从"传奇"到"故事"——〈繁花〉与上海叙事》,《当代作家评论》2013年第 4 期。

像群星一样有同一本性"。① 借用特里林在《诚与真》中的论述，那是现代之前的时代，是自我尚未分裂的时代，是高于"真实"与"真诚"的时代。在古典的秩序中"心灵的每一行动都变得充满意义"。② 然而，由于父亲的反对，哥哥的阻挠，当雪芝与阿宝最终分手时，小说那段回归古典式的写法，既满含深情，又极为感人：

> 雪芝靠近一点，靠近过来。阿宝朝后退，但雪芝还是贴上来，伸出双手，抱紧了阿宝，面孔紧贴阿宝胸口。阿宝轻声说，松开，松开呀。雪芝不响，阿宝说，全身是油。雪芝一句不响，抱紧了阿宝。阳光淡下来，照亮了台面上，阿宝寄来的信。雪芝几乎埋身于阿宝油腻的工装裤，轻声说，阿宝，不要难过，开心点。雪芝抱紧阿宝。复杂的空气，复杂的气味。阿宝慢慢掰开雪芝的手，朝后退了一步，仔细看雪芝的前襟与袖口。

感动总是和"爱"与"恨"这类笼罩在"上帝"世界中的永恒主题相关。在"上帝"即核心价值维系的世界里，个体和他人是被联系的，我们能够感知陌生人的喜怒悲欢。有意味的是，小说的结尾，少年时代的繁花近乎枯萎，作者却又布施了一点希望，雪芝和阿宝经历了各自人生的历练，在凝滞的中年似乎又出现一丝可能："此刻，河风习习，阿宝接到一个陌生电话，一个女声说，喂喂。阿宝说，我是阿宝。女声说，我雪芝呀。阿宝嗯了一声，回忆涌上心头。阿宝，低声说，现在不方便，再讲好吧，再联系。"尽管雪芝已然嫁作商人妇，我们也能感觉到一个生命在孤寂黑夜的世界的挣扎和栩栩跃动以及激情的暗暗涌动、澎湃。在婚姻问题上，她听从了家庭的安排而没有与心爱的阿宝结合。在她给阿宝打来电话的那一瞬

---

① [匈] 卢卡奇：《小说理论》，燕宏远、李怀涛译，商务印书馆2012年版，第1页。
② [匈] 卢卡奇：《小说理论》，燕宏远、李怀涛译，商务印书馆2012年版，第2页。

间，我们被深深触动的还是雪芝对商人妇的深深失望，对自身凄迷生存境遇丧失精神、欲望支撑的双重悲凉，以至她最终被阿宝怜惜。雪芝的形象透射着一股哀艳凄恻的颓靡之气，既给人一种凄楚之美，"也给世界和社会生活的行为以意义"。①

姝华美丽而智慧，文静而儒雅。她的悲剧，是"文革"的灾难，也是命运的悲凉。姝华是"文革"时代少有的有自己独立思想的年轻人。她既喜欢"政治书，灰布面《列宁全集》、咖啡面子《史达林全集》"，而且"书橱比较杂，航空技术资料，关于船坞，军舰，军港码头，吃水线，洋流气象种种名目，俄文版多"，又爱好"苏联小说"，《士敏土》《三个穿灰大衣的人》《拖拉机站站长与总农艺师》，"阿尔志跋绥夫著《沙宁》"，肖洛霍夫的《顿河故事》；既喜欢法国作曲家儒勒·马思南的曲子，又熟悉长篇传记《杰克·伦敦传》、旧报等。姝华思想的形成与她当时大量阅读老书、外国书有直接的关系。可在"文革"破四旧的革命年代，大量地阅读老书、外国书，是会给自己带来灾祸和不幸的，沪生很早就意识到这一点，并对姝华表现出极大的担心。他不方便告知姝华，便嘱咐小毛，一旦姝华来信，就"劝劝姝华，少看老书、外国书"。结果，到了知青下乡的时候，姝华就被发派到了遥远的吉林。在吉林，姝华嫁给了一个当地朝鲜族男人，并且成了三个孩子的母亲。等到沪生在车站偶遇姝华的时候，姝华的精神已经失常："沪生一看，一个披头散发的女人，手拎人造革旅行袋，棉大衣像咸菜，人瘦极，眼神恍惚。沪生定睛一看，叫一声说，姝华，女人一呆说，是我呀，这是啥地方。沪生说，此地是上海公兴路，姝华说，无锡火车站关我进去，现在放我出来了。沪生闻到姝华身上一股恶臭。"尽管作者并没有交代姝华到吉林后有什么痛苦的遭遇与灾难的不幸，但从沪生再次见到姝华时她精神错乱的状况，就完全能够想象得到，下乡

---

① ［加］查尔斯·泰勒：《本真性的伦理》，程炼译，上海三联书店 2012 年版，第 3 页。

插队这些年姝华的肉体与精神受到多少无情的摧残。同样，穿着考究的大妹妹，也是多么优雅而幸福！她与兰兰像"两只雌蝶"，"飞到马路上"，引来雄蝶，还惊动了警察。她就是那么放肆、活泼、可爱。可是，这个"当年是蝴蝶到处飞，结果飞到安徽，翅膀拗断，守道了，生了两个小囡，几年前调回上海，完全变了样，过街楼下面，摆一只方台子，两条长凳，平心静气卖馄饨，卖小笼包，不戴胸罩，挂一条围裙，大裤脚管，皱皮疙瘩，头发开叉，手像紫爿，每日买汰烧，已经满足"。想当年，这位穿着打扮骨子里都考究，得知分配到安徽要穿大裤脚管裤子都感觉生不如死的大妹妹，终于完成了人生宿命般的"改造"。人生几何？难以预料。有的人能自己驾驭人生，有的人只能听从命运摆布。

李李是新一代风尘女子的典型形象。她漂亮而残忍，迷惘而刚烈。李李年龄不大，就被自己的小姊妹小芙蓉诱骗到中国澳门。尽管她百般的反抗，但终于被强制性地在身上刺了青："李李说，脐下三寸，一行刺青英文，'FUCK ME'。翻译过来，我不讲了，另外一枝血红的玫瑰花，两片刺青叶子，一只蝴蝶。"后来回到内地，通过整容手术下半身玫瑰连同字样的刺青已被消去，意味重新做人。当阿宝在她居处初度良宵时，看见一大堆"旧缺残破"的洋娃娃，便引出了她如何在澳门堕入风尘的往事："男男女女，大大小小，塑料，棉布洋囡囡……或者比基尼外国小美女，芭比，赤膊妓女，傀儡，夜叉，人鱼，牛仔，天使……断手断脚，独眼，头已经压扁，只余上身，种种残缺，恐怖歌剧主角，人头兽身，怪胎，摆得密密层层。"李李讲她为何收集这些洋娃娃，起初到香港等地作陪酒女，后来到澳门被迫接客，从前的说法是落了火坑，脱不了身，留下记忆，见证她永久的伤痛。当说到她在沦落之际，发现一个大纸箱，"里面有各种各样，大大小小洋囡囡，应该是以前姊妹遗弃的宝贝，原本带到身边、枕边，宝宝肉肉，放进行李，带进此地，也许是哭哭啼啼拿出来，天天看，天天摸，天天掐。弄得破破烂烂。"我们终于明白这些洋娃娃浸透着集体记忆，新一代风尘女子的悲歌。李李在阿宝怀中痛忆堕落风尘的往事，阿宝不由得讲起她心中的天堂真相：

> 阿宝说，佛菩萨根本是不管的，据说每天，只是看看天堂花园的荷花。李李不响。阿宝说，天堂的水面上，阳光明媚，水深万丈，深到地狱里，冷到极点，暗到极点，一根一根荷花根须，一直伸下去，伸到地狱，根须上，全部吊满了人，拼命往上爬，人人想上来，爬到天堂来看荷花，争先恐后，吵吵闹闹，好不容易爬了一点，看到上面一点微光，因为人多，毫不相让，分量越来越重，荷花根就断了，大家重新跌到黑暗泥泞里，鬼哭狼嚎，地狱一直就是这种情况，天堂花园里的菩萨，根本是看不见的，只是笑眯眯，发觉天堂空气好，蜜蜂飞，蜻蜓飞，一朵荷花要开了，红花莲子，白花藕。李李说，太残酷了，难道我抱的不是阿宝，是荷花根，阿宝太坏了。阿宝抱了李李，觉得李李的身体，完全软下来。

上海，就是造在地狱上的天堂。于是，阿宝与李李"两个人慢慢倒到床垫上。房间四面完全黑暗，顶上同样深不见底，而此刻，忽然春色满园，顶棚出现一部春光短片，暗地里升发的明朗，涨绿深烟，绾尽垂杨。黑暗里，一切是皮肤，触觉，想象。"李李心中那复仇的火焰也是残忍的。她找人对小芙蓉采取了极端的报复手段："前十天的清早，我已经得知，小芙蓉彻底消失了，应该是现浇混凝土，小芙蓉已经浇到地底深处，不会再哭，再抽香烟，再说谎了。"这表现出李李内心深深的残酷。但她又意识到自身内心难以救赎的罪。"当然，这是我一生中最大罪孽，但问心无愧，我必须让小芙蓉彻底消失。"直到小说的结尾，李李突然皈依佛门，邀请朋友见证她落发为尼、撒掉红尘的过程，主持的方丈是个和尚，李李落发后离众人而去。阿宝"看李李的背影，越来越远，越来越淡薄，微缩为一只鸟，张开灰色翅膀，慢慢飘向远方……但现在，阿宝双拳空空。庵外好鸟时鸣，华明木茂，昏暗走廊里，李李逐渐变淡，飘向左面，消失。"空虚而迷惘，凋敝又悲凉。

梅瑞是一个喜新厌旧、见异思迁的上海女人。她最早的男朋友本来是沪生。"沪生经常去新闸路，看女朋友梅瑞。两人是法律夜校同学，吃过几趟咖啡，就开始谈。""八十年代男女见面，习惯坐私人小咖啡，地方暗，静，但有蟑螂。一天夜里，两人坐进一家小咖啡馆……梅瑞的身体，也就靠过来。"有时"看电影，逛公园"；有时"刚刚一抱，""沪生感觉到梅瑞身体发硬，发抖"。之后，不是经常去"吃点心"，"荡马路"，就是"沪生再送梅瑞进弄堂，独自回武定路"。但是，梅瑞在与沪生的好朋友阿宝结识之后，或许阿宝是一家私人公司老总的缘故，她对阿宝产生了浓厚的兴趣。竟然对沪生说："我第一趟看见宝总，就出了一身汗，以后每趟看见宝总，我就出汗，浑身有蚂蚁爬，一直这副样子，我不想再瞒了……梅瑞说，我已经想好了，我要跟定宝总，毫无办法了，我崇拜实在太深了。"其实，阿宝内心里深藏着蓓蒂，沪生又是他的好朋友，最终肯定无果而终。此后，她虽然与北四川路"有房子"的男朋友结婚成家，但却又与康总"一切默契非常"，康总带着梅瑞，不是去"江南晓寒，迷蒙细雨，湿云四集"的乡下度假，就是与康总进了"雨迹滞檐，芭蕉滴动"的"绿云"茶坊。梅瑞又嫌弃"宝总"了，说"宝总，也就是一般生意人，普通上海男人，康总随和多了"。于是，她与康总的感情就像"那灯短夜长、老床老帐子，层层叠叠的褶皱，逐渐变浓，变重，逐渐模糊"。最后，梅瑞彻底地卷入了与自己姆妈、小开三人之间感情与生意纠葛的复杂缠绕之中。小开是梅瑞姆妈的前男友，两人在20世纪80年代久别重逢，二人旧情复燃，梅瑞姆妈和丈夫离婚后嫁给了小开。没想到的是，与梅瑞姆妈成婚后的小开，却对梅瑞发生了浓厚兴趣。就这样，梅瑞母女二人与小开就发生了某种感情与生意的复杂纠葛。结果，梅瑞被自己母亲骗，被母亲的继任丈夫骗，万贯家财瞬间灰飞烟灭。"梅瑞说，沪生，我老实讲，梅瑞我现在，已经全部坏光了，西北流水线，加上连带项目，小开融资，圈款子的情况，已经漏风了，捉了不少人，估计要吃十多年牢饭。沪生一吓。梅瑞抽泣说，现在，我全部坏光了，我的面子衬里，样样剥光，我等于，是一个赤膊女人了。"最后，她只能寄人篱下，看前夫和前婆婆脸色过日子。多么凄惨，多么尴尬。梅瑞这样一个执着于物欲的追求者，到头来面对的只能是一种样样被剥光的悲剧性结局，成为上海滩一个女瘪三。汪小姐更是一个朝三暮四的风流女人。她跟梅瑞争夺宝总、跟李李争夺徐总、跟苏安争夺徐总……凡此种种，单纯用情感是无法解释的。她去常熟游玩与徐总在罗生门式的一夜情后怀上了孩子，而且要坚持生下孩子。孩子的父亲不知是现任老公还是徐总，老公离婚，徐总回避，为了给孩子一个合法身份，汪小姐跟小毛假结婚，而这个在一团矛盾中来到的孩子还没出生就被查出是一个怪胎。人生有多少难堪，但只要一想到是自己拎不清，送上门去给人占便宜，借着生二胎的机会出轨，背叛丈夫，其凄凉的结局是不言而喻的。

三、温润宁静的上海男人

《繁花》塑造了一批不急不躁，坦荡自然；温和随性，努力向上的都市男人，但却也是一些缺乏深度内心生活的人。他们中既有万贯家私者，又有技术精湛的人；既有"上只角"的上海少年，又有"下只角"的都市瘪三，但整体上却没有一个担得上叱咤风云的威名。他们淡泊名利，随遇而安；潇洒率性，互相体谅，是一批既挣扎又放任的上海男人。

阿宝、沪生是贯穿全书的主要人物。阿宝出身于一个资本家家庭，他的祖父可谓拥有家财万贯。他遭遇"文革"，只能夹着尾巴做人。沪生出身于一个军人革命干部家庭，如此一种在革命时代非常骄傲的出身。遭遇"文革"，也只能打入另册。如果对照阿宝、沪生的童年与成年，他们的潜意识没有历史，潜意识的压抑就是高度的历史化——正是"文革"的暴力，冲击着阿宝一代人童年的消逝。"人"与"上帝"的解约，正是"文革"的结果——不仅体现在阿宝的口头禅"我不禁要问"，"文革"腔调的语言铭刻在灵魂深处；更是在精神分析的意义上体现在"父亲们"的缺席中。因此，"文革"对于秩序的颠倒，导致阿宝、沪生对于"父之名"的秩序认同混乱。而且，阿宝、沪生爱恋的女孩，无论姝华、蓓蒂，还是雪芝，都是文静、精致，带有冬妮娅气质的，而这种"爱"也被"文革"所禁止。故而，无论对于"父亲"的认同，还是对"爱"的渴念，都被"文革"压抑了。这就使得阿宝、沪生对于世界是冷冷地观望。他们无法进入"语言"世界，他们无法言说，只能沉默。正如梅瑞所说，沪生结婚大半年，老婆跑到国外不回来，沪生肯定有生理毛病。而阿宝，梅瑞怀疑他有心理问题，因为两人一直有联系，到关键阶段就装糊涂。由此也可以看出两位的生活态度，都在有意无意地逃避那个世人所趋之若鹜的"正常"。进入 20 世纪 80—90 年代，阿宝成了老总，沪生当了律师。他们仍流连于各种各样的聚会宴席，也应了小说以对话为主要呈现方式，人生就是旁听侧谈。但阿宝与香港哥哥通信，收集香港风景明信片、电影说明书、集邮，听蓓蒂弹钢琴，来往的弄堂里的资产阶级小姐的一批朋友"吃得好，穿得好，脚踏车牌子不是'三枪'，就是'兰苓'，听进口唱片，外方电台"。而沪生是个外来者，他及家庭的存在和上海这座城市没有多少文化上的血缘联系，离上海的原汁原味总隔着一层。他对追过他爱过他的女生，基本采取不主动、不拒绝、不负责的"三不主义"，也没有为这些关系努力过，也从不责怪对方。相反，当对方有难，如姝华精神失常回到上海，他碰到会小心照顾；梅瑞最终落魄也是沪生来安慰，提供金钱资助。作者这就把他们这些生性懦弱、随遇而安、缺乏担当的人，描述成了有胆有识、有情有义的好男人。可见，《繁花》的表面化，不是一个偶然的选择，而是历史的结果。小说解构了人物的深度模式，拒绝对于内心世界的追问。在小说的结尾沪生和阿宝站在苏州河畔，沪生问道："阿宝的心里，究竟想啥呢？"阿宝笑笑，大家彼此彼此；当然，也"搞不懂沪生的心里，到底想啥呢"。在90年代的故事里，他们无论穿越怎么热闹的生活，骨子里也是沉默的，这份内心的沉默也维系着成年的阿宝和沪生唯一的尊严。正如有评论说的，"沪生和阿宝其实也混得不怎么样，人前没有多少风光，背后同样有很多心事和烦恼，但作者总是把他们写得体体面面，懂世故，知人情，不卑不亢"。[①] 从而"构成了小说的经纬，搭起了整部小说的框架"。

如果说，小毛是一个流氓无产者；那么，陶陶就是地摊暴发户。小毛是工人家庭出身，他父亲曾经是电车司机、上钢八厂工人。由于工人阶级家庭，他不曾受到"文革"的影响。于是，他不由自主地陷入了一种过于自由的处境中，他的欲望也因没有约束而沸腾，竟然与一个比他大的有夫之妇长期通奸。只要小毛坐到理发店里，就感受到楼上"银凤的热气直逼下来，滚烫，贴近小毛，枕头一样的蓬松前胸，丝绵一样地软弱呼吸……"谁知，他与邻居、海员的妻子银凤偷情，全被二楼爷叔偷看了去，银凤受到威胁与小毛突然断了关系。小毛在不明原因分手后，又跟沪生和阿宝产生误会，伤心大恸，决定拗断与二人的友情，彻底离开原来的生活环境和友情世界。于是，小毛在母亲的安排下，与春香结婚，春香像是耶稣送来的一个搭救他的女人，让他走上了一条循规蹈矩的庸常生活。春香在小毛处境困难的时候突然降临小毛的生活，琴瑟相和，过了一段神仙眷侣的生活，在与沪生、阿宝拗断的时光里，春香一直安慰小毛。其实，他跟沪生、阿宝的决裂看起来与其情人银凤有极大关系，但实际上真正让他

---

① 陈亚亚：《春与繁花俱欲谢，愁如中酒不能醒——〈繁花〉中的性别意识解析》，《中国图书评论》2014年第3期。

伤心的并不是银凤的翻脸无情，而是痛感结义弟兄对自己的心境毫无体会，在背后调笑。自小毛娶了春香，对银凤日益淡忘，但沪生、阿宝在他的心目中一直不可抹去。知夫莫若妻，一个对丈夫深爱的女子是能体会到的，即使丈夫对此缄口不言，春香也会感觉出来的。于是，她多次暗示乃至明示要请沪生和阿宝来玩，就是在临死前还嘱咐："老公太孤单了……老公要答应我，不可以忘记自家的好朋友。"结果，春香死于难产，留下小毛单身一人。就在小毛病重后，阿宝和沪生恢复了跟小毛的联系，小毛断断续续地说，我只想摆一桌饭，请大家笑笑谈谈。这既是上海城市生活中闪耀的韵致，也是记忆中一种跳跃的精神。小毛就是这样一个时刻关心别人的人。他不仅住在三层阁楼时，经常替别人排队买电影票，一早到"红房子"排队领吃饭的"就餐票"；替自己家摆砖头，排队买菜，买记卡供应的豆制品、生煤炉；就在知青回城潮中，他非常讲义气，代人拍 X 光片，"一个月吃了七八次的放射线，命还要吧"。即使到了光棍一个，当汪小姐为了一个风流孩子能顺利生下来，要与小毛假结婚，等待孩子生下来办好户口，再离婚，他又一口应承下来。这真是一个放荡而又有爱心的人。在作者笔下他既是一个魔鬼，又是一个天使。陶陶则是小说中在变革年代鱼龙混杂、沉渣泛起的"八卦性质的主角"。他在菜市场摆地摊，卖大闸蟹，是一个生意场上的暴发户。发了的陶陶开始玩起了追梦一族的风月宝鉴。不仅"以前几把女人的钥匙，一般预先放于后垫，花盆下面，牛奶箱顶上，有一把，是包了报纸，塞到门旁脚踏车坐垫里，想出这个办法的女人，事后证明，确实心思缜密"。而且，他还在芳妹、潘静的三角纠葛中，既有投怀送抱，又有假戏真做；既有有情无缘，又有虚假莫测。后来陶陶又在夜东京遇到小琴，陶陶终于发现小琴让他欲罢不能，他又要离开芳妹，和小琴厮守、私奔。恼羞成怒的芳妹与陶陶展开了拉锯战，家庭大战，一幕幕闹剧上演，陶陶乐在其中不疾不徐，芳妹终于同意离婚，陶陶获得自由身，如愿以偿抱得美人归，不想乐极生悲，小琴跌落阳台殒命，陶陶从警察那里看到小琴的日记，原来自己幻想的好女人与爱情都是镜中风景，折腾到最后，居然是一场空。这就是那些缺乏素质的暴发户沉迷声色的必然命运。

阿宝父亲是一个积极投身革命而被扭曲性格的失败的革命者。他父亲是资本家，"这种出身直接导致他一生经历坎坷和复杂。但他却不因为自己的出身就放弃希望，反而积极参加革命。这个曾经的革命青年，看不起金钱地位，与祖父决裂。爸爸认为，只有资产阶级出身的人，是真正的革命者，先在上海活动，后去苏北根据地受训，然后回上海，历经沉浮。等上海解放，高兴几年，立刻审查关押，两年后释放，剥夺一切待遇，安排到杂货公司做会计。"这是一个革命者，却得不到革命的认可；这是一个资产阶级的叛逆者，却又在历次运动中被划入资产阶级阵营。"文革"开始，阿宝父亲更是在劫难逃，"每到夜里，阿宝爸爸像是做账，其实是写申诉材料"。天天都得挂着认罪书，自觉接受思想改造。成年累月沉迷于写申诉材料，写检查，写交代，内心却生活在遥远的革命岁月。"在祖父眼里，阿宝爸爸吃辛吃苦，革到现在，有啥名分好处吧。"可是，这种长期"被革命"的革命经历，在很大程度上扭曲了阿宝父亲的正常心性。如此一种被扭曲的状况，在对待小儿子的态度上，"阿宝说，我想去香港，将来做贸易。阿宝爸爸说，资本主义一套，碰也不许碰。"阿宝爸爸一开口，就是一片正气凛然。后来又极其鲜明地表现在对待从香港回国探亲的哥哥嫂嫂的身上。面对儿子送上的钞票、香烟和药品，他一样不要，斩钉截铁地统统退回去。"不要忘记，我以前做地下工作，有警惕心。"哥哥说，我晓得。阿宝爸爸冷笑说："得不到详细情报，哪里会晓得我有胃病，有风湿，肩胛有老伤。"怀疑儿子是间谍，并把他们赶出了家门，唯恐惹祸上身。后来，才会有小阿姨的激烈反应："姐夫，神经发作了，阿姐还未回来，亲骨肉还未看到，真是铁石心肠，脑子让汽车轮盘轧过了。阿宝爸爸不响"。难道说阿宝爸爸果然就是无视亲情的铁石心肠么？一句"不响"隐隐地透露出了他内心的些微悸动。但有一点是不容否认的，那就是阿宝爸爸对于亲情的决绝姿态，无疑是所谓革命思维对正常人的一种扭曲异化。不过，他也并非不近人情，平反之后，阿宝爸爸遇见的老上级欧阳先生和黎老师的遭遇，都不可不谓惊心动魄、撕心裂肺。后来又寻根访幽地一个一个去探望从前老同事老朋友。尽管他对要归还的思南路洋房没有兴趣，但为阿宝将来结婚着想，态度软了下来。阿宝的爸爸就是这样一个立体而又复杂的人物。而阿宝的祖父，曾是一个雄心勃勃、精力充沛、刚毅果敢，既有现代科学经济管理才能，又有法兰西资产阶级那般轰轰烈烈功绩的资本家。公私合营后主要靠利息。"祖父唯一的作用，是掌握银箱。只有这个小地方，可以保存原样。"三年困难时期，"这幢大房子，每星期消耗鸡鸭蛋品等，是黑市最紧俏物资。海外亲戚不间断邮寄食品到上海，包括十磅装富强粉，通心粉，茄汁肉酱，听装猪油，白脱，咖啡，可可，炼乳"，阿宝眼里的祖父，是由具体的物质文化烘托起来的一种文明的象征。

四、上海叙事的语境、结构与韵致

《繁花》给中国当代文学的艺术启示，就是叙事语境的上海方言，以及方言本身附着的历史内涵。结构的独特，则是摆脱了小说的常规套路，达到了大俗大雅，不露雕琢之痕迹；不惊不乍，内敛含蓄之境界。都市叙事神秘氛围的创造给小说带来了一种混沌、梦幻、沧桑感；而宴会、K房、服饰则写出了上海的味道与色彩，激活了上海的体温与脉象。它传统而又迥异，创新又有延续。

《繁花》最具特色的是短语，三至五言，甚至一言，精准、简洁、朗朗上口。既是电报式的，又像词曲；既非常口语化，又富于诗意；既有平实的叙述，又有简练的对话；既有节奏感，又阅读方便。它"使日常生活场景似有一种舞曲在轻轻伴舞，艺术化了"；它使世俗生活在文学眼光的观照下带上了诗词曲牌的韵味，雅致化了。这种语言艺术的自觉，有话本小说的遗风，也有西洋文学的影子，它是中西融汇的结果。这种语言的创新，显示着一种新的语境、新的文化的生成。小说中，"阿宝说，旧书里讲花，就是女人，比方'姚女'，是水仙花，'女史'，也是水仙花。'帝女'，菊花。'命妇'，重瓣海棠。'女郎'，木兰花。'季女'，玉簪花。'疗愁'，是萱草。'倒影'，凤仙花。'望江南'，是决明花。'雪团 '绣球花……蓓蒂说，赞，还有呢。阿宝说，法国梧桐，做四方联"等，像电报，又像词曲，句短、字小，自然、贴切。上海方言，更是魅力无穷。从张南庄到周天籁，从韩庆邦到王安忆，都曾用过方言，结果不是阅读受到影响，就是重新回到普通话上。《繁花》则"采用了上海话本方式，也避免外地读者难懂的上海话拟音字，显现江南语态的叙事气质和味道，脚踏实地的语气氛围。小说从头到尾，以上海话思考、写作，最大限度地体现了上海人讲话的语言方式与角度，整部小说可以用上海话从头到尾，不必夹带普通话发音的书面语，却是文本的方言色彩，却是轻度，非上海语言读者群完全可以接受"。① 小说中有原汁原味的"又赖三""摸壳子""轧三胡""我有事体""瞎三话四""放软挡""条脉""拗断""老派"；也有改造过的，把"标劲"改为"膘劲"，"氽浴"改为"汰浴"，"写意"改为"适意"，"邪气"改为"霞气"。有暗用方言，"橄榄屁股"，"黄鱼脑子"，"叫花子吃蟹，只只鲜"，"拾到皮夹子"，"铁板新村"；也有肢体语言，"挺尸"，"死腔"，"脑子进水"，"吃酸"，"死蟹一只"，等等。读着这些会有一种舒缓、温润、柔婉、俏皮、性感等一并涌来，那欲言又止，一语双关；那调情与调笑、挑逗与风流的腔调、语序、声调别有韵味。叙述语言的诗化，表现为语言

---

① 程德培：《你讲我讲他讲，闲聊对聊神聊——〈繁花〉的上海叙事》，《收获》2012年秋冬卷。

的音乐性、新奇而含混的隐喻、象征和暗示，造成与日常语言、传统文学语言的疏离效果而产生特别的审美感觉和深邃意味。它有异域语调与白描式语言神韵的交相杂糅，直觉、意识流动、隐喻魔幻等语言表达方式激活了的语言光芒，形成了金宇澄所特有的都市话语风格。既有华丽、婉约、神秘、轻曼的语句，也有典雅、洗练、传神、柔和的语式。"窗外，似开未开的油菜花，黄中见青，稻田生青，柳枝也是青青，曼语细说之间，风景永恒不动。春带愁来，春归何处，春使人平静，也叫人如何平静……小舸载酒，一水皆香，水路宽狭变幻，波潾茫茫……四人抬头举目，山色如娥，水光如颊，无尽桑田……船到了林墅，眼前出现一座寂寞乡村，阴冷潮湿。"这里，作者对每一个字词的选取斟酌，是无一字无来历。作为景色描写，也是极高品境的文字了。它诉诸听觉，体现为一种纯熟的典雅，有韧性，也有弹性；有自己的声音，也有诗意的表达。

《繁花》交叉穿插的叙事结构，既是一种浓缩而凝聚、散落而纷繁的叙事风格，也是一种复杂而精巧、新颖而别致的结构形态。全书共三十一章，前二十八章当中，单数章，叙述的是 20 世纪 60—70 年代的故事，是一条线索，各章的题号用繁体字标出。它代表过去时、代表了一个沉重的时代。60—70 年代的上海，在从一个旧时代向新时代的转换过程中，其都市性被逐渐消解了。作者呈现的尽是一些琐碎的日常生活，却带有沉重的追问。从蓓蒂到阿婆的消失，到姝华的疯癫，再到阿宝一家、沪生一家的生活变迁，没有一件事情让我们变得轻松愉快。作者使用了大量的笔墨描写了消失的钢琴、古诗、家庭舞会和青年人懵懂的爱情，象征了尊贵与高雅的沦落和在沧桑中对某些珍贵事物的缅怀。当然，市民生活虽然粗鄙，却处处闪耀着高雅的光芒。而偶数章，叙述的是 80—90 年代的故事，是另一条线索，其标题使用都是目前国内通用的简体字。而简体字则代表了一个轻佻的时代。80—90 年代的上海是一个都市重建的时代，那时的社会生活，一方面迫使人们追求即时的满足，另一方面又强迫所有的人把满足的实现无限推迟。功利主义所持有的那种贫血的幸福观，"从上世纪八九十年代开始滋生并蔓延。在许多人眼中，幸福是指日可待，根本不成问题的概念，幸福就是快乐。"①随着商业化大潮所兴起的是无聊和无止境的欲望，一切都赤裸裸地简化了。这种城市生活在华丽的旗袍覆盖之下逐渐渗析出新腐的意味。同时，小说偶尔也运用历史时来展开叙事，采用插叙闪回的方法。比如阿婆嘴里太平天国时候的天王府，1967年沪生陪姝华去看一百年前意大利人种在中山公园的梧桐，50年前的阿宝父亲的地下工作，欧阳先生一口40年代的上海腔，现实中的沪生一面与陶陶一起聊天，一面开始回忆过去的时光，想到的是和前女友梅瑞交往的情景等，这里运用的历史时的表现手法，既是对现实生活与人物塑造的补充，也是对传统的、容易被读者理解而方便运用的客观现在时的深化。历史就细化在此时此刻你一言我一语的对话中，而不是在那些事后编织好的结构框架中。到了二十八章以后，两条线索合二为一直至尾声。小说的最后几章，随着小毛的死去，李李的出家，梅瑞的落魄和汪小姐腹中怪胎的酝酿，而那一对如期而至的法国青年却和沪生、阿宝在苏州河边上不着边际地讨论着电影剧本的真假与生死，阿宝突然接到旧情人雪芝的电话，藕断丝连，让读者顿生悬念。虽然纯真高雅的年代彻底结束，所谓海上繁花也烟消云散。尽管如此，这些结尾毕竟显得太重、太悲凉。为何那些小人物不得善终，而让那些老总，无论徐总、康总还是陆总，都还好好活着呢？它或许如阿宝说的，"人等于动物，有人做牛马，天天吃苦，否则吃不到饭；有人做猫跟蝴蝶，一辈子好吃懒做，东张西望，照样享福。"何尝不是一种人生的宿命，世俗的哲学？

《繁花》神秘氛围的创造，是一种酌奇却不失其真的艺术手段。神话的艺术创造。"神话是以神为叙事中心的话语交流，它表征着人类的原始

---

① 程德培：《你讲我讲他讲，闲聊对聊神聊——〈繁花〉的上海叙事》，《收获》2012年秋冬卷。

思维观念，是人类文化生活的一种隐喻和象征。它服务于宗教信仰、风俗和艺术，满足于人们对一切神秘事物的好奇。"①这既是一种宗教信仰和图腾崇拜，也让生活回到了它的神秘而混沌的存在之中。小说中蓓蒂的故事，"完全乱梦堆叠，看见裙子变轻，分开了，是金鱼尾巴，水池旁边，月光下面有一只猫，衔了蓓蒂，到外面走了一圈，再回来。姝华说，当时，天完全暗下来了，蓓蒂身上发亮。蓓蒂讲，姐姐，我跟阿婆走了。"阿宝则突然想到"小猫叼了蓓蒂，阿婆，乘了上海的黑夜，上海的夜风，一直朝南走，穿过多条马路，到了黄浦江边，江风扑面，两条鱼跳进水里。"阿宝觉得这是神话。但生活并不给出解释，能给出的解释居然是一个梦境一样的"神话"。这一年正好是 1967 年，那么这个美丽的"神话"般的解释，正透露出生活底色的无可解释以及深重的灾难。童话的艺术刻画。童话是具有浓厚的幻想色彩的虚构故事，通过丰富的联想、幻想、夸张、象征的手段来塑造形象，反映生活。其语言通俗、生动，故事情节往往生动可爱、引人入胜，一般童话有很多自然的物，如会说话的动物、精灵、仙子、巨人、巫婆等。《繁花》那世俗的日常，旧生活的痕迹，时代的特征，像一种阴影落在它的字里行间而不肯离去，就是童话。它将恐惧人性化，就像那个时代使人变得恐惧一样，但它的简化是如此惊人。比如蓓蒂与阿婆之间并没有血缘关系，但这类似主仆的关系又胜似一切关系。阿婆最辉煌的故事就是自己的外婆在南京的天王府宫女及带着黄金逃难，绍兴家乡的老坟则是她唯一的牵挂。但当阿婆 1966 年带着蓓蒂和阿宝来到家乡时，"老坟，真真一只不见了"，"1958 年做丰收田，缺肥料，掘开一只一只老坟，挖出死人骨头，烧灰做肥料"。蓓蒂的父母则参加社教运动，有人举报收听敌台回不来了。唯一可以相伴的钢琴在"文革"中被抄家抄走了。这一少一老的社会边缘者转眼间成了被遗弃者，无处安身的流

---

① 李咏吟：《审美的创造》，沈阳出版社 1999 年版，第 199 页。

浪者。她们只能生活在彼此不断重复的梦中，蓓蒂做梦看到阿婆变成一条鲫鱼，而阿婆的梦看见蓓蒂变成一条鱼，直到最后她们都突然失踪了，她们的故事就是一个"冬天里的童话"。"不响"的艺术效果。"不响"的意象是莫测万端的。有不悦、尴尬、装糊涂、耍无赖、不赞成、不认同、不方便，也有无趣、忍耐、逃避、不感兴趣、高高挂起、道貌岸然等。它在不同的语境中，传达出不同的意义，既能产生一种神秘莫测的氛围，起到引领场景和情节发展的作用；又能把说话者、叙述者的神态准确地传达出来，在叙事脉络中各有具体意涵。作为一种修辞手法，"不响"可省却多少笔墨。小说的题跋："上帝不响，像一切全由我定……"一个"上帝不响"就是一种神奇的氛围笼罩了整个世界。所有人物、所有场合，任何叙述、任何做法，都成了一个谜，沧海茫茫，无边无垠。又如第八章写阿宝、李李、汪小姐等一起去常熟徐府玩。后来汪小姐喝醉，徐总陪她上楼休息，再无动静，其余的人在天井里喝茶，听评弹。曲调悠扬，吴语缠绵。这一段里，"李李不响"用了三次，"苏安不响"用了四次，它既把矛盾交代清楚了，却又暗藏玄机。

《繁花》的饭局、K 房、服饰艺术，有上海内在的活动与神采，也呈现出丰富多彩的生活样态和美学趣味。作为上海的都市生活，描写饭局是不可或缺的艺术手段。它既是小说中的重要内容，也是小说讲述的形式。"面对是一张圆台，十多双筷子，一桌酒，人多且杂，一并在背景里流过去，注重调动，编织人物关系。"笑语喧哗中，每个人的言语里都有隐情、有留白。花开数朵，各表一番，一个人的讲述之后另一个人从另一角度讲叙，大故事套着小故事，饭局的流动便是情感的流动。小说描写大大小小的饭局数十场。这些饭局既有没有明确目的的，仅仅为了友谊而请客，为了闲聊而聚会；也有聚会背后充塞着隐秘的玄机和复杂的纠葛，这些聚会和饭局就是人性的舞台、世相的舞台，是人生和世相的交集地。前者如小毛的饭局，他请了少年好友阿宝、沪生两位精英人物，还邀了二楼薛阿姨、招娣、菊芬、兰兰、发廊三姊妹等底层人物。这次饭局在场所、参加人员以及对聊的内容等方面都没有明确的目的，也没有身份的焦虑。他们的神侃、闲聊，有底层人的粗俗，但都不夸张，透着真诚，有人间温暖，有世俗温情。后者如梅瑞组织的宴会，参加者几乎都是"上层人物"。这场宴会功利性十分明确。于是，整场聚会中充斥着争风吃醋、尔虞我诈、鱼死网破和隔岸观火的味道，大有曲终人散尽之势，充分展示了市民生活中大俗与小恶的一面。这些不同类型的饭局或聚会，既把市民阶层的欲望、斤斤计较、自我中心、自我保护、明哲保身等诸种特性表现了出来，又让人有"花花世界，鸳鸯蝴蝶，在人间已是癫，何苦要上青天，不如温柔同眠"那种"人生如梦""天下没有不散的筵席"的感觉。小说K房文化的艺术描写，是对都市世俗化观念的解剖，也是叙事中最集中观看的视角。尽管K房不会有剧烈的外部动作，却有纸醉金迷的感官刺激；不会有心智角斗的刀光剑影，却常常出现精神的恍惚、理性的迷惘与人格的分裂。在K房特有的释放狂欢氛围中，欲望的压抑或舒展是变化多端的。情天孽海、牵丝攀藤、枝节横生，由是繁花朵朵，见人见性。比如老总们在昆山谈定生意后，进K房消遣。陆总虽"五音不全"，却"情绪彻底投入，身体一伏一仰，声嘶力竭，唱到最后蹲于地上，几乎咯血"。"康总觉得，面前就是一个狼人，一个恶魔，喊到极点，唱到身体四分五裂，五脏六腑崩溃为止。"当他见到妈咪带来一个又一个有着丰满的酥胸、裸露的臂膊、穿透明丝袜、不着长裤的小姐时，他对待小姐的那种恶性恶状，浑然一个欲海中浸泡的行尸走肉。可当他见到白裙子小妹时，却又像见到"冰清玉洁"的"天使"，他甚至认为"做家族企业，我都看透了，我完全堕落，一直找这感觉，一直找不见，没想到，这回来南边，碰见了小妹，让我回到少年时代"。虽然小妹已从后门溜之大吉，但这里却有多少阴谋策划，多少迷惘踌躇，多少百无聊赖的叹息，多少醉生梦死的调笑，都在K房这一规定性场景里展开演出，K房就这样成为《繁花》洞察都市文化模式和追踪其发展动向的一个独特的窗口。小说的服饰艺术，既是时尚的标志，也是时代的印痕。时尚作为一种历史现象的出现，它是与时代性紧密联系在一起的。时代的发展，影响不断"逐新"的社会趋向。时尚就是"永恒重生的新"。因为服饰是时尚的物质基础，也是人们身体的延伸。时尚即服装，其款式的变迁，正是历史时代变革的结果与产物。《繁花》特别关照单数章服饰时尚的颤动，如描绘大翻领、小翻领的拉链运动衫，是1967年至20世纪70年代"上海浪蕊浮花最时髦的装束"，1975年市面上时髦喇叭裤，上海女子的装束细节，逐渐变化，既是列宁装，又是江青裙；既是跳舞鞋，又是蓝运动衫。后来是"军装军帽军裤……包括军用皮鞋，骑兵马靴，为服饰新贵，是身价时尚翘楚，也是精神力量信仰的综合标志"。于是，"有人专抢军帽"，"军帽价值，在极短时间内，地位高到极致"。还有那些"红运动长裤、军装拎在手里，脚穿雪白田径靴，照例抽去鞋带，鞋舌翻去鞋里，鞋面露出三角形的明黄袜子"。因上海"上体师"红卫兵一枝独秀，这些军装与运动装的趣味结合，成了20世纪60年代末70年代初上海青年最时髦的装束标本。这种流行既是"革命运动"的遗产，也是一个时代的形象记录。它原汁原味，形象逼真。

第九章

苏童长篇小说《黄雀记》：
魂魄的失落与诗学的幽深

《黄雀记》的故事并不复杂，它以一个"青少年强奸案"为线索，串通"三个不同的当事人"，组成一个艺术的整体。叙述的是"三个受侮辱与损害的人的命运"，背后却"是这个时代的变迁"。它寓意深远，以简御繁；它感伤瑰丽，波澜不惊；它锤炼精华，节制有度；它意境氤氲，神秘奇妙。既有细腻的、柔软的敏锐感受，又有血腥的、寓言化的独特风格；既有轻逸的、飞翔的唯美叙述，又有自由的、沉静的抒情风格，是一部获得茅盾文学奖，被授奖辞称为"写实的，又是隐喻和象征的，在严格限制和高度自律的结构中达到内在精密、繁复和幽深"[①]的长篇小说。

一、一面隐喻现实的时代镜子

《黄雀记》以"香椿树街"为缩影，描绘了一幅中国社会转型期的社

[①] 《第九届茅盾文学奖获奖作品授奖辞·苏童〈黄雀记〉》，《文艺报》2015 年 9 月 30 日。

会民情风景画。它既有变革时代"香椿树街"的崭新面貌，又有"香椿树街"历史遗存的神秘氛围；既有以颓靡的花朵隐喻单个的失魂，又有以命运的叹息暗示常态的失魂；既有那个年代人们心理惶惑的时代记录，又有一种混乱社会现象的精准展示。这是人性状态的隐性画廊、时代生活的一面镜子。

　　小说以"香椿树街"作为文学的想象空间，创造了变革时代一幅深邃的社会生活图画。苏童说，《黄雀记》不仅"故事依旧发生在那熟悉的'香椿树街'"，而且是"香椿树街系列中最成熟、最完整的一部长篇小说"。①"香椿树街"那一幅幅变迁的图景，就是现代社会的一个缩影。祖父被送进井亭医院之后，他的房间虽然仍残留着祖父的气息，散发着昔日的氤氲，神秘而颓落。可一旦装修成"香椿树街"第一家时装店，小说中就出现了这样一幅画面："时装店的面积虽然不大，却尽最大可能浓缩了时代的奢华，堪称时尚典范。墙纸是金色的，地砖是银色的，屏风是彩色玻璃的，柜子是不锈钢的，吊灯是人造水晶的，它们罗列在一起，发出炫目的竞争性的光芒。时尚摩登，夺目耀眼。"随着社会的发展，人们需求的变化，时装店又改头换面，成为一个药店。那门面上的宣传画，又别有一番色情的风味，"一个白种男人在微笑，衬衣口露出黑色的胸毛，一个金发女郎在微笑，比基尼泳装下的肉体散发着湿润而性感的光亮，他们相拥而坐在海边的沙滩上，什么也没做，但看上去刚刚做过了什么"，鲜艳亮光，春心漾动，使混杂在现代光影中的旧街巷充斥着媚俗与不安。此时的"香椿树街"就像失魂的人一样飘摇在现代的无名浪潮之中，不知何去何从，去哪里找寻可以依凭的温暖，它无法避免再次成为罪恶的渊薮。更何况人性并没有变化，反而在时代的驱使下有着越来越强烈的欲望。而且，《黄雀记》作为"成长小说"，其所涵盖的内蕴已达到炽热的浓度。正

---

　　① 苏童：《获奖作家·访谈》，《文艺报》2015 年 9 月 28 日。

如苏童所说："所谓成长小说，大多是变相的自相的自恋的产物，抒发个人情怀来寻求呼应，它的局限在于个人的成长经验是否一定引起回音。"①在获奖访谈中他又说，"《黄雀记》即是这样'一手拿着鲜花一手拿着刀'的作品"，②"所有的人与故乡之间都是有亲和力的，而我感到的是我与故乡之间一种对立的情绪，很尖锐，所谓的南方并不多么美好，我对它则怀有敌意"③。在这里，作者的情感立场，既有温情，又有冷酷；既有同情，又有敌意。因此，我们在《黄雀记》中看到的"香椿树街"，既透射出一种阴郁、浮躁的氤氲，又充满了颓败、复仇的气息。它是一种充满魅力而腐朽的存在。因此，在"香椿树街"这个虚拟的空间还踯躅和游荡、张扬着从"身体诉求"到"精神诉求"的主体萌动与向往。这就是"香椿树街"的共同特点："我所有的成长小说没有一个以完成成长而告终，成长总是以未完待续。"④《黄雀记》中的成长就是对现实变幻的无望与无力的隐喻，它"以毁坏作结局"，"没有一个完善的阳光式尾巴"。

小说描绘了一个神奇的丢魂世界。丢魂意味着失魂落魄，没有了主张，没有了意志，没有了精神元素，人就像行尸走肉。面对时代变动不居、令人费解的巨变，人们似乎都以为：最安全的做法或许在于"失魂"，而失魂又是转折时代人们的一种普遍行为与心理。保润的失魂是因为青春期的性与孤独。"他怀疑自己的魂灵从头脑里坠落，一起坠落到生殖器的区域来了。噗的一声。那魂灵破碎的声音，他听到了。他的魂与别人不一样，它是白色的，有一股淡淡的腥味，具备狡黠善变的形态，它能从液态变成固体，从固体变为虚无，它会流淌，也会飞翔，它从生殖器这个出口逃出去了，他与祖父不一样。他的魂，是被黑夜弄丢了。不，他的魂，是

---

① 《苏童王宏图对话录》，苏州大学出版社 2003 年版，第 88—89 页。
② 苏童：《获奖作家·访谈》，《文艺报》2015 年 9 月 28 日。
③ 《苏童王宏图对话录》，苏州大学出版社 2003 年版，第 106 页。
④ 《苏童王宏图对话录》，苏州大学出版社 2003 年版，第 80 页。

被她弄丢了。"仙女一张照片使他魂牵梦绕，让他丢了魂，让其终生受困。柳生的魂是在水塔弄丢的，柳生精心设计强奸仙女并嫁祸保润，自此心灵背上枷锁而夹着尾巴做人，战战兢兢地在经济改革大潮中沉浮。当仙女回归时，面对自己少年时的罪行，他自我忏悔说："你回来了，我的魂就丢了。"仙女的失魂同样与性有关："仙女想起自己丢失的那段午后的时光，想起那个戴眼镜的男人如何在自己身上蹦来蹦去，大地下沉，耳边回荡着蹊跷的鼓声，她想推开那个男人的腿，偏偏手抬不起来，眼睛睁不开，只觉得自己的身体在鼓声里不断下沉，直到坠入梦乡。她相信，那正是魂儿被勾去了的征兆……"仙女的魂魄，永远丢在遭到强暴的那晚，她的魂，一缕缕被挂起来在水塔中飘荡，自此远走异乡放弃自己的生活。祖父在"香椿树街"老屋丢了魂，住进了井亭医院；老红军老革命老领导康司令丢了魂，带枪住进了一号病房；柳生的姐姐柳娟因为老痴而丢了魂，会计老陈的女儿小美因为早恋失魂了；以及懦弱浑噩的保润父亲、变卖白马的驯马师，甚至整个香椿树街的居民统统失了魂。特别是"暴发户"郑老板在精神病医院的闹剧，金钱的富足带来的是欲望的膨胀，精神的错乱。无论是科学疗法还是传统信仰都无法安抚现代社会所引发的精神病症。不论郑老板是寄居井亭医院，还是修建佛堂，都是对一个时代的讽刺，是现代人在这个猝不及防的社会里精神图景的注解。当然，"生命与灵魂不一定相互依偎，有时候是一场漫长的分离"。[①] 但现实社会中的精神状况就通过人与时代环境之间的紧张关系而呈现出来，从而记录下了一段漫长的失魂史。

那么，人的灵魂为什么会在我们这个时代出走？这个时代最不堪重负的是什么？《黄雀记》面对残酷的物化社会现实，展现了现实的突飞猛进，发展变化，终极的价值和意义，在我们的生活中变得愈发地扑朔

---

① 苏童：《我写〈黄雀记〉》，《鸭绿江》2014 年第 4 期。

迷离，勾画出这个时代令人惊悚的灵魂面貌的迷茫、冲突和矛盾。在小说中，精神世界的倾斜和生活本身的跌宕与晃动，纷至沓来，在一条街上，在一个精神病院和水塔里面，在不同的人群中，真假善恶、美丑共生，洗尽铅华，尽显无遗。苏童以温婉、轻慢、毫不滞重、娓娓道来的耐心叙述，写出了一个时代生活的惶惑、脆弱。这是一个无可争辩的现实情境。苏童呈现出了这个时代发生巨大转型和变化时，所遭遇到的最大窘境——道德、精神系统的整体性的紊乱：精神病医院是按照病情程度被放入不同病区，按时服药，病情严重的还需要特别护理，这些护理足够让他们变得驯顺、听话，让他们可以按时吃饭和洗脚，按时上床睡觉；除了放风时间病人们不可能四处乱窜，也没有成天伺候在病人身边的家属。因为有效处理发病的病人本身就是这种医院的功能所在。而在作者笔下的井亭精神病医院，既可以随便携带手枪进医院，又可以在医院召妓狂欢。尤其祖父的儿媳，不顾丈夫、儿子的反对，坚持要把被她逼到失魂的公公送到精神病医院，直至弃家出走，不顾儿子亲情，改嫁张先生；柳生的母亲邵兰英，明知儿子强奸了美丽的仙女，却给仙女送钱、送物、送"祖传"的"翡翠手镯"，收买仙女嫁祸保润，导致保润家破人亡等，都是我们这个时代忽视了的日益严重的人性、道德和伦理问题。这种跌宕的情感纠葛、法律的边界、生意场上的沉浮、恩恩怨怨，都是在道德的"红线"上往来游移。在这里，"青春的骚动不宁"，只是一个宿命般的"导火索"，让我们看到的则是世道人心的浮动，亲情的远近疏离，两性的博弈等，均以暴力开始，以暴力结束。就连时间也是残酷和暴力的，一次青春的悲剧，便演绎出无尽的罪恶的渊薮。"小拉"本来就是一种交际舞的跳法，是一种青春和浪漫的寄寓，在这里竟成为主人公青春时光里的精神绝响。谁也想不到，一曲激情奔放的小拉，悠扬的青春奏鸣，一个美好的青春凤愿，竟成为年轻生命和岁月的咏叹和祭奠。难道这不就是一个逝去岁月的迷惘与惆怅、浪漫与冲动吗？也是对一个逝去的时代的咏叹与祭奠。

二、青春的懵懂与"成长"的终结

不论是"保润的春天"，还是"柳生的秋天"，或者是"白小姐的夏天"；不论是隐忍地生活，还是"夹着尾巴做人"，或者是暴烈的反抗，最后都逃不出命运的魔咒，受制于命运的羁绊。作者把这种微妙的人性精临细摹，再着眼于各种灵性物象的铺展，就深入到人类学深层，发出对人性的审视和拷问，挖掘出了隐藏在人性阴影中的个体生命意识。

保润出身于一个破落的大家族。由于社会的变迁，他没有受过多少教育，母亲粟宝珍为让他学厨艺煞费苦心，他却逃之夭夭。保润孤独，性格孤僻，不擅表达，就"像是一个游荡四方的幽灵。他们与其他人的那种隔膜感不仅仅是与成人世界的隔膜，它还存在于同龄的孩子之间，他们与整个街区的生活都有隔膜"。①无聊的保润看到仙女的照片，唤醒了他的本能欲望，这种本能使他担心被人瞧见而又失魂落魄地把仙女照片的碎渣塞进洞孔。他自己感到他的魂从生殖器里逃出去了，祖父称是仙女勾走了保润的魂，即使有"育苗重地，闲人免入"。保润也能窥探到"仙女在窗后，屋里有隐约的音乐声飘出来。她或许坐着"，"只有一条腿架在窗前的桌子上，随着音乐的节拍轻轻摇晃。阳光照耀着她的腿。那条腿被流行的黑色健美裤包裹着，修长、神秘"，"她脚尖在桌上舞动，与风对话，与阳光玩耍，脚趾甲上新涂了猩红色的指甲油，五颗脚趾不安分地张开了，像五片玫瑰花瓣迎风绽放，鲜艳夺目"。于是，保润邀仙女看电影，遭到仙女的

---

① 《苏童王宏图对话录》，苏州大学出版社 2014 年版，第 74 页。

耍弄；保润想与仙女跳小拉，受到仙女的藐视；保润陪仙女去旱冰场，被仙女骗了八十元钱。保润遭到仙女的打击后，用绳子把仙女捆绑在水塔里。为此，他蒙冤入狱十年。他的爱与恨都无法表达也无处表达，只能给自己身上刻下四个字："君子报仇。"

保润懵懂，却有悟性。祖父被送进井亭医院后，父亲不得已去医院看护，谁知，父亲旧病复发，监护祖父的责任便落到保润身上。保润青春期的大好时光，都挥霍在井亭医院。他每天把祖父捆起来，专注于研究最完美的捆绑工艺，祖父身上的绳结，最多一天出现了六种花样。他以他自己所掌握和控制的捆绑方式，创造出一个自我想象中的优游自如的世界，以防范种种可能的越位与出轨。他把对时代"震惊"转移到对"捆绑"的执着中来，这一"捆绑"就具有了想象或镜像中自我完满的表象。于是，到了四月的阳春时节，其他病人因为季节性狂躁需捆绑在床上，病人家属急忙找来保润去捆人，保润自带绳子能将一个比自身力气还大的病人捆住，他的捆绑绝技闻名整个医院，花样有二十种以上，很多花样自己命名，像香蕉结与菠萝结，梅花结与桃花结，民主结与法制结。作者在展开保润在井亭医院的这段青春期的故事里，像原生态一样，逼真而又生动。从深层意义上说，保润对"捆绑"的痴迷因而也就具有了自我想象与作茧自缚的双重象征意义。保润以他自己"捆绑"式的象征方式对抗时代的变迁和欲望，其最终的悲壮是不言而喻的。

保润出狱以后，他并没有马上去找柳生和白小姐报仇；相反，他们甚至反倒似乎成了好朋友。他对麦当劳之类毫无兴趣，却对没有跳过小拉耿耿于怀，仿佛那才是青春与爱的象征。当他与白小姐遂成心愿跳过小拉之后，他与白小姐的屈辱与仇恨也就一笔勾销；当他知道柳生结婚的对象并不是白小姐，就在柳生的婚礼上，保润醉酒三刀捅死了柳生。在保润眼里，柳生强奸了仙女，又玩弄她，却与其他女人结婚，这无论如何都是对他十年牢狱的讽刺，是对他的坚守的嘲笑。十年的牢狱之灾，虽然令保润失去了很多，但他无法容忍的并非柳生当年的嫁祸。对于固执于青春期——春天的保润而言，柳生、仙女与他之间爱恨纠缠的复杂关联构成了他的完整世界，保润正是在靠着这种记忆活在了"当下"，但这样一种圆满，却被柳生活活破坏。当柳生提出要与另一个女生结婚时，即已表明了破裂的开始，而这一行为本身实际上也构成背叛，其不仅仅是对仙女情感的否定，更是对认知世界、对于曾经的青春岁月的背叛。作为一个生活在幻想世界中的自恋主体，保润无法理解柳生的现实行动，所以他只能以毁灭他人也是毁灭自己的极端方式奋力一击。而他唯一的反抗方式就是杀人。

柳生是一个不折不扣的实用主义者。他开朗、帅气又有钱，是香椿树街为数不多招人喜欢的孩子。他是肉铺操刀手，家里又干起了个体户。他最为知晓如何把资本的逻辑同现实结合起来，从而实现利益的最大化，是香椿树街一个最为成功的人士。"在朋友圈里，柳生的口碑算是不错的。以香椿树街的标准来看，他的生活模式，已经接近一个成功人士了。他会赚钱，也会花钱。每次赚了钱，他必然犒劳自己，买一套西装，或者换一个最新款的手机，如果赚得多了，他要向朋友们吹嘘，吹嘘之后必然请客，请一帮朋友吃一顿，洗个桑拿，或者去KTV飙歌，让大家都来分享他的成功。"这既是他背后的现实的强大，又是他心里充斥着各种盘算的结果。

然而，物质富有的人，精神似乎更加贫困，内心和精神也恍惚无助。因为男性都有暴力倾向，有着挥之不去的荷尔蒙气息、力比多的力量用来改写自身的历史。柳生本身就有小市民的油腔和世故。他不断抽空挖空心思寻找女人。甚至总结出玩女人的"流程是雷同的，但姑娘们的手，嘴唇，以及身体，都是新鲜的，他迷恋的是这种新鲜。他躺在皱巴巴的泛潮的小床上，瞥见床头柜上有瓶矿泉水，立即想起公文包里那盒伟哥"，于是，就在"姑娘身上"乱抓起来。后来，他为接近仙女花钱请她陪伴疯子姐姐柳娟，并强奸了被保润捆绑的仙女，保润帮他坐了十年牢。从此，他一直生活在栽赃的阴影里，多少年来父母的絮叨像一个闹钟，随时随地提醒他："你的快乐是捡来的，不要骨头轻，夹着尾巴做人吧。你的自由是捡来的，不要骨头轻，夹着尾巴做人吧。你的全部幸福生活都是捡来的，不要骨头轻，夹着尾巴做人吧。"他每天担惊受怕。水塔对于他，是一个梦魇。他感到"有一个低沉的声音在水塔上，呼唤他，上来，柳生你上来。他分辨不出那是保润的声音，还是一个幽灵的声音"。令他畏惧的还有两只乌鸦，因为当年逃出水塔时，两只乌鸦发出了见证者尖利的鸣叫，即使"这么多年过去了。还有两只乌鸦栖息在水塔上……这么多年过去了，他还在灾难的包围之中"。保润对于他，也是一个梦魇。有一天早晨柳生骑车路过铁路桥，一列火车经过，一团黑影从火车上飞落下来，掠过他的肩膀时，他惊出一身冷汗，怀疑是保润出狱，然后在一个炎热的夏天去监狱探望保润，当他在监狱门口看见一个老妇人带着包裹坐在墙根下流泪，身边竖起一个纸牌，写着"冤案"的字样时，他虽嘟囔着"这世界上的冤案太多了吧"，内心却没有原谅自己。强烈的负罪感与救赎念头让他失去了做人的基本快乐。

柳生虽最为现实而浑浑噩噩，但还有"魂"，有廉耻心和罪感意识——他想赎罪。他先是照顾保润祖父，既在经济上接济保润祖父，又给祖父塞钱包；既亲自给祖父洗头，又给他找小姐；既经常去看望祖父，又带祖父看乡村的"日新月异"。"他欠保润的，都还到了祖父的头上。与祖父相处，其实是与保润的阴影相处，这样的偿还方式令人疲惫，但多少让人感到一丝心安，时间久了，他习惯了与保润的阴影共同生活，那阴影或浓或淡，俨然成了他生活中不可缺少的色彩。"面对仙女，"他在怀念她。她的少女时代留给他的记忆，是一只破碗，碗里盛满他的罪恶和愧疚，残缺的碗口现在黏糊糊的液体溢出来了，溢出来的，都是荣耀和骄傲的泡沫。她的初夜，是我的。她的身体，曾经是我的。她的一切，她的一切的一切，都曾经是我的。"十年后再见仙女，他的精神开始遭受巨大的折磨，他面对自己过去时是艰难的。他愧疚地对仙女说是因为失了魂而对她做了那种事，又谄媚地说："你不在，我的魂就在，你回来了，我的魂又丢了。"如果说保润和白小姐始终是依靠幻想与现实保持距离，始终生活在想象世界，那么柳生则经历父法的"去势"（心理上的认罪与伏法）之后迅速结束了他的青春期，顺利进入现实世界。所以，精神上的痛苦让柳生突然间得了胃病。胃病本质上是一种精神病，柳生成年后经常出入井亭医院，他一直以为自己是健康的，但面对过去时，他也成了精神病人。柳生的最终被杀，既是肉体的毁灭，也昭示着道德精神力量的重生。

仙女出身乡野，是个"孤儿"。老花匠夫妇把她从乡下老家带到身边时，大约三四岁，是个"瘦骨嶙峋的小女孩"。她曾说，"你们都有老家，我没有，到哪儿我都一个人"。在童年时，她就对精神病院充满了厌恶，她只想离开这里。当她遭到一个戴眼镜的病人猥亵时，她心里怕了，嘴上不肯认错，哭着质问奶奶，为什么要和鬼住在一起？为什么不能上幼儿园？她的原始身份充满着"野性"和"妖性"，而本质上又是孤独的，唯一的玩伴就是笼中的兔子。但仙女聪慧美丽，妖媚可人。"谁都承认仙女容貌姣好，尤其是喂兔子的时候，她歪着脑袋，嘴巴模仿着兔子食草的口型，一个少女回归了少女的模样，可爱而妖媚"，"她有一张瘦小的瓜子脸，杏眼乌黑发亮，五官搭配紧凑完美"，"她的身体曲线有一种写意式的美感，炫耀着青春和美丽"，"最妖娆的风景在她的脚踝上，一根彩色珠子串成的脚链沿途发出细碎的声响，闪烁着艳丽的光"。貌美而妖媚，天真又活泼。仙女以她特有的灵动与狡黠，格外地敏感于时代的变化。既会跳新疆舞，又会跳贴面舞；既会跳小拉，又会跳流行舞。她热衷于时尚与物质，始终自觉调整自我以配合时代的潮流与变迁，自我完成了对时髦而实际的浪漫气质的塑造。她还酷爱听歌，音乐就是她与时代之间架起一座沟通的桥梁。仙女奶奶就曾一针见血地指出，她把音乐匦视为摄魂的东西，"从早到晚守着那个音乐匣听啊，她的魂不在身上，让那个匣子吸进去啦"！

仙女离开井亭医院后，在深圳打拼了十年，最终还是落寞失败。当她以"白小姐"的身份再回香椿树街和井亭医院时，虽然仙女和"白小姐"都指向同一个人，但其意义却是截然不同了。白小姐完全变成了一个既不看重贞操，又生活奢侈放荡；既好风月，又喜富贵；既没心没肺、泼辣放肆，又傲慢无礼、迷恋感官肉欲的人。虽为职业酒吧歌手，却从事着有偿的"全套"服务。既交权贵，又爱富商；既称干爹，又喊大哥。她与这些人的关系，不仅暧昧不清，而且都有一定的肉体行为。她与有家室的瞿鹰热恋，拆散了瞿鹰原本幸福美满的家庭，最终导致瞿鹰自杀；她陪酒酒醉之后，多次遭到性侵，都是态度模糊，不了了之；她接受庞先生的邀请去欧洲九日游，与其发生性关系而怀孕，在"朋友"的帮助下才签下了期货合同；最后又弄得柳生被杀，保润再度入狱。仙女这种放肆、无节操的性关系，这种暧昧的职业、私生活的紊乱，被香椿树街视为妖精和红颜祸水，郑姐以及井亭医院称她"狐狸精""婊子"，甚至被邵兰英污为"公共汽车"。最终遭到香椿树街上人的围攻包围，把她逼上了逃遁之路，甚至差点要了她的命。

仙女表面上时尚妖娆，骨子里十分简单、简朴，渴望"纯洁的青春芳华"。比如她喜欢小灰和小白兔，完全可视为一种对美好爱情生活的向往。当柳生载着仙女赶赴机场路过大榆树时，手提着两只兔子的祖父神秘出现了，此时看见兔子的仙女不仅"失声尖叫"，而且拼命地要柳生去追赶逃跑的兔子，甚至完全忘记了此时危险的生命处境。仙女这次导致车祸的反常举动无疑暗示了兔子对她生命的重要性。兔子就不是单纯的动物，而是象征层面上的美好爱情。她追兔子，其实是对美好爱情的追求。特别当她看到柳生为她熬粥并为她晾洗衣服时，竟然感动得不行："她和柳生在一起，其实没有什么不好。他们未经恋爱，未经婚礼，未经相处，竟然像一对恩爱夫妻那样默契了，他在天井里晾衣服，她在厨房里喝粥。她咬了一口榨菜，说，滑稽，真滑稽。怎么不滑稽呢？这是她想象过很多次的家庭生活场景，这是她心目中最起码的幸福，她曾经以为驯马师瞿鹰会给她这幸福"，"到头来，承诺者已经不见踪影，为她准备早餐的男人，为她洗衣服的男人，竟然是柳生，这怎么不滑稽呢？"虽然，她原谅了柳生当年强暴她的罪行，在看到庞先生残疾的妻子后，又原谅了使她怀孕的庞先生的罪行等，她想以残缺（不洁前史）幻想完满，即使这完满是多么的微不足道也是枉然，最终只落得以破损造就破坏，再次远走了。没有谁人知道仙女去了哪里，但仙女的远走在深层次上其实意味着"新生"，在经历了人世许多爱恨情仇之后，仙女也许深深洞见了自己的宿命，即成为真正的"仙女"，完成以"妖性"到"人性"，再到"神性"的彻底升华。

三、被缚的人性与"灵魂"的永存

祖父（杨宝轩）是贯穿小说首尾与始终的重要人物形象。苏童在《我写〈黄雀记〉》中说："我个人很喜欢祖父这个形象。祖父看似游离于两男一女之间，但他可以说是小说的幽灵或者光线，是整个故事的色彩。"[①]这是一个寓意十分深刻的人物，而且塑造得简明有序，清晰可辨。既有传奇的历史，"灵魂"的永存；又有美丽的生命，被缚的人性。

祖父是香椿树街历史的记忆者，家庭地产资本的唤醒人。苏童以自己在苏州城北一条百年老街的成长历史，记录了对一个老人的印象："在我每天上学的必经之路上，有一个衰败的临街的窗口，在阳光的照耀下，一

---

① 苏童：《我写〈黄雀记〉》，《鸭绿江》2014年第4期。

个老人总是在窗子里侧对过路人微笑。他的头发是银色的，面孔浮肿苍白，眼神空洞，表情看起来处于慈祥与怪诞之间，他的衣服永远是一件旧时代的黑罩衫。我后来知道，那其实是一个垂死的姿态，老人不是站在窗后看街景，他一直瘫坐在窗口的床上，无法站立，也无处可去。"①这就是祖父的原型。祖父既是小说中隐喻性最强的一个人物，也是香椿树街活得最久的一个老人。他无疑就是一部活的历史。祖父头上那个触目惊心的疤痕是"革命无罪，造反有理"的"文革"的历史见证，祖父对祖先骨殖的寻找并因此掀起"掘金热"又把革命之前香椿树街"资本"的史前史逐渐浮出水面："祖父挖掘手电筒的路线貌似紊乱，其实藏着逻辑，他无意中向香椿树街居民展现了祖宗的地产图。这在街上引起了一波又一波的舆论反响，传说从孟师傅家到两百米开外的石码头，曾经都是祖父的家产"，"人们在各自的屋檐下生活工作，早就淡忘了从前土地的历史，未料到祖父突然冒出来，以一把铁锹提醒他们，你们的房子盖在我的地皮上，你们吃喝拉撒，上班工作，都是在我的土地上。祖父扛着一把铁锹在半条香椿树街上走来走去，所经之处，历史灰暗的苔藓一路蔓延，他的脚步无论多么谨慎，对于沿途的居民或多或少是一种冒犯"。这与其说是心血来潮，不如说是蓄谋已久的谎言引发的"地道战"，来画出历史上存在的、似乎被时代遗忘的香椿树街的地产分布图：对祖宗骨殖、血缘、传统的寻找却首先寻出了祖宗的地产、资本的地理与历史，这无疑是叙事者对于"后革命时代"最深刻的理解与最刻骨的讽刺。②香椿树街的居民由此陷入一场类似于嘉年华式的狂欢，祖祖辈辈生活在这里的人们对于黄金的狂热也于无意间贯通了两个断裂的时代——革命之前及革命之后的岁月——资本则成为裂谷之上的浮桥，"通过消费大众和市场经济的崛起，资产阶级终于

---

① 苏童：《我写〈黄雀记〉》，《鸭绿江》2014 年第 4 期。
② 徐勇：《以象征的方式重新介入现实——论苏童〈黄雀记〉的文学史意义》，《文学评论》2014 年第 2 期。

找到了它的政治上的转世和来生"。① 这里，作者有意略去家族辉煌的叙述，只是通过对祖父"寻找"的追溯让我们看到了这其间的关联。祖父那种令人费解且陷入无意义"寻找"的这一行动与实践，就像堂吉诃德式似的疯子，他的寻找，使曾经似乎光鲜的资本历史显现出某种难以遮掩的尴尬。尽管"历史"早已翻过并成为过去，但却永远无法走出。"历史"就像一个怪圈，作为化石似的铭刻，他被限定在过去，不管如何努力都无法摆脱对历史的记忆。那革命之前的士绅的历史的光芒、生命的美丽，既是自我想象的完满，又是辉煌历史的凝结。

　　祖父成为"实在界"的残余与碎片之后，既是被缚者，也是一个失魂者。中年时，他曾不止一次自杀，每一次都失败了。后来，他在生生死死之间选择了生，并随时为自己离开人世做准备，"每年春暖花开的时候，祖父都要去拍照"。他习惯了从算术角度眺望死亡，对于自己延长的寿命，他很满意。祖父每次见到照相馆的姚师傅都有点害羞，为自己延宕的生命感到抱歉，照相馆其实不介意他的这一举措，介意的是他自己的家人，尤其是他的儿媳粟宝珍。在粟宝珍看来，祖父每拍一张照片，就是给小辈挖一个坑，儿孙们不仁不孝的泥潭会越挖越深。因为在中国的仁义道德中，长一辈的老人抑或祖先急切寻求结束生命时，舆论很快指涉自身家人晚辈的不孝不义，"它向街坊邻居暗示：儿子不好，儿媳不好，孙子不好，他们都不好，他们做事，我不放心"。于是，在一次照相的时候，他突然感觉自己的魂飞走了，要死了。但他并没有死，而且在小说结束时还活着。绍兴奶奶也丢过魂，她的魂能找回来是因为家里人到祖坟上给她招回了魂，她同情祖父并给祖父出主意：先招回祖先的魂，这样才能招回祖父的魂。祖先是祖父生命中最痛的所在，他家的祖坟被红卫兵挖了，祖先的画像和照片都被烧了，他曾在手电筒里

---

　　① 谭旭东：《批评的踪迹》，生活·读书·新知三联书店2003年版，第305页。

藏下了祖先的两根尸骨，而这手电筒却找不到了——祖父失魂的同时也失忆了。为了招回祖先的魂，祖父开始在香椿树街到处挖掘，一条街的人都以为那只手电筒有金子，也跟着挖，结果是手电筒没找到，祖父却被儿媳送进了精神病院。在精神病院，他被孙子保润捆了起来，彻底成了一个被缚的人。祖父被捆绑的原因是他一旦被解绑，就开始无休止地挖，他想挖出自己的手电筒，却因此给其他人带来无尽的烦恼。这只手电筒虽然不能发光，但装的是祖先的尸骨。由此可见，祖父的行为就有了向历史深处挖掘的意味，但是他失去了挖掘的权利，为此经常哭泣。"严禁挖掘，严禁挖掘。"既是保润的声音，也是那个时代的声音。所有的后代都不想让祖父挖掘出祖先的尸骨，于是祖父挖掘历史而不能，胸有大志却注定一事无成。这一切都是因为他孙子保润手中的绳索。因为绳索让他联想到当年枪毙曾祖父的情景。绳索这时成了一个真正的结。当他被这个结绑紧之后，他也终于安定了。坐车路过工地时，他阴郁的脸上泛起了明亮的微笑，感慨祖国的面貌日新月异。最后，一个婴儿来到世界上，他是仙女的孩子，是仙女一段耻辱史的证明，他为此而羞耻，被称作耻婴；他也为此而愤怒，被称作怒婴。当这个婴儿依偎在祖父的怀抱时无比安静，一老一幼，定格成一个永恒的画面。这种被缚的人性意味深长。婴儿，这个代表未来的新生命一来到世上就主动面对历史；只有他接受祖父，历史是抛弃不掉的。

祖父虽是一个"精神"的失魂者，却又是一个生命的胜出者。祖父为什么会在一个平常的日子，突然就莫明其妙地疯癫了，并认定自己丢了灵魂，要掘地三尺地开始寻找。人的灵魂是可以在瞬间就丢失了的吗？这肯定是家族"史前"的"士绅"与"文革"的"专政对象"埋下心灵悸动的种子，孙子又用绳索将爷爷捆绑起来，这就告诉我们，良知的泯灭和沉睡，源于"灵魂"的游离和出走。人们为何会如此惶惑？我们的生活究竟在哪里出了问题？我们为何就这样乱了自己的方寸和手脚？作者从祖父身上发现了能驱动、修正生活的爆发性力量。这就与时代构成了一个巨大的精神场域，无时不在考量着一个人灵魂的脉动。事实上，"人"的发现以及"人"之为"人"，是与对"人"的灵魂的充分肯定息息相关并以之为前提的。休谟之所以要证明"灵魂的非物质性"，正在于"灵魂"有优于物质或身体的地方。作为主体性的"人"，首先在于他的"灵魂"的纯正和伟大，灵魂是"人"的理性的主宰，舍此"人"便沦为动物。这就像加缪所说的，"真正严肃的哲学问题只有一个，那就是自杀。"①祖父之不断地寻死，其实已表明了现实的无意义。但自杀对于"人"而言，只是意味着"身体"的毁灭，而"灵魂"却可以永存，祖父以他的"自杀"表明"身体"的舍弃之于对抗现实的无意义；但反讽的是，他的"身体"还没有毁灭，他的"灵魂"却先于"身体"而失踪了。这无异于行尸走肉，并不是真正意义上的"人"，祖父的丢魂某种程度上即已意味着现代意义的"人之死"。但作为行尸走肉——没有灵魂的"人"——却可以永存，可以具有极强的生命力。②这既表明了现代意义上的"人"的死亡，又表明了现实的涅槃重生。这是现实的强大的表征。现实以它的物质性存在，一再显示出它的强大、顽强和极具生命力的表象。小说以柳生肉体的死亡对照祖父的精神的死亡，以象征的形式从两个侧面表现了我们这个时代最深刻的认识和最伟大的洞见。应该说，祖父魂都丢了，即已意味着"人"的真正死亡，但"人"之死换来的却是肉体生命的勃勃生机，这不能不说是我们时代最为深刻的隐喻，也无疑就是我们的时代悲剧。如果说反抗只是一种过渡状态的话，那么如何面对理想主义和精神死亡后的强大的现实就成为一个问题。作者在小说中揭示出理想主义溃散后面对强大的现实的窘境和

---

① ［法］阿尔贝·加缪：《西西费斯神话》，中国对外翻译出版有限公司 2013 年版，第 1 页。

② 徐勇：《以象征的方式重新介入现实——论苏童〈黄雀记〉的文学史意义》，《文学评论》2014 年第 2 期。

困境。不论是保守拒绝抑或是不切实际都终将被现实所抛弃。在现实的强大面前，任何幻想或顽固都将被粉碎，只有现实本身才是最后的胜利者。那就只有像祖父那样，面对时代变动不居、令人费解的巨变，最安全的做法或许正是在于"丢魂"，祖父才成为永远的胜出者。

四、唯美的意象与精致的叙述

苏童在艺术上是一个唯美主义者。他那诗意的笔触，叙事的策略，寓言的意蕴，抽象的概括；他那意象的隐喻深远，结构的独具匠心，悬念的余韵悠长，都能使《黄雀记》这幅完整的逼真的优美画卷，既生机勃勃，又凋零衰落；既繁花似锦，又苍凉哀婉；既唯美蕴藉，又阴郁悲凄；既氤氲缱绻，又复杂诡谲。

意象是艺术想象的重要载体，是情与景的形象结合。它"超以象外"，"得其环中"；渲染情境，寄托情思。不仅能丰富作品的内涵，也能让读者感受到作品朦胧而深厚的审美意蕴；不仅能引发更多的想象空间，也能不同程度地体现作品的审美价值。《黄雀记》中的意象运用，精彩纷呈，名目繁多。既传达了作品不可言说的深刻内涵，又充当小说的核心要素；既为推动情节发展产生了积极影响，又增加了作品的深厚蕴含和多重美感。比如废弃的、荒寂沉睡的水塔，原本就是一个被遗忘的废墟，却在几个时期被唤醒和复苏。人可以在其中制造阴谋，肆意宣泄少年原始冲动：保润妄想仙女时那"红色的塔上覆盖着几朵稀薄的云彩，看不见罪恶的痕迹，听不见她的声音。只有风声。风吹云动，塔顶的云团状如一群自由的兔子……春天的水塔也充满谜语，那谜语他不懂"。人们还可以根据需要，在其中设立佛堂，朝拜许愿，兑现利益，显然，他们对佛祖火热的膜拜之心，里面包裹的早已不是虔诚的香火，而是对物质更大的尊崇和攫取；最终却成了灵魂流浪者的藏身处，掩藏起最后的孤寂和无助，也成了仙女眼中的纪念碑，"水塔的桶状空间隐隐回荡着一个少女尖利的呼救声……她看见了自己一绺一绺的魂"；"……一绺一绺地挂在水塔里，陈列，或者示众。""这座水塔是她的纪念碑，它也许一直在等她，等她来瞻仰自己的魂，等她来祭奠自己的魂。"水塔的意象就像一个菱形的闪光柱，从不同的侧面，呈现不同的色彩与光束。而绳索的意象不仅贯穿小说始终，也作为充满寓意的道具丰富了文本的审美内涵。绳索在保润那里是一种技巧，一个绝活：绳索在他手里充满了灵气，"线条漂亮大方，结扣巧夺天工"，凭借这个技艺，保润竟成了艺术家而被崇拜，久而久之，保润依赖并迷上了捆人，绳子甚至成了保润的代表，"绳子来了，保润就来了"。这种捆人的艺术从祖父身上移到仙女身上，从井亭医院移到香椿树街。保润先用绳子捆住了仙女致使其被柳生强奸，后又用绳子捆住仙女被迫与自己跳一曲小拉以结束二人恩怨。白小姐的绳索是联结灵魂的命运，郑老板的绳索是游荡在身边的幽灵。此外，绳索自身也有寓意，绳索可引申为被束缚，既有祖父被孙子捆，又有病人被护工捆，还有女孩被追恋的男孩捆，等等，在作者笔下，捆人这一不人道的行为，却受到普遍的赞赏。绳索爬上人们的身体，"犹如一条蛟龙游走于草地"，绳子就有了"思想"。这无疑是对被金钱物欲充斥的社会乱象束缚下丢失自我灵魂的深刻反讽。河流的意象：河流是大地流动的血脉，深沉、神秘、混沌，如同《易经》的坎卦所言，两坎相重，为水、为险，险阻重重，既充满神秘，却也显人性本真，方能豁然贯通。当仙女走投无路决意投河溺水自杀时，河流却使她神秘得救。即使两岸是一些失魂的人类文明所在，一直抵抗命运的白小姐也以为她没有抵抗河水的力量。然而，"她不知道溺水是这么美好的感觉，天空很蓝，有几朵棉絮状白云。她看见了自己绛紫色的魂，一绺一绺散开的魂，一绺一绺绛紫色的魂，它们缓缓上升，与天上的白云融合在一起……水上的这条路，她走得很顺畅，死神的手以水的形态托举着她"，一路顺畅地漂到善人桥。真是混沌又神秘，怪诞又离奇！

结构的多层级性，必须是一个完整的整体。泰纳说："在艺术中也像在自然界中一样，必须各个部分构成一个总体，其中最微末的元素最微末的分子都要为整体服务。"长篇小说在本质上都是各个部分、层级和谐地组合而成的。它有着自己内在的生命结构与逻辑，它是一个"完整的特殊的小世界"。《黄雀记》结构的别出心裁，就在于它两明一暗的相互交错和视角的流动，以及独特的开头与结尾设置。全书三部五十一节。每一部内分成若干带标题的小节，如"照片""祖父、父亲和儿子""幽灵的声音""水塔与小拉"等。每一节就是一个短篇，大致都在几千字之内，短篇要求故事完整，背后潜藏的主题又要表达清楚，因此，它必须依靠精确的描绘，灵巧的设计，精心的设置，谜底式的叙述安排，创造出属于自己的小说世界。既保持想象的奇特，风格的优美；又有故事的魅力，语境的雅致。这种采用有意味的小标题，一直是苏童长篇小说的习惯，它或许正表明了一位成功的短篇小说家在探索长篇写作时的追求，即通过分而治之的方式，把状态依旧调整到自己最为熟悉的轨道上来。《黄雀记》由此就可以看成是诸多小短篇的集合，每个小短篇都是精致而优美的。而以三个相对独立的中篇，构成了一部长篇小说，这三段式的结构，按照叙事学的观点，故事情节由功能和序列组成，这三个中篇可以看做是三个序列，统一于一个完整的时间轴，通过因果连接组合。从三个篇章分开来看，各自都具备了人物、环境、情节小说必备的三个要素，都能各自成篇。但作者的巧妙用心将这种看似独立的部分，实际是统一于三个人从少年到青年的时间轴并处在一个完整的因果联系之中，甚至可以概括成是罪与罚的简单联系之中，在这个时间轴上，作者完成了对三个人十几年的人生际遇的展现。作者把完整的文本分割成三个看似独立实则环环相扣的部分，从无所不知的"零度聚焦"转向"内聚焦"，分别通过每一个主角的眼睛去环视周围，让一个完整的故事如接力一般从三个主人公的口里缓缓叙述出来，让读者获得新奇的感受。这样的安排让每一个主人公的形象都在各自的篇章中作为主角得到了集中的展现，同时又作为别人故事中的配角得到了侧面的展示，随着情节的发展，人物的性格也逐步得到完善丰富。最后，祖父的寻魂之旅就构成了小说的暗线。这条暗线就是始终在文本中占据大量篇幅的一个核心人物——祖父。以祖父为中心，作者画出了一条由始至终明确的行动轨迹，即丢魂—找魂—活着的过程。这条线一直与主线情节相互交错穿插：每个篇章的关键处，祖父都会及时出现，像一个预言家一样，极其耐人寻味的话语由他嘴里吐出，加深了文本的深度。比如，第一部开头："每年春暖花开的时候，祖父都要去拍照"，结尾时祖父又感慨地说："祖国的面貌日新月异啊！"第二部尾声祖父一句"对不起，你们都将消逝，只有我长寿无疆"；第三部是以祖父抱着白小姐产下的婴儿作为全书的终结。明暗几条线的交错，让文本层次更为丰富，审美意蕴更为醇厚。

悬念也是一种重要的艺术技巧。它是对作品人物命运、情节发展变化的一种关注与期待。作品的整个情节的形成、发展、结束的过程，就是悬念产生、维持、加强、解除的过程。它能使主题不断深化、升华；能使形象更加生动、丰满、鲜明、突出；能使情节由浅入深，张弛有致，波澜起伏，回旋跌宕。季节的悬念，就是想象空间的悬念。《黄雀记》里有春、夏、秋三个季节，为何独缺冬天？作者在接受采访时曾表示，这样安排是因为，三个篇章已经足够，不需要冬天了，并且三个篇章正如三个人物的关系一样形成了稳固的三角形，故事已经圆满了。也就是说，整部作品所描述的三个青年主人公，他们的人生发展到尾声时，似乎已经有了交代：保润入狱，柳生被杀，白小姐远走，剩下的只有永远的香椿树街和万寿无疆的祖父。香椿树街屹立在南方小城不会消失，随着社会的发展旧貌换新颜地存在着，垂死的祖父因为丢了魂永生不死，在日后的岁月里用老朽的身体和浑浊的眼睛继续注视着这座街道上人们的生死荣枯。小说的故事到此戛然而止，而香椿树街的故事却仍在继续，保润们的故事完结了。往后留给读者一个巨大的悬念则预示着人在历史长河中的渺小脆弱，而香椿树街的故事，仍然会在这座老街演绎下去。照片的悬念，犹如盘马弯弓，为小说造成一种情势。《黄雀记》中照片作为全书的"引子"，一开篇就以保润的祖父拍照的情节拉开序幕。多少次死里逃生的祖父认为自己已经多赚了二十五年，多年恪守着"一个人无法张罗自己的葬礼，身后之事，必须从生前做起"的信条，每年都要为自己拍一张遗照，而孙子保润便承担起帮祖父取照片的工作，正是由于某次照相馆的失误错拿了照片，才使保润看到了女主人公——仙女的照片，由此他便"秘密地收获了一名无名少女的照片"，暗恋的火苗在心里疯长，它不仅引出了保润对仙女的爱慕，更引出祖父从此失了魂；不仅引出祖父被送入医院，更引出了一个在小说中几乎占有一半篇幅的地标——井亭医院。保润的父母在祖父被送进医院后变卖了祖父的"遗物"，作者再次描写了墙上挂的祖父的照片，"祖父正躲在尘埃里微笑"，它在呼唤保润"把我的魂捞上来"，在当时金钱为重、亲情淡漠的社会环境氛围下，在一片荒芜中只剩下照片载着祖父尚余的魂魄，拷问着子孙的良心。当出狱的保润和柳生再次回到老屋，看到墙上被侵蚀的全家福时，"我的脸没了，我妈妈的身子没了，我爸爸全没了，就他好好的，他都在！"保润的这番话就是他们一家的悲剧结局的注解。既具极强的讽刺意味，又充满朦胧的色彩。黄雀的悬念，即做到悬念要早，释念要迟。书名为《黄雀记》，但通篇并不见黄雀的影子，人们不禁要问，黄雀焉在？这就是一个贯穿到底的悬念。整个小说源自"螳螂捕蝉，黄雀在后"的意象，它不禁会让读者不断思索谁是蝉，谁是螳螂，谁又是黄雀？对此，作者并未解答，这就为读者留下了一个巨大的悬念。在"保润的春天"中，似乎仙女是蝉，保润是螳螂，而柳生是黄雀。"柳生的秋天"又感觉柳生是蝉，仙女和保润都是螳螂，黄雀则不知所踪。"白小姐的夏天""看似白小姐和柳生都是蝉，复仇的保润是螳螂，然而稍作推理更不难想象，保润又将被捕入狱，背后的黄雀究竟是谁，仍然不得而知。纵观全书，似乎三个人都曾做过螳螂或黄雀，但他们同时也陷入了一张看不见的网而不能自拔，不断被一只看不见的手捉弄束缚，这样，读者也许可以推测，那只始终藏在背后的黄雀，就是整个时代，主人公就是在这样的时代旋涡中不能自拔。"①"黄雀焉在"的悬念从始至终贯穿整个作品，使得作品充满了未解的魅力。

---

① 甘婷:《世态众生相的诗意书写——评苏童〈黄雀记〉的叙事策略》，《甘肃广播电视大学学报》2014 年第 24 卷第 5 期。

第十章

韩少功长篇小说《日夜书》：
时代、人生与艺术的思辨张力

　　韩少功是中国当代文学的重要作家，为中国当代文学发展作出了重要贡献。改革开放之初，他的《西望茅草地》《飞过蓝天》获得全国优秀短篇小说奖；20 世纪 80 年代中期，他的《爸爸爸》《女女女》开创了"寻根文学"的先河；90 年代以后，他的《马桥词典》《暗示》在形式探索上带来的巨大冲击，形成了又一个创作高峰；2006 年推出《山南水北》，在肉体与精神上对乡土实现了双重回归，是"中国版的瓦尔登湖"。他新近出版的长篇小说《日夜书》，则是一部浓缩型长篇小说的创新之作。既真实记录了知青与现时代的生活，又是对这两个时代知青遭遇的直视与反思；既写出了这一代人生命与精神的旅程，又有这一代人人生与人格的变异；既再现了这个当代群像各不相同的人生轨迹，又发掘出了时代的变迁对他们的深刻影响。这是一部"后知青"的生命书写，也是知青一代的精神史。

一、时代现实的写照

　　《日夜书》是一面时代的镜子，生活中的美媸丑恶都在这面镜子里得到活灵活现的展现，真是栩栩如生，毫发毕露。显然，知识青年上山下乡，是激情燃烧岁月的历史产物，它的确让在城市长大的年轻人，历尽了艰辛，遭遇了苦难；挥洒了青春，蹉跎了岁月。韩少功《日夜书》中的白马湖，就让这群知青承受了太多的苦难，烙下了斑斑的血痕："白马湖茶场有 8000 多亩旱土，分别划给了四个工区共八个队……垦荒、耕耘、除草、下肥、收割、排渍、焚烧秸秆"等，常常是"摸黑出工和摸黑收工"，而且，"烈日当空之际，人们都是被烧烤状态，半灼伤状态，汗流滚滚越过眉毛直刺眼球，很快就淹没黑溜溜的全身，在裤脚和衣角那些地方下泄如注，在风吹和日晒之下凝成一层层盐粉，给衣服绘出里三圈外三圈的各种白色图案"。不仅如此，饭"只能填塞肚子的小小角落"，红薯充饥则"屁声四起"，饥肠辘辘。甚至为了五十张饭票，去啃死人的骨头；为了吃顿"烂肉"，不惜在夜晚跋涉几十里山路。不仅常被村干部"责骂""扇来耳光"，还差点被球形闪电劈死。这群吃苦受难的知青，只能用幻想镇痛，以"酒鬼"消愁。

　　随着时代的变迁，知青陆续返城了。这一代人"需要读书的年代下乡，回到城市再重新就业，学习生存技艺，再和比自己年轻五六岁的同代人来竞争，他们明显处于劣势。他们的不如意，他们此后人生道路的扭曲都跟这段经历有关"。① 于是，"回城后心灵的空虚和生活中的不适应似乎比

---

　　①　张志忠、张柠、刘涛：《中国作家网第七期网上学术论坛——韩少功与〈日夜书〉》，《文艺报》2013 年第 4 期。

上山下乡的苦难还要令人难以忍受"。① 比如"根红苗正"的郭又军，他只下乡一年多就返城了。可回城没几年，他所在的国营工厂就破产了，他也被迫成为下岗工人。就在此时，妻子却抛家弃女，离他而去。他只能独自一人带着女儿过着穷困潦倒的日子。即使自己啃冷馒头，患上了癌症；他仍然沉迷于麻将，甚至这一场刚完，又急忙奔赴下一桌麻将。以至"朋友"的荣誉，似乎成了他骄傲的本钱；他渴望融入人群之中，却总是让别人不知所措；他翻寻笔记本中的笑话，想博得大家开心，却更让人觉得幼稚可笑。最后，他不堪癌症和经济的双重折磨而上吊自杀。在这个光怪陆离的新时代里，知青的现实处境，真是让人难以理解也难以释怀。他们成为了这个时代"最熟悉的陌生人"，成为了上山下乡大潮退却三十年后一批最尴尬的孤独者。

然而，辩证地看，知识青年上山下乡也有它的正面价值。它磨砺了人的意志，锻炼了人的体魄；知道了农村的贫瘠，体验了农民的艰苦。正如作品中描写的，"我也参与过（对下乡）这种抱怨"，但"几乎忘了的问题是，白马湖的农民会这样说？他们当然也觉得知青崽很苦，离乡背井更是可怜，但再苦也就是几年，顶多是服了几年兵役吧，而他们在白马湖活过了世世代代，甚至一直活得更苦和更累，那又怎么说？他们甚至不能享受知青的'病退'和'困退'的政策，没有招工和升学的优先待遇，但一眼看过去，土生土长的万千农民中不也成长出好多企业家、发明家、艺术家、体育明星、能工巧匠、绝活艺人，还有一条短裤闯出国门却把生意做向了全世界的家伙，凭什么说三五年的农村户口就坑了你们一辈子？"显然，这种正面书写，正是作者对记忆的重构或者重新组织的结果。它是疏离于甚至对抗逐渐庸俗化了的、权力化了的知青记忆；它突破了既往的知青文学的建构模式，重新唤醒这个超级记忆所遮蔽的个体记忆，拂掉年深

---

① 陈鹭：《〈日夜书〉："后知青文学"的当下书写》，《文艺争鸣》2013 年第 8 期。

日久的灰尘，恢复其正面价值的生动性和切身性，从而让旧的记忆闪现新的光泽，显露新的意义。

二、探寻生命的奥秘

人，谁都无法预料自身的发展与将来。所谓"三岁看大，七岁看老"，就是作者所说的："我相信人的性格几乎同指纹一样难以改变。"于是，《日夜书》在探寻生命的奥秘中，特别注重一个人物过去与现在的关联，现在这个人过去是什么样子的？年轻时一个人，成熟之后是什么样的？如果说，夜晚是孕育的象征，白天是成熟的象征；那么，一个人成长的夜晚与白天，到底有什么明显的或暗潜的联系？这之间的关联，可以揭开命运的神秘面纱。

有志者事竟成，在于担当与最终的成功。有一颗担当天下的赤心，必然从小就志存高远，严于律己；做事认真，学习刻苦。正如孟子所言："天将降大任于斯人也，必先苦其心志，劳其筋骨，饿其体肤，空乏其身，行拂乱其所为，所以动心忍性，增益其所不能。"[1]《日夜书》塑造的"我"即陶小布，就具有这种特殊的精神秉性。"我"未满十六周岁便憧憬"远方"，满怀忧伤。一遇到回城接收指导另一批上山下乡青年的同学郭又军，对远方浪漫的畅想与学校生活的沉闷促使"我"随着军哥不辞辛苦，乘火车转汽车再转马车，历时两天多到达白马湖茶场——那个"我"曾经想象过无数次的"远方"。然而生活条件的艰苦和体力劳动的繁重让"我"发现自己想象中的"远方"和现实中的白马湖完全不是一

---

① 《孟子·告天下》，见杨伯峻译注：《孟子译注》，中华书局 1960 年版，第 298 页。

回事①——这或许与许多知青一样："我们……等来了脚上的伤口、眼里的红丝、蚊虫的狂咬、大清早令人心惊肉跳的哨音。"于是，即使是啃死人骨头，哪怕是被闪电劈死，或被派去看守雷区水家坡，跟各种各样的野兽斗智斗勇，还得在风雨中与老天爷搏斗……这一切苦难都没有熄灭"我"追求进步的信念，因为"我"坚信，生命中除了吃喝拉撒生孩子之外，肯定还有"更高的东西"，"我"看似在为自己的生活奋斗，貌似不明了遥远苍茫的未来，其实一切早已在冥冥中被安排好，这就是人生中一种说不清的奥秘，就连偶尔出格的行为与言语，都要做到严谨而慎重。正因为如此，回城后，"我""不仅因为有幸上了大学，还混成了副教授，混成了科长、处长、厅长什么的"；"我"也成了一个内观的冥想者，总有一种概括、探究的思想冲动，去开拓一片崭新的天地。因此，白马湖的艰苦劳动、集体生活，塑造了"我"的义道重情，也塑造了"我"理解他人、相处他人的性格，也为我洞开了男女之情的秘密，订下了相守依偎的内心盟约。同时，白马湖的农民及其生存环境，使"我"对个人性格的复杂性、生存处境的尖锐性、人间真情的不灭性、认知方式的多样性有了更为深刻的理解而铭记在心。即使"我"的检举遭到报复，但"我"最终铲除了腐败滋生蔓延的土壤。"我"就成了一个精神化了的人，也就是一个社会化了的人。

忍让者的归宿，温暖别人也温暖自己。有一颗克己忍耐的爱心，就能化解生活中的矛盾，舒缓社会中的冲突；加速受伤者伤口的愈合，抚慰受害者灵魂的创伤，让人感到亲切、慰藉、温馨。它是社会和谐的调剂，家庭幸福的港湾。《日夜书》中的马楠，就具有这种人生奥秘的正能量。其实，马楠属兔的，胆子很小。小时候，鞭炮在手时竟然怕手心的热气点燃它，要左手拿一下，右手拿一下；教她骑自行车，她不敢

---

① 陈瑞：《〈日夜书〉："后知青文学"的当下书写》，《文艺争鸣》2013 年第 8 期。

骑，好不容易跨上去还没起步就满头冒汗，大呼小叫；下乡当知青，看到种猪爬背，"这家伙干什么……怎么多出一条腿？"让农民叫她"懂懂"。而且，笨嘴笨舌，相貌平平，才不出众，连她自己也"一直痛恨这种无可救药的木头木脑"。但就是"这只总是能在生活中嗅出巨大危险的兔子，有时也不乏惊人之举，让人们啧啧称奇"。当哥哥马涛被捕后，大家劝她出去躲躲风，她拒绝出去避风头，并说："我们什么坏事也没做，如果连这样的人也只能死，那我就死好了。"甚至为了给狱中的哥哥送钱送物，她"还一次次去卖血，为了规避短期内不可卖血太多的医院规定，每次都是跑三四家医院，报上一些假名，大喝白开水，然后要医生多抽一点，再抽一点，无论如何抽一点……直到自己头昏眼花，出门时一步踏空，晕倒在医院门前"。即便如此，由于"没有鱼肝油凡"，马楠竟然被暴跳如雷的哥哥赶出了"冷冰冰的探视室"，只能泪眼汪汪地说："哥哥，我们尽力了……"让人心酸、惊叹。最后，马楠为了救哥哥，被那个"副主任"以哥哥减刑为诱饵奸污了她，她都扛了下来。可两个姐姐仍然对她残酷无情，欺凌折磨她，而她却一味忍让。她是多么"心痛他们（哥姐）"，"因为他们脸上有爸爸的影子，妈妈的影子"。就是这样一个对身边生命有赤心的女孩，回城后，她那颗爱人的赤心，也得到人生的真爱；她温暖了别人，亲人也温润了她。比如，她与陶小布结婚后没有小孩，是因为"她遭遇的第一个男人"，"一次人工药流手术不当，让她一直不孕"，可陶小布不嫌弃，反而主动承担责任，让她"心病稍轻"。最终，她不仅"是个电大毕业生"，还成了"公司的业务组长"，成了受人敬重、让人羡慕、温馨幸福的厅长夫人。

传统的种田人，粗暴而不乏善良，霸蛮而不缺灵活。由于历史的缘故，"日出而作，日落而息"的生活，"面朝黄土，背朝天"的耕作，使他们知识匮乏，思想封闭；眼界不宽，蛮荒原始。因而在他们身上，粗鄙与美德诙谐与共，蛮横与善良幽默相生，呈现出的是一种原始的美，本能的善。《日夜书》中的传统农民吴天保、秀鸭婆，就在作者所描绘的粗与俗、美与善中，弘扬了旧道德，建构了新道德。世世代代出身农村的吴天保，"读书少，只是在扫盲班识几个字"，"以前接到县里来的电话，还不知该如何对付话筒"，"甚至连火车也不明白。好不容易在县城看到火车了，回来后大感惊讶：'那家伙一身黑皮，还冒烟，跑得比贼还快，大得吓死人，一天要吃多少草料呵'"，完全是"一块从泥土里刨出来的老菜帮子"。他虽当了白马湖知青茶场场长，却对官话一窍不通，在任何文件上只会批上"同意报销"几个字，对现代文明十分陌生。他对知青管理苛刻，与知青交流起来，常常闹出笑话。可他说起粗话来，简直酣畅淋漓，总能说到点子上，且形象、别致、生动。这种"污言秽语"不仅破灭了知青的青春理想，动摇了知青的人生信仰，还使知青"一个个不择手段惊惶不已地逃离乡村"；可他一旦送走一个又一个知青时，又对他们充满了同情与怜悯。他酒后调戏胖婶，惨遭"蹂躏"，还被妇女们虐待命根子；但他对待梅艳、万哥的方式，又见出这"浑"人心中其实有一杆公平"秤"。他对管到裤裆里来一事（指计划生育）极为不满，生了三个儿子，因此被摘掉官帽，接受审查和批判；可他晚年归田为农，还与贪官斗酒灭贪官的威风，教农民子弟打败城中富豪子弟，面对世风败坏便为国分忧，足见他的赤诚之心。梁队长（秀鸭婆）也是管理过知青的一个农村干部，他在上梁干活时摔下来，"砸坏了男人的东西"，妻子出轨，给他戴绿帽子，他忍气吞声，体谅妻子。但在别的事上却变了个人。他豁出去也要照顾好两个妹妹，并风风光光将她们嫁出去。欠堂叔的钱，利滚利，他也坚持还完。堂叔死后，依旧力主"做七"，圆圆满满地完成了七天奠礼。由此可见，吴天保、梁队长的诙谐、粗鄙与那个时代号召知识青年接受再教育的理想构成了意味深长的反讽；他们那与泥土、肉欲相关的生命力也给了我们不少的人生启示。但就在这种精华与糟粕、野蛮与文明的交织中，一种旧道德的传承、一种新道德的建构"圆满地写活了"。

三、人格缺陷的悲剧

世界是混乱的，人生是荒谬的。人在追求自己的一生中，有成功者，也有失败者；有的扮演着可怜的角色，甚至是悲剧。这种悲剧就是人格心理属性的变异所致。它常常表现为自卑、怯懦、抑郁、孤僻、冷漠、悲观、依赖、敏感、多疑、焦虑，或对人格敌视、暴躁冲动、破坏等。这种不健康的心理因素，不仅影响人的活动效率、妨碍正常的人际关系，同时还给人蒙上一层消极、阴暗的色彩。《日夜书》正是从韩少功笔下人物出发，以他们各自的一生，回答了这个时代的精神之问。

从沉思到孤僻，从豪放到冷漠，它是社会环境因素在不同时间、地域下影响人的心理与行为变异的结果，从而产生对社会的不满、怨恨，甚至产生对抗的情绪。人格心理就会慢慢变得傲慢与偏见，冷漠或轻率。马涛就是这种典型的人格缺陷的悲剧。马涛曾是知青领袖，才华超群，思维敏捷。"我"就是在马涛的启蒙下，走向求知的道路，他像一座引路的灯塔，探照着茫茫暗夜中"我"前行的方向，照亮了"我"整个少年时代。从毛泽东的《实践论》，到马克思的《法兰西内战》；从左派烈士格瓦拉，到右派好汉吉拉斯，"我"就在马涛的引领下，一步步走向成熟。但马涛极为自负，甚至想秘密组建政党以匡扶天下，企图以历史改写者自居。即便受尽凌辱，也不改初衷，正如他所说："我真的不在乎监狱，不在乎死。唤醒这个国家是我活下去的唯一意义。你们不知道，我病得一头栽在地上时也没灰过心，哪怕吃饭时嚼砂子吞蛆虫也没灰心过。哪怕被五花大绑拉到刑场上陪斩也绝不灰心。我被他们的耳光抽得嘴里流血，被他们的皮鞋踩得骨头作响，但我一直在咬紧牙关提醒自己，要忍住，要忍住，要忍住。我就是盼望这一天，就是相信有这一天。"思想到了这种褊狭的程度，常人与日常都成了思想的敌人。于是，他逐渐变得漠视他人，只顾自己。路遇流血知青不施援手；几次与郭又军比狠斗赢；在监狱对妹妹提出苛刻要求，逼着妹妹为他减刑受辱，又在国外逼着懂外语的妻子为他争取"中国民间思想家"席位而受尽冷落，自身也在国外受辱。最终，他将政治改革与追求真理蜕变成追求名利的跑马场，由一个理想主义者孤僻成一个癌症患者。

不仅如此，就连女儿马笑月也遭到他的遗弃，直接导致马笑月成了一个问题少女，畸形儿与病态狂。马笑月愤恨父母时竟用碎玻璃划破自身，为不能进电视台工作而跳楼自杀。她把不能做主持人嫁祸于"我"，并指着"我"控诉说："你要我说人话？你和我那个爹，都是这个世界上的大骗子，几十年来你们可曾说过什么人话？又是自由，又是道德，又是科学和艺术，多好听啊！你们这些家伙先下手为强，抢占了所有的位置，永远是高高在上，就像站在昆仑山上呼风唤雨，就像站在喜马拉雅山玩杂技，还一次次满脸笑容来关心下一代，让我们在你们的阴影里自惭形秽，没有活下去的理由……你们也是一些人渣……"最后竟准备开枪射杀"我"——哺育她长大的姑父，杀"我"未遂后自己跳崖而亡。马涛的自私和狭隘、偏执与狂妄，不仅毁灭了自己与女儿，也葬送了现实与未来。

从流浪到堕落，从成功到囹圄，他是家庭环境与学校教育双重缺失，造成人格心理对社会的敌视、蔑视或轻视，从而产生过激的行动去报复社会。即使他们通过自己的摸索，为社会作出了某种独特的贡献；社会与家庭仍然不能包容他们、理解他们、支持他们，这就更加深化了人格缺陷的悲剧性。韩少功在塑造这类形象——贺亦民的个性时，用心最勤，笔墨最多。贺亦民从小喜欢"打斗留下一处痕迹"，才叫"贺疤子"。他读书是"业余上学"，"作业本大多一页页擦了屁股"。父亲的讨厌与打骂，学校的"孤独与耻辱"，让他没能考上中学，而流浪街头，成为独霸一方的扒王；下乡运动时他坚决不下乡，因此不能算知青，只是在城里抓扒手风紧时去知青点混个几天。① 由于他蛇行鼠窜，秽语连篇，众知青都嫌弃他。"我"和他是小学同学，知道他被迫辍学的伤痛，故能包容、理解、接待他。虽然他的电工技术来路不正，是监狱中自学的。全凭一腔热情，玩命拆装，无师自通，以实践经验和诡异思路钻研，而成为天才发明家。他发明的深井数据传输技术比西方最先进的同行快许多倍，若同意卖给境外石油巨头，就可腰缠万贯。但他就是想"献"给自己的国家，北方大油田上以石油城面貌呈现的国有企业"是他心目中最具体、最实际、最有手感的国家"的象征。可是，油田的官员与专家却"瞧不上他的学历，听不懂他古怪难懂的普通话和二流子腔"，终于使其发明活活闷在资料柜里。为此，贺亦民恼羞成怒，破口大骂："你们这些政府和国企的官爷……在办公室坐出了一个大屁股，在馆子里吃出了一肚子好下水，爱一下国就这么难？……每天上班八个钟头，你拿一个钟头来爱一下行不行……"最后，他在人生还有自由的最后一刻，把自己的发明资料一键无偿公布于网上，给了社会和国家。而他自己却因歌厅的打架斗殴，再次锒铛入狱。

　　而贺亦民的嫂嫂小安子（安燕），也是一个不安分守己的悲剧形象。她虽"脸盘子太靓，靓得有一种尖叫感和寒冷感"。而且，总在知青点净干些惊世骇俗的事：冰天雪地下湖游泳，雨中独自一人散步；吃男人也不敢吃的蛇，夜晚跋涉几十里山路为死人装裹；她杀猪时溅了一身血，还"一个血人哼哼唱唱地走回宿舍，吓得旁人四处躲闪大惊失色，她却得意洋洋地找来一面镜子端详，索性把自己抹成一个大红脸"。然而，就是这个安燕以"追求自己的浪漫生活为由"，"伸过一只手来"，要"我"和她扮演私奔。因为她是"我"同学郭又军的妻子，我是小弟，拒绝与她"私奔"；还因为她的人生理想"就是抱一把吉他，穿一条黑色长裙，在全世界到处流浪"，有爱情自由的痴心，没有对家庭担当的责任。后来她竟

---

① 方能：《求奇友觅奇心》，《文艺报》2013 年 7 月 13 日。

抛弃丈夫与女儿出国飘荡："她的整个后半辈子漂泊在十几个国家，打过八九种黑工，包括当理发师，当驯狗师，做裁缝，在餐馆导客，开花店，当保姆，出租录像带"等，最终客死异国他乡——非洲。

官员的人格缺陷，它的悲剧是个人的，也是集体的；是家庭的，也是国家的；是自己的，也是民族的。它危害最大的还是党的利益与人民的利益。即使是部门领导，也会殃及单位与局部的事业。《日夜书》把官场的生态恶化，描绘得十分逼真，可谓入木三分。知青出身的刘学文，虽然官居副厅，却一无所长，碌碌无为，他签批文件，永远只有两个字"同意"，或一个字"阅"，批不出任何具体想法，更谈不上任何具体建议。哪怕只是两分钟的发言，也离不开手下人的发言稿。"如果不能照稿念，他就结结巴巴，一路颠三倒四，十之八九是离题万里的大话和套话。为了不让这家伙太坏事，我绞尽脑汁，废物利用。"于是，"我"就只能安排他去充当"陪会"的角色。因为他干正事不行，出差在外时"行业政策细节总是被他说错，得靠随行同事事后一再擦屁股"；他一回单位，单位就会"这么乱下去，机关里很多正事都没法干"。可就是这样一个"宝"，他对官场那一套却是"行家里手"，比如，"很多大人物及其亲属的姓名、履历、爱好、人际关系、家庭状况都如数家珍，如同情报局的活档案"。他也因此而仕途一路看好。"我"从党的事业与单位的发展考虑，力图阻止他扶正。结果，"一连几十个电话都是为那家伙说情的，"后来"我的汽车惨遭损毁"，直至权力部门老熟人打来"神神秘秘"的电话，反倒使我身陷囹圄，提前退休了。而那个"宝"又到另一单位任副级去了。这个只会"陪会"的废物在官场有着多大的活动能量啊！这样一个能翻江倒海的人物，对另一个单位的发展不正是意味着灾难性的后果吗？

即使是一个很小的单位，很小的领导，他们的人格缺陷，同样也会给部门与群众带来灾难性的恶果，甚至是悲剧。比如"走了一只猴，来了一只羊"的白马湖茶场杨场长。他当过兵，会打篮球；有刷牙的习惯，也会讲"半吊子的普通话"。可他一任场长，"动不动就抽检知青的书信和日记"，"常到知青住房外偷听"，把女知青吓得"恐惧万分"。而且，他整人"罚站要站在凳上，罚跪要跪在碎石上，挂的黑牌越挂越大"，那刑讯手段，不是"翻身探海"，就是"猴子献桃"，直把群众斗得"鬼哭狼嚎"。广大知青与农民就生活在人人自危的恐怖之中。正当他还想以"在毛主席他老人家脸上打叉叉"来报复知青姚大甲时，反被小安子以牙还牙，说他老婆用他从部队带回有"毛泽东思想"的搪瓷脸盆洗屁股。因果报应，结果杨场长自己被吓成目光呆滞、喉头尖叫的怪人。这种灾难与悲剧，既是他们个人的，也是集体大家的；既是知青那一代人大多数的结局，也是一个历史时代艺术的再现。

四、辩证艺术的张力

《日夜书》的文体创新，既有中国古代传统小说《左氏春秋传》《儒林外史》的文脉，又有西方现代小说马尔克斯、昆德拉的影子。不论它的人物塑造，还是时空置换；不论它的群像聚焦，还是散点透视；不论它的反讽艺术，还是结构设计，都有非常鲜明的特色，充满辩证艺术的思辨张力，体现了作者不断突破自我、超越自我的创造能力。

时空情境的闪回与倒置，是《日夜书》突出的艺术特征。运用这种时空的倒置、闪回、跳接，就是人物的变化，穿梭往复，突破现实与历史的界限；心灵的变化，浮想联翩，不受客观时空的局限。有一种"文之思也，其神远矣。故寂然疑虑，思接千载，悄焉动容，视通万里"，[①]"精骛八极，

---

① 刘勰：《文心雕龙·神思》，见周振甫注：《文心雕龙注释》，人民文学出版社1981年版，第295页。

心游万仞"的境界。时空随着人物塑造的需要而延伸、展开，作品便呈现出一幅幅画面，空间处处在变动，时间时时在变化，时序被打乱了，时空频繁更迭。《日夜书》中的时空转换，就是随着叙述者的不停变更，往来于现时代与知青时代。比如，姚大甲的知青生活，后来混迹艺术圈，直至"出国"等，时间与空间就穿梭往来于他不拘小节，丢三落四，艺术上的成功。第八章刚刚写完了军哥"给小安子打饭""给小安子洗衣和补衣"的那种亲密无间、无微不至的恋爱关系；可笔锋一转，"多少年后，大甲与小安子都去了国外，有人在军哥耳边嘀咕，说那两个家伙不怎么道义，据说在江湖上传有绯闻"；接着又有议论："小安子与大甲在中学同班，又都比较文艺，那才是郎才女貌狼狈为奸祸国殃民的天生一对。"下放、出国、中学，时空始终在作者笔下闪回、跳接。往来映入眼帘让人流连忘返，也难以掩盖其中的愚昧、失落和痛苦不堪；现代生活又充满了虚无寂寞、荒诞和无可奈何，以至于生活变成了七彩斑斓的宝塔，看似晶莹剔透又美妙无比，实际呈现出的是一种悲壮的哀情、苍凉、惨淡却又显得无所适从，难以名状。这就是作者将笔触直接深入到当代生活的精神和思想内核，在挖掘历史记忆、剖析当代生活中，隐喻地表现了人类普遍性的精神困惑，以及对日常经验的错杂感受，对超越时空限制的书写追求。因此，《日夜书》叙事时间与空间上的往来穿梭，就从错综复杂的跳跃、闪回、倒置中探寻到一条自我精神抒写的独特方式。

形而上与形而下叙事的相交与重合，是《日夜书》独创的艺术追求。形而上者谓之道，万物生灭的规律，是精神的、思考的、超越的；形而下者谓之器，物体运用实际生活，是肉体的、现实的、物质的。朱熹曰："理也者，形而上之道也，生物之本也；气也者，形而下之器也，生物之具也。"[1]也就是说，形而上为无形无体，形而下为有质有形；形而上产生

---

① 朱熹：《答黄道夫》，参见冯契主编：《哲学大辞典》，上海辞书出版社 1992 年版，第 732 页。

形而下，形而下升华形而上。韩少功在运用这种叙事方式上，不仅做到局部把握的互补，还做到整体构思的协调。前者在一章中就出现了两种完全不同的叙述方式。"一场读书之间的口水仗"，完全是形而上叙事："你们读过《斯巴达克思》?""读过吉拉斯的《新阶级》?""说说《资本论》吧。""请问是哪个版本？是人民版，还是三联版？还是中译局的内部译本？""你们知道谁是索尔仁尼琴?""你是说《伊凡·杰尼索维奇的一天》还是《玛特辽娜的家》?""你们如何评价奥威尔的《1984》?"等等，没有一定世界文化知识的读者，不仅难以理解，甚至还读不懂。紧接着是形而下叙事："你犁过田？你做过瓦？你烧过砖？你炸过石头？你下过禾种？你阉过猪？你车过水？你打过连 ？你会打土车？你一天能插多少秧……你一次能挑多重的谷？你打死过银环蛇和猫头蛇？……"这一目了然，谁都能理解，谁都读得懂。将这两种不同的叙述对象放在一起，就使形而上叙事与形而下叙事互补重叠了，形象完整而有力度，作品厚重又不乏可读性。后者是在作品中将散文与小说两种文体混搭。一方面，在多数章节中采用散文化的小说叙事，有意识地将小说人物身上发生的故事融合到散文中去，使每一章都像散文一样精致，但又没有与小说的故事脱节；另一方面，作者的智慧的光芒又得以游离于故事之外，阐述自己对"泄点"与"醉点"，"准精神病""死亡"与"回归"，"器官"与"身体"，以及"轮回"的观点，既扮演了叙述者，又充当了思想家，文本的陌生化给阅读造成了积极的障碍。但在整体构思上却做到形而上叙事与形而下叙事的互补，既显示出它潜在的深层次性，又有阅读快感与趣味性。

　　哲学语言与诗意语言的整合与统一，是《日夜书》辩证的艺术创造。哲学语言是基于一种理性的思考，深邃的思辨，它既是灵魂的独白，又是时代精神的精华，具有叙述的逻辑性，表达的穿透力，语言的理性；诗意语言是借助诗意，展开形象，运用多种手法，对意象、情感加以描绘、阐发，具有描写的画面感，情感的细腻化，语言的美感。韩少功《日夜书》

的语言，既能融合哲学，也能融合诗歌，还能让哲学与诗歌语言辩证统一。小说中关于"泄点"和"醉点"对情欲的描写，就是用一种具有思辨张力、逻辑严密的语言，来阐释与生物性相关的"泄点"，与文化性相关的"醉点"，如何在一个人身上做到辩证的统一。不要像"饕餮之徒"只知泄点，而忽视醉点；也不要像圣教徒那样只讲醉点，而屑谈泄点。而应既要为身体营造舒适的处所，又要有安置孤寂灵魂的慰藉，从而为小说的形象丰富与艺术完整提供思辨的空间，创造出一种理性的美。而小说描写记忆中的白马湖时，完全就是一种诗意的迸发："白马湖烟波浩渺，波浪接天，纵目无际。月亮升起来的那一刻，满湖闪烁的鳞形光斑，如千万朵金色火焰燃烧和翻腾，熔化天地间一切思绪，给每一个人的睡梦注满辉煌。有风声，有浪声，有桨声，有鱼跃声，有偶尔飘过的口琴声……当各种声音飘落于深夜，群山下这一大片琥珀色的遍地残火，注定无人在场，也举世莫知。"知青岁月的壮丽画面和酸甜苦辣，都在这段略带抒情，微含怀念的叙述中表现了出来。它文字优美，形象生动；刻画细腻，境界高远；语言精致，美轮美奂。到了小说的结尾，就诗词的语言与哲学的语言互渗互补了，"面对浩瀚无际的星空"，"迎来了一个万物涌现的眩目之晨"，"这个陌生的世界实在太奇妙"。于是，紧接下来，一连串的排比递进句式，晶莹剔透，美不胜收，灵动的语言与深刻的思辨自然融合。它是美的天堂，又是理的思考；它神奇浩瀚，又有人生哲理。

第十一章

严歌苓长篇小说《陆犯焉识》："大墙"内外的情愫与残酷

严歌苓是中国旅外著名中、英文双语作家。她的《小姨多鹤》《第九个寡妇》《一个女人的史诗》《穗子物语》等，曾被翻译成法、荷、西、日等多国文字。"无论是对于东、西方文化魅力的独特阐释，还是对社会底层、边缘人物的关怀以及对历史的重新评价，都折射出人性、哲思和批判意识等。"① 她既吸收了西方世界的价值观，用西方的价值判断来审视"东方人类"；又蕴藉着传统的东方文化，用东方的悲悯情怀来丰富深邃的"人性"。她笔下的女人，既知性、高贵，又"迟钝""弱势"；她刻画的男人，既智慧、倔强，又放荡、迂腐；她生动的描述，既刚柔相济，又犀利多变；既凝练精密，又幽默风趣。

而她的颠覆性转型之作《陆犯焉识》，以其祖父为原型，写出了 20 世纪中国知识分子历经的磨难，写出了他们性格与心理的弱点，写出了他们成长付出的惨重代价。既展示了人性的变异与坚持，情感的冲动与麻木，人世的悲壮与渺微；也在政治与人生的碰撞中，呈现出政治、人生、人性、知识、情爱等的复杂内涵和丰富多义。它谱写了一曲政治与人性之

---

① 涂清清：《苦难中的追寻——〈陆犯焉识〉中陆焉识的精神解析》，《重庆科技学院学报》2012 年第 21 期。

歌，也是一个时代社会变迁、历史因缘的风云际会；它真实再现了一个丰富与复杂的历史场域，也是一种家族记忆、个人伤痛的真实体验。

一、主题的探析与苦难的记忆

长篇小说《陆犯焉识》主题深广，题材尖锐。20 世纪 80 年代初，丛维熙、张贤亮等以监狱、劳改生活为背景的"大墙文学"，曾是当代中国文学的一道风景。《大墙下的红玉兰》《男人的一半是女人》等，都在以正义与邪恶、进步与反动，是与非、人与妖展开的激烈斗争中，表现了那个特殊时代中国共产党人和知识分子的浩然正气。虽然思想都还局限在"虽受冤屈而对马列痴心不改"上，但却打开了当代中国文学的一道有价值的窗口，推动了当时的思想解放社会反思。到了 90 年代后，"大墙文学"风光不再，甚至成为一个禁区。由于现实的境遇及其作家自身畏葸的心理因素，内地不少作家对这一特殊题材，感到了无奈、无助以及（由此引致的）无知。作家不仅很少涉及这一题材，更没有一部获得成功的作品。这一题材因禁而成为公然废弃的"富矿"。而当去国经年的严歌苓，既受异国思维的浸染，又被美国文化"洗脑"；既学会了从"新的角度看问题"，又有着广阔的文学与文化背景。于是，她在"见识了新世界，体悟了新概念，确立了新立场"之后创作的《陆犯焉识》，就让一度沉寂的中国"大墙文学"，再次冲击了人们的感应神经。小说以 20 世纪中国知识分子历经监狱内外的磨难，来揭露严苛政治对人的身体的摧残、精神的折磨，展示了一种超政治历史的沉重和深刻。这种摧残对生命和生存的威胁，就是"莫须有"的罪名随时随地可以被附加在人身上，似乎每一个人都是有罪的，而且罪不可赦。它既不需重证据，也不要论法律，欲加之罪，何患无辞。陆焉识第二次被捕并不断加刑的过程，就是一种信口开河的黑色幽默。加刑的原因，首先是因为一个叫江帆的公安局长被捕了，造成 1954 年 11 月 15 日那天被宣布刑期的犯人绝大部分都被加了刑，陆焉识不幸就是这其中一个，然后陆焉识因不满在与法庭公开辩白加刑是不合理后，又被扣上"大闹法庭"的罪名，加刑至二十五年，最后他要求执法负责人在加刑判决书上，注上"永不加刑"几个字，又被宣布为"死刑"。在政治面前，最具社会公正性的法律已经失去了效力，人已经失去了最后一道安全屏障，成为可以随意宰杀的动物。而对人的精神的折磨，既是人道与人性的坍塌，又是题材与思想的尖锐。小说中有一段关于"画地为牢"的描写。"在犯人们搬进监狱大墙和草窑洞监狱之前，他们已经习惯了虚拟的监狱；石灰粉在草上撒出线条对于他们就是实体的监狱墙壁，一条线是'内墙'，一条线是'外墙'，最外面一条线是'大墙'……画地为牢的监狱很成功，三年里没有一个犯人跑出虚拟的'大墙'，也就是第三道石灰线之外"。在这种随着一条白石灰线即为一间牢房的年代，政治已经使每个人都住进了虚拟的监牢里，而住进去的人不仅已经丧失了反抗的意愿，而且也没有了人的尊严；不仅习惯于被不断地迫害，而且遗祸不断；不仅任人摆布与愚弄，而且可以随意扼杀。这是何等的尖锐，何等的残忍！

《陆犯焉识》的历史真实性，是以"祖父为原型"的家族史。家族史就是一个家庭的历史。而小说则不仅仅是家族史，更是文学作品。就像亚里士多德在《诗学》中说的；艺术家的任务是"描述可能发生的事"。① 就是要有事实为依据，但又不必拘泥于史实，为了使所描写的形象具有深刻的社会意义，作家必须要在史实的基础上，进行艺术虚构。鲁迅在《中国小说史略》中概括了中国"讲史"的两种类型：一类如《三国演义》《东周列国志》，它们基本依据史实，也有虚构。这就是所谓"七实三虚"的"讲

---

① ［希腊］亚里士多德：《诗学》，见《西方文论选》上，上海译文出版社 1979 年版，第 64 页。

史";另一类如《水浒》《说唐》《说岳》,"叙一时故事而特重于一人或数人,虽然取了一点历史上的因由,但虚构成分占了主导"。鲁迅指出,前一类"讲史",是不易写好的,如果"拘牵史实,袭用陈言",就往往"既拙于措辞,又颇惮于叙事",[①] 不能取得良好的艺术效果。《陆犯焉识》无疑介于这两类"讲史"之间,作者既深入、广泛地发掘家族史料,使创作有所依托,又没有"拘牵史实,袭用陈言",而是从她经历过中国政治的一部分进程,她的家族作为一个连续的统一体经历过更长时间的中国政治与历史的相关进程。这些遭遇虽然大多是不愉快的。但严歌苓却找到了更加宽宏的尺度,超越了一己的恩怨,继而超越了特定政治与历史的是非。正是因为更加宽容了,严歌苓可以更加犀利地重述,一再重述她感触最深的那段中国历史,也包括她感触很深的美国生活。她在《谁家有女初长成》中说:"当你大大放宽正常与非常的准则,悬起是与非、善与恶的仲裁,你就获得一种解放,或者说,一个新的观念自由度。"因此,她的祖父严恩春的故事,就成了小说的历史真实性。严恩春 16 岁大学毕业,20 岁出国留学,25 岁获得博士学位,40 岁因对现实失望而自杀。严歌苓未曾与祖父谋面,却又因亲戚言谈的描述使她有了较深的了解。她祖父读书用功,悟性高,敏感、孤高,长相英俊的老照片,留下的书、瓷器、玉器等物件,就证明了这一点。而且,严歌苓在美国上的大学正是她祖父曾经就读的学校,她认认真真地读了祖父的博士、硕士论文,知道他当时是那样忧国忧民,那样认真地在为国家画一幅蓝图。从此,祖父在她心中就变成了一个神秘的符号。后来,她又结识了一个在青海劳改了几十年的长辈,也是知识分子,解放前曾任一个著名中学的校长,他请她读他写了多年的笔记,这里记录了他几十年的人生遭际和精神追求。为此,她去青海看那里的植物和动物如何在大荒草漠上繁衍生息,看那种没有伪装的大自然下的

---

① 《鲁迅全集》第 1 卷,人民文学出版社 1981 年版,第 148 页。

优胜劣汰，等等。于是，严歌苓发现这位长辈和自己的祖父在很多方面都很相似，如果祖父活着，后来可能会成为这位长辈的样子。对家族史的深入探寻和剖析，使严歌苓逐渐有了想以祖父为原型，书写那个时代知识分子命运的念头。家人都觉得这个故事很有意义，以她的能力完全可以写得很好，都鼓励她写出来。但严歌苓是个很慎重的作家，她一直觉得准备还不够，虽然这部小说在情节上有百分之九十是虚构的，但她还是为这部小说的写作积累了十多年，多次往返美国、上海、青海。[1] 因此，从家族史料出发，去对生活进行考察、研究、分析，既源于生活，又高于生活；既深入史料，又跳出史实。它表现出的就不仅是一个人或一个家族的历史真实，而是一个民族或一个时代的历史真实。

《陆犯焉识》的凝重与雄浑，还形象地再现了监狱生活的残酷与血腥。监狱是那些判处徒刑的罪犯执行刑罚的地方。它是一种限制罪犯精神和物质生活而产生的心理痛苦效应的总和，具有对罪犯执行刑罚、剥夺其人身自由，使之与社会隔离，失去再犯罪的条件，具有严厉的惩罚性。因此，《陆犯焉识》的监狱描写，不是那种"惩罚与改造相结合，以改造为宗旨"，而是在"政治决定一切"的时代，监狱就是政治的工具。于是，那种狡黠与诡谲、折磨与狠毒、残酷与血腥，就使人烟稀少、大漠监狱始终处于白骨遍地、人不如畜的恐怖之中。罪犯食不饱腹，梁葫芦就"在解放军开饭的时候溜到他们的营房，假装跑得太急撞翻了某人端着的一大碗面条，然后在解放军的骂声中他的下巴已经着了地，连吸带舔地把混了草根泥土的面条吸进嘴里"。人真是不如一条狗！不仅如此，监狱那个惩罚犯人的"加工队"，更是惨无人道。为了老几一个"欧米茄"，"加工队"竟把梁葫芦嘴里堵满了干马粪，然后"捆到马缰绳上"，"腿被劈开，一只脚系一根绳，挂在马的两侧，让马把他当爬犁拉。这架人形爬犁在不平整的渠道底部颠

---

① 张亚丽：《好书多"磨"——关于严歌苓最新长篇小说〈陆犯焉识〉》，《文艺报》2012 年 1 月 4 日。

簸，与雪地接触面最大的是后脑勺和上半个脊梁"。"谢队长站在渠道里，马跑到跟前他就把它吆喝回去，这样马就在规定的距离内跑来回。"不久，"他的葫芦头已经开了瓢，此刻在地上写着黑红的天书"。直到那"最鲜艳的一道黑红不光是液体的，还有极小的一片片的固体，上面黏着几根头发。梁葫芦的皮肉毛发"。即便如此，犯人们竟然麻木到"去看看自己的惨如何转嫁到了他人身上，看看他人的惨如何稀释自己的惨。有个人在受折磨呐，因此折磨暂时不会轮到我。有个人替我皮开肉绽了，多么幸运，皮开肉绽的不是我"。这样一种残暴至极的恐惧环境，多么冷酷，多么惨烈！于是，面对这种血腥的大漠监狱，犯人们就总结出：在监狱的生活，必须是人格面具和阴影角逐的双重生活。犯人们只有在阴影和人格面具融合一致时，才能免受看守的斥责和"加工队"的惩罚。当阴影冲破压抑的屏障，犯人便以病态的方式表现自己。这种双重生活如肆虐的牙痛，侵蚀着整个荒漠，"各种分裂成了不仅是个人，而更是普遍的不可避免的历史命运"。[①] 冤死鬼徐大亨、使尽计谋的张狱友、高傲的犯人组长、猥琐卑劣的农村大队书记、"聪明反被聪明误"的贼王、"没长脑子"的伪连长、空想家知青小邢、吃人肉的张现行……犯人们在人格面具和阴影的双重生活下进退两难，既需要人格面具去保护真我，又需要阴影来释放内心。结果，他们只有生活在畸形的状态下，孤独且行为怪诞。否则，不是喂了"狼群"，就是葬身"坟场"。

---

① ［瑞士］Iung、Carl Gustaw，*The Collected Works Of C*, G Jung, New York：Holt, Rinehart dnd Winston, 1957, p.230。

二、人性的扭曲与人格的错位

陆焉识是位汇聚、折射了一个历史时代大事件的世纪老人。他才华出众却最终成了一个"没用场"的人,他政治中立却最终成为一个政治劳改犯,他与多名女人难舍难分却最终只能孑然一身。这个"昔日的公子,曾经的教授"所肩负的精神和肉体的折磨与苦难,既是性格的悲剧,也是命运的悲剧;既是家庭的悲剧,也是时代与民族的悲剧。

陆焉识出身贵族,却命运多舛。他是上海大户人家才子型少爷,留学美国,智商超群;学识渊博,才干卓越;精神活跃,思想前卫,是从民国到解放初期大多有知识、有理想年轻人的典范。米歇尔·福柯说:"知识分子的工作不是塑造他人的政治意志,而是通过他在自己的研究领域的分析,对那些自说自话的规则质疑,去打扰人们的精神习惯,他们的行事与思想的方式,去驱散那些熟悉和已被接受下来的东西,去重新检验那些规划和体制,在这一重新质疑的基础上(他在其中完成作为知识分子的特殊任务),去参与政治意志的形成过程(他在其中扮演公民的角色)。"[1] 内心孤傲的知识分子陆焉识正是如此,他既有内涵,又有操守;既有怀疑精神,又有批判意识。他为了坚守自己的学术品格,不怕得罪多年的好友,却被无端卷入文墨大战。他那孤傲品格的张扬,既让他随处碰壁,也让他寸步难行,以致他不得不承认自己是"读书读成了无用场"的人。而这"没用场"正道尽了知识分子时代累计的命运。因为"一般此类'没用场的人'都有一身本事,误以为本事可以让他们凌驾于人,让人们有求于他们的本事,在榨取他们本事的同时,至少可以容他们的清高,容他们独立自由地

---

① [法]米歇尔·福柯:《词与物:人文科学与考古学》,莫伟民译,上海三联书店2002年版,第176页。

过完一生。但是他们从来不懂，他们的本事孤立起来很少派得上用场，本事被榨干也没人会饶过他们，不知如何自身已深陷一堆卑琐，已经参与了勾结与纷争，失去了他们最看重的独立自由。"于是，在"我"太祖母冯仪芳眼中，祖父陆焉识的确是空有一身本事，既不能养家糊口，又不能保住祖宅，还不能免于囹圄之灾，是"没有用的"；在左邻右舍眼中，陆焉识生活的困顿要靠弟弟接济，阻挠侄子皮埃尔参加民主自由运动，就体现了他知识分子的软弱，曾经锋芒毕露的他在动荡的时局中感到困惑而无助，只有选择明哲保身，是"没有用的"；在他的三个子女眼中，父亲除了给他们带来满身的诟病，带来生活的不安定因素，带来一堆麻烦之外，是"没有用的"。但时隔多年，这样的"没有用"在作者严歌苓看来，是一代知识者维护了内心的清高和孤傲，守候了知识的智慧与光芒。在陆焉识身上，就是对自身的意识与创造力的坚守。可以说，陆焉识不同于其他知识分子的闪光点，就在于他对于人格与操守的执着追寻，就在于他在对智慧的寻找中最终使他发现了自己，就在于展示了困境并指出了出路。①

陆焉识"追寻自由"，却终生被不自由羁绊。"他的眼睛一次次地潮湿，不是哭他的绝望，而是哭他的自由。从小到大，像所有中国人家长孙长子一样，像所有中国读书人家的男孩子一样，他从来没有过足够的自由。"对于失去自由的苦痛，陆焉识有着深切的体验。他早年丧父，受其影响较小，男人心中"明确的女性意象"，除了从遗传获得外，母亲的经验对他有着重要的影响。他生活在恩娘主导的母系家庭结构之中，并将感情投射于恩娘，故一生不能摆脱她的吸引力，看不得她的眼泪，见不得女人可怜。于是，他在恩娘的软硬兼施下娶了排斥、厌恶的婉喻。十几岁，他就没有了为自己婚姻做主的自由，却选择了出国留学的自由。作为一种补偿，在国外的日子，他尽情地挥霍着难得的自由，开始了人生中第一次

---

① 李丹：《对于人文知识分子的命运及存在意义的探寻——评严歌苓的长篇小说〈陆犯焉识〉》，《绵阳师范学院学报》2013 年第 32 卷第 12 期。

恋爱。他"把激情，把诗意，把头晕目眩的拥抱和亲吻"都送给热情活泼的意大利姑娘望达，但激情过后发现自己能够享受的自由是多么有限。来自弱国的年轻人，无论自身条件多么优秀，却难以获得足够的尊重与平等的就业机会，甚至连与自己热恋的情人都羞于公开承认彼此的关系。他的自尊受到伤害，不得不放弃自由恋爱的权利，返回那个剥夺他自由的家庭。回国之后，他费尽心力地敷衍着身边各种人，"为了不让别人为难，常常做别人为难他的事，做别人要他做的人"，却仍然是"一不留心，他失去了最后的自由"。即使终于得到特赦，回到日思夜想的亲人身边，却发现自己获得的自由不过是一种形式。女儿们对他和前妻复婚的阻挠，左邻右舍对他不合时宜的言行的猜忌，让他感到一种不亚于牢狱生活的巨大压力。尽管他寻找过爱情的自由、家庭的自由、知识的自由、政治的自由。而且，为了实现爱情自由，他两次出轨；为了实现家庭的自由，他小心翼翼地调和两个女人的战争；为了实现知识的自由，他不愿意借论文给大卫；为了实现政治的自由，他不愿意加入任何党派。结果他却被家庭排斥，被卷入莫名的纷争，被投入大漠的监狱。可以说，自由对于他就像一个又一个羁绊，他寻找什么，它就绊倒什么。但就是这样一个一直被不断压到尘埃里的人，却用他的行动诠释了自由的真谛——他发现最爱他的人是他的妻子，就像曙光一样照亮了他前进的道路，给了他希望，并让他在对爱情的认识中，找到人生存在的价值与意义。他通过婚姻、爱情、流放，最终领悟到"心灵的自由"才是真正的自由，唯有超越自己才能获得更广阔的自由。

陆焉识的爱情，既有"心猿意马"的无果而终，也有"一心忠于爱情"的生离死别。在华盛顿，他过着风流而逍遥的快乐生活，交起了意大利女友——望达，最终只是"恋爱一年"。随着大学的搬迁，他又结交了重庆女子——韩念痕。韩念痕其实是很符合陆焉识心中对于理想爱情和妻子的期待，但两人相遇的时间太晚，五年无望的恋爱最终使陆焉识回到上海，韩念痕远赴美国。冯婉喻才是他真正的爱情。刚开始，在陆焉识看来，被他人包办的婚姻是不可能产生爱情的，所以在很长一段时间内，他认为自己从来没有爱过冯婉喻，有时候甚至从心底抵赖自己对冯婉喻的爱情。但事实上，冯婉喻在他心目中不仅有非常重要的地位，而且最终筑下了挥之不去的情结。留学归来，他既瞒着恩娘带她去看梅兰芳的戏，又不顾恩娘的阻挠带她参加学术会议偷渡蜜月；既隐瞒了在美国"那个活生生的念头：留下来，彻底逃离冯仪芳和冯婉喻"，又隐瞒了在重庆自己入狱的事实，坚持给冯婉喻写平安家信。既在提篮桥监狱里，他拼命抢回被人扔进垃圾桶的蟹黄，只为那是冯婉喻的心血；又在犯人大转移的夜晚，当冯婉喻的身影出现在路灯下时，他不顾一切地冒着挨打的风险奔向她，忽然惊觉自己在巴望着冯婉喻的陪伴。他既不忍心让冯婉喻受委屈，又不想让她为自己担心。在被流放的漫长岁月中，他一点点地咀嚼着和婉喻在一起的时光，回忆和冯婉喻共同生活的日子，越发认识到自己是个怀揣至宝而不识的可怜虫。他为自己曾经对冯婉喻的感情背叛而痛苦。于是，他不顾生死，千里逃亡，是为了看一眼冯婉喻并且向她忏悔自己曾经的出轨；他逃出牢笼又主动自首并提出与妻子离婚，是为了让冯婉喻摆脱"敌属"身份，也是为了保住她的前途和一个好的生存环境。在冯婉喻失忆的日子里，他不离不弃地陪伴着她，跟她一起等待着她心目中的那个陆焉识。没有了曾经艳光四射的眼神，眼前这个饱经沧桑的老太太丝毫不会减少她在陆焉识心目中的魅力。这是一种超越时空、超越生死的爱情，是一种回头浪子的金不换的感情。最后，陆焉识带着妻子的骨灰回到大西北去了。显然，陆焉识的出走与贾宝玉的出走在某种意义上是有异曲同工之妙的。不仅仅是历史的崩塌、政治的崩塌，也是家的崩塌、家庭伦理的崩塌。家里让他牵挂的冯婉喻死了之后，他觉得这个家也崩塌了、消失了。这个家的意义对他来说就是冯婉喻的存在，这跟《红楼梦》里林黛玉死了之后一样。陆焉识的爱情观给我们的启示就在于：爱，是一生一世的承诺，必须用心去兑现。哪怕这个世界上根本无人在意这份承诺，只要自己去做了，便值了。

陆焉识的牢狱生活，是他"虚伪人格"的历史见证。陆焉识是因为"内心阴影不谙世事的张扬，激越时时压倒意识的自我，'显得暂时疯狂失态'"而被打成"反革命"，又因其迂腐可笑的书生气导致了多次加刑直至无期，送往西北大漠劳改。在牢狱那残酷而恶劣的环境中，人为了在夹缝中获得生存的权利，不得不无所不用其极，与他人、与自身展开不可避免的冲突。这就不仅导致个人道德良知沦丧，连人的最后一块遮羞布都抛掉了。严歌苓说："在什么样的环境下，人性能发挥到极致，在非极致的环境中，人性的某些东西可能会永远隐藏。"严寒、饥荒、常年的劳累以及犯人间的相互倾轧，博学多才的陆焉识在这种极端的环境下，只能将孤傲的自尊隐藏在"脸上厚厚的污垢"之后，将会说四国语言，能言善辩，有着照相机式记忆的自己伪装成说话结巴的犯人"老几"。于是，他学会了读人眼色，已习惯用肢体语言和"口吃"来掩饰自己。老几一直谨慎地做着孤傲的囚犯，为了去咫尺天涯的场部礼堂看小女儿的教科片，他放弃尊严，用尽伎俩，甚至豁出生命，蜕变成一个狱油子；为了用珍贵的欧米茄金表贿赂邓指导员，他眼睁睁地看着视他为亲人的梁葫芦被"加工队"残酷折磨也不肯交出金表，却诡诈地"大声动员"，让"犯人们立刻哄一声跑去""救救葫芦"。他在惊慌恐惧之中掉进"糖浆"池子铸成一个"糖人"，却成了千里逃亡拯救生命的"稻草"；他在邓指派他去做跟踪偷情妻子的"眼线"，却把人命关天的对质变成家和万事兴的"桥梁"。强大的集体无意识使他戴上人格面具，"口吃"的面具为他赢得察言观色、见风使舵所需的时间。而精神的匮乏、政治的严苛、犯人间的相互围猎，终使他身上满布的旧时代文化华贵的自尊凋谢成一地碎片。于是，行动被锁死的监狱生活同时也无意间给陆焉识的精神世界创造出了宁静而空旷的空间。犯人与看守的众生百态、命运的错位、死亡的多次接近在这个封闭的环境中全景式地铺陈在陆焉识面前。只有这时，"盲写"不仅是陆焉识在狱中多年来养成的习惯，而且是他区别于狱中其他犯人的重要标记。只有在盲写中，博学的陆焉识才能回到一个知识分子的真诚、执着与敏锐，同时也逐渐完成着自身灵魂的反思，让他的胸怀抵达了他享受富裕时从未抵达的高度，展现出在残酷岁月中生命可能达到的高度。

三、情愫的真挚与沦丧

《陆犯焉识》"对每一个人物的书写都可谓在书写层面达到了'尽善尽美'"，不论是经历内外战争、政治运动，还是苦难炼狱、情感困境，都"更为本质地提出了人性的美好情愫才是世界的本质"，揭示了道德的沦丧行为才是人性的丑恶。他们或是被动的、伤害的；或是悔悟的、无奈的；或是坚守的、理解的，都具有超越他们本身的力量和意义。

冯婉喻美丽、温婉而又坚韧、倔强。她是大户人家明媒正娶的儿媳妇，是受人尊敬的陆博士、陆教授的夫人。她身上有恩娘的忍耐、持家、勇敢、给予，是"旧中国"受过良好教育的女性代表：知书达理、宽厚贤淑。她是作者作为"圣母"的形象来塑造的，既坚守道德与伦理的底线，又集温、良、恭、俭、让等传统美德于一身。在家庭中，除了婆婆的刁难，她没有感觉丈夫对自己的不好。丈夫的冷淡在她看来是恩娘的蛮横和生活的压力造成的，所以，她安安静静地守着自己的幸福，从来不去怀疑丈夫的不忠。在她眼里，陆焉识是无可挑剔的，哪怕他成了罪大恶极的"反革命"，也丝毫不会影响她对他的爱。她为陆焉识买欧米茄、剥蟹肉、失去贞洁、跋涉送别。即使在丈夫被捕后，她仍独自艰难地撑起这个家，还始终脱不下"敌属"的帽子。她如此执着埋伏于岁月中的欧米茄，分享了焉识的一生，使丧失自我的焉识自然地和过去取得了联系，获得了温暖。当焉识逃狱只为心中的婉喻，最终在窥见婉喻的安定后终结逃亡，毅然选择自首、离婚；并以自己承受被踢得"脚头之猛，如同中锋射门"，打得"'呕'的一声，吐出一口血来"，以致"双脚坏死，屎尿满身"，被救活之后，又被关进黑房遭受不断折磨来保护婉喻。然而，正当陆焉识特赦回家时，深爱丈夫的婉喻却失忆了。"浪子回头金不换"，可命运却没有给"浪子"——陆焉识机会。这或许是对陆焉识前半生风流的莫大讽刺，对妻子的满心愧疚和爱意何去何从？他只能以独有的达观、从容与睿智，去精心呵护妻子，陪她走完人生的最后旅程，从而完成对自我灵魂的救赎。而陆焉识却只是妻子婉喻眼中"内秀、儒雅的老先生"而非她日夜盼望的丈夫。冯婉喻的一生，结婚、离婚、复婚、入党，几乎每件事都要受到他人的操控，唯其如此，失去记忆的老年冯婉喻深夜搬家，随意骂人以及赤身裸体的疯狂行为才不难理解——那是一个人的潜意识和现实世界的对抗，是对本我的回归，对道德自我的反叛。所以，作者就只能用失忆的方式来保全她内心对婚姻和爱情的美好记忆。如果冯婉喻没有失忆，而陆焉识执意要向她忏悔自己的不忠时，那该是多么残忍的场景，作者有意规避了这种结局。这说明婉喻是多么坚定地相信爱情，即使这个世界把自己伤得体无完肤，也要竭力保护内心的美好。也正因为她的美好，才使得晚年陆焉识的痴情与耐心有了令人信服的理由；也正因为她的美好，才让我们对人性的力量有了充分的信任。

冯仪芳、望达与韩念痕"三个女人一台戏"，在小说中演化成了一个男人与三个女人的复杂情感。他们之间既有母子关系，又有情人爱恋，但却并没有同时出现在舞台上，而是通过情节的余温紧紧地联系在一起。冯仪芳是陆焉识的继母，她风情、精明，能言善辩，身上有诸多儒家传统观念和管制欲望。她用眼泪、叹息、柔情，尽力从继子那里榨取一点不伦不类的温情，从而以一种近乎报复的心态来破坏年轻人的爱情自由。望达是陆焉识在华盛顿的艳遇，她俏皮、刻薄，骄横清高，视陆焉识为"拿不出手的中国情人"。她是少年陆焉识用不自由的婚姻从恩娘手上交换来的第一份感情。韩念痕是陆焉识在重庆时的情人，她知性、泼辣，敢说敢当，在陆焉识最危急时不惜搭上自己的幸福和未来。她则是中年陆焉识逃离家中女人之间琐琐碎碎的明争暗斗之后获得的又一份感情。这两次自由的恋爱有着同样的结局，就是以陆焉识的回归家庭而告终。对于陆焉识的两次艳遇，冯婉喻都毫不知情，更谈不上进行干预，但每一次恋爱的结局都是不在场的妻子打败了朝夕相对的情人。这种情形看似荒唐，实则暴露出在东西文化夹缝中游走的陆焉识内心根深蒂固的中国文化的影响。表面上看，他是一个受过西方文化熏陶的洋派男人；但从实质上来说，他永远摆脱不开中国文化的深深烙印。他的审美趣味，他的道德观念，早在他的童年和少年时期就已形成，成为基因一般顽固的特质跟随他一生。他和别的女人之间感情纠葛，多少与西方自由开放的社会风气有关，但更深层次的原因则是一个精神压抑过久的中国男人对自身处境的反叛，只是这种反叛往往被局限在一定的范围内，而且基本上都是以向现实妥协作为结局的。西方男人可以激愤地喊出"不自由，毋宁死"的口号，而中国男人却只能涵养十足地说："容忍比自由更重要了。"在中国男人看来，外面的世界固然令人心猿意马，但对于家庭的责任无论如何都不能丢下，否则他就不配做男人。陆焉识这个人物身上集合了那个时代许多知识分子的共性，代表的是一类人，而不仅仅是某个个体。[①] 因此，尽管望达和韩念痕都是陆焉识的情人，但二人个性却如此不同，对待陆焉识的情感也不尽一样，但二人同样让人惋惜。

　　冯子烨、冯丹珏与父亲陆焉识的关系，是一种家庭伦理关系的崩塌。正像托尔斯泰小说"家庭伦理的崩溃"一样，在沉痛的历史中，血缘已无足挂齿。家庭成员之间的关系被逐渐异化，不仅他人成为地狱，亲人也成

---

　　① 　冯晓莉：《〈陆犯焉识〉主题探析》，《文艺理论与批评》2013 年第 4 期。

为了地狱的代名词。当陆焉识再次回到上海寄居在儿子冯子烨家中时，冯子烨就像对待老鼠一样接待了他的父亲，先给他的老父好好消了个毒，再把他的父亲渐渐地变成了家里的一个老佣，后来又解散了"陆教授"的家庭英文班……由于受到父亲的牵连，他不得不改随母姓，还失去了自己的初恋，失去了政治的前途，也失去了人生的目标和善良的本性。一个原本志存高远的知识分子可悲地堕落为十足的市侩，他既沉迷于自己扮演的社会角色，惧怕一句"爸爸"可能造成的政治安全，一直担心父亲惹祸，训斥和利用他，又联合妹妹丹珏为了房产变相把父亲赶出了家门。而聪慧、漂亮的小女儿丹珏，背负着"反革命子女"的罪名错过了收获爱情的最好年华，只能在人到中年时敷衍自己找一个平庸的男人作为老来的依靠，获得一点世俗的幸福。政治环境的不自由与清高孤傲的个性都成了束缚冯丹珏追求爱情的枷锁。即使和潇洒、胸无大志的刘亮组成的家庭，也完全是空架子，异化的人格因为爱的屈尊而丧失了尊严感。而且，这种人际关系的异化不仅在成人身上体现得十分明显，也残酷地显露在了孩子身上。随着父亲刘亮进入陆家的三个孩子把家庭看做是政治的战场，他们排斥囚犯老阿爷给的巧克力，晓得自己是拖油瓶，在继母的领地里不能真实地做孩子，要做父亲的爪牙，要把冯家变为新的刘家，就只有以超年龄的畸形直觉，无顾忌地嫌弃、诋毁焉识为"老罪犯"；而刘亮的"穷凶极恶、无理力争"，更让焉识愕然、心酸。最后，"人与人之间的关系中找不到多少爱与恨"，只充斥着距离与冷漠。于是，陆焉识终于发现在这个社会已然不是他生活过的世界，已没有他的容身之处，面对人格面具的围剿，羸弱的"自我"无法处理来自内心繁杂信息，更找不到心理和现实的出路。与社会的格格不入，孤独的悲怆，存在的支离破碎，完善了焉识对自我的了解。最终他在邓指儿子的启发下，"沉没进无意识里"，一切成为自觉意识，明确了生活方向，意识到只有回到西北大漠，才是他通往自我意识的道路。

作品除了关心主要人物的喜怒哀乐，还将平等看人的目光投向其他所有人物，甚至所有生物。这不得不说严歌苓是一位包容性极大的作家。昆德拉认为小说应该悬置道德判断，《陆犯焉识》这里悬置的就不仅是道德判断，而是放弃了固有的判断尺度，来到人物创造的又一高地。每一个小人物，都栩栩如生、活灵活现地在那里活动，就像我们自己一样。而且，她的小人物书写很容易调动读者的置入式阅读，很容易与这些人物情感相通，或者起码，对之深深关切，就像关心自己的亲人。他们的心理波动引人内心震动。比如梁葫芦、知青小邢，他们的故事很简单，但却被塑造得形神逼真。梁葫芦因为母亲把口粮送给了情人，而弑母入狱，在监狱中无恶不作，甚至为了多一口饭吃，每天冒领尸首的口粮，像模像样地占了一具尸体一个多月的饭。他被人"加工"，是因给老几偷欧米茄。酷刑之下，老几在阴影不由自主的力量面前束手就擒，认为梁葫芦的受罚理所当然，为了实现目的，他没有说出个中缘由。梁葫芦也硬汉铮铮地没有招出欧米茄，内心的阴影却让他在临刑前，把死里逃生的所有希望都押在揭发老几的假结巴上，却依旧难逃死刑。小邢的出场时间很短，也许只是一个夜晚，然而小邢的一切关键点却历历在目。他爸爸是个"臭老九"，这是他进号子的原因；他对号里人对陆焉识的侮辱性言辞十分不满，并跟其中出言不逊的贪污犯杨学勤较真，踢其头部；因此，他被戴上纸手铐，当晚点火时拒绝接受任何人帮助，后点火失手，引发大火，葬身火海。小邢在对知识重要性的认识和对劳改生活的荒诞性的认识上跟陆焉识如出一辙，但小邢远远不如陆焉识成熟稳重，他以小小的年龄而找不到暂时的安身之道，最后必然一死。[①] 显然，梁葫芦与小邢在这个人物谱系中依然很有力量。他们的怨愤事出有因，他们的死亡属于必然。他们都有超越其本身的分量和意义。因此，小说中几乎找不到一个不丰满的所谓扁形人物，甚至

---

① 龚自强：《与大叙事共溶的小叙事——看向〈陆犯焉识〉内部》，《中国图书评论》2013 年第 12 期。

包括所有的小人物在内。无论是对比塑造的大卫·韦和凌博士,还是陆焉识短暂出场的侄儿;无论是偷情却又不认为理亏的颖花儿妈,还是最终选择理解妻子的邓指;无论是丢失了先进称号而报复犯人的河北干事,还是背负着各种罪名被囚禁在大荒草漠的囚犯们……太多的人物仅是一闪而过,却给人留下难以磨灭的印象。

四、叙述的视角选择与细节描写

叙述既是一种涵盖着异常丰富复杂的文体,又是一种具有创新意味的方法,刘勰说:"文之为德也大矣,与天地并生者何哉? 夫玄黄色杂,方圆体分;日月叠璧,以垂丽天之象;山川焕绮,以铺理地之形。此盖道之文也。"①《陆犯焉识》叙述法则的整体性,就是大小叙事的共溶性、叙述视点的变幻性、细节描写的独特性,它既是一种理论思路,又是一种表现手法。

宏大叙事与细腻叙事,既能独立存在成为一种表现形式,又能互渗共溶创造一种新的叙事手法。《陆犯焉识》中诸如民族、国家、种族、性别、阶级等,是以陆焉识的一生串联起中国历史上的百年风云,是一种国家叙事。它们既是小说叙事的重点,又带有史诗性的特点。虽然作者没有明言批判已经发生的历史,以及历史之中荒谬的政治,但政治所造成的惨烈后果的表达已然将人带向宏大叙事之中。从美国到中国,从风流倜傥到几乎丧失为人的尊严,从国共争斗到新中国的世事变幻,从城市的风声鹤唳到大荒草漠的生死不如……一切都在书写这一百年的历

---

① 刘勰:《文心雕龙·原道》,周振甫注,人民文学出版社 1981 年版,第 1 页。

史变迁，一个世纪老人。小说从"肃反"开始的主要叙事紧密跟踪了那一特定时期的时代氛围，既融入了对特定时期国家机器及作为的缜密思考，又找不到当时中国在特定的时代语境和现实境况下妥当的现代性之路；既更加宽容对待历史所发生的一切，又让历史的客观远离自己，从而写出历史的真实性与包容性，做到力道而不空泛，沉重而不消极。而人的情感流动和心理波动，并从心理动因、个人经验出发结构每一段具体的叙事，就是宏大叙事架构之中遍布的细腻叙事群体。这样一个一个细小故事构成的一个又一个完整的叙事进程，有头有尾，十分完整。比如陆家平平常常的小日子，小家庭既给陆焉识更深入人心的折磨，也有最幸福的甜蜜。"恩娘自从被焉识留在了陆家；就像一个大蜘蛛，吐出千丝万缕，更把焉识缠裹住。"留美博士陆焉识一直发狠心要对抗以恩娘为首的家庭与传统合一的牵绊，但他最后不仅并未挣脱，反而在恩娘和婉喻暗地里为焉识较劲的时候，陆焉识简直到了一筹莫展的地步；而在逃离家庭去往重庆和再往后的"肃反"监禁中，陆焉识本可以远离这些，可他不仅没有远离，反而最大限度地爱上了他的家庭。还有诸如陆焉识劳改生涯中的"加工队"令人发指的故事，河北干事整陆焉识令人心惊的过程。这里每一个出场的人物都有一个完整的命运叙事，从出场到落幕都是一个完整的过程，而人物与故事又是一体的，每一个人都有一段故事，每一段故事背后都站着一个人，有始有终。因此，从整体来看，《陆犯焉识》是宏大叙事的典范，大历史环节一个不少，大事件过程一个不落，恢宏阔大；从细部来看，作者更在乎个人性和具体性，将每一个个人和每一个具体的事件都叙述得让人内心震颤。前者是"风骨"，后者是"灵气"。"风骨"与"灵气"融合，一表一里，相得益彰，才能浑然天成。比如小说中围绕陆家房产叙述的这个故事，既有当时的世态世风的呈现，一人入狱，全家坐牢，不仅终生都走不出这个阴影，其连带形象还给予周围以巨大的杀伤力；又使陆焉识在家中已然没有位置，冯子烨、冯丹珏为了摆脱父亲的"恶劣"影响所作出的各种荒唐举动让人心底透凉，冯学锋作为陆家第三代人则已经全然将爷爷的行动视作可笑。这种把大历史的凝重雄浑与小家庭的生机盎然结合起来，成为当代文学一股或隐秘或明显的冲动，就是小说文学性的最大成就。

叙述视角的变幻性，就是多种叙事技巧的灵活运用。它是人物和环境相互影响、相互作用的辩证关系，是互为因果、相反相成的艺术结晶。多样化叙事手法的运用，就是以倒叙与插叙、闪回与回放来讲述故事，把过去、现在和未来混杂在一起，交错叙事。《陆犯焉识》前半部分，基本上是倒叙与插叙的不断运用。小说一开头就展现出大草地："据说那片大草地上的马群曾经是自由的，黄羊也是自由的……不过，那一天还是来了。紫灰晨光里，绿色大漠的尽头，毛茸茸一道虚线的弧度，就从那弧度后面，来了一具具庞然大物。那时候这里马、羊、狼还不知道大物们叫作汽车。接着，大群的着衣冠的直立兽来了。"如同电影的拍摄技法那样，从远景、中景一直到近景，最后对准了一群男人。"囚犯们饲养着自己，狼们只需远远地笃守，等他们源源不断地倒下。干旱的湖滩成了规模极大的坟场。"自由的丧失，湖滩的坟场，展现出一种环境的恐惧、阴森，灾难的横行、可怕，死亡的凄凉、悲惨。这种突出片断、重要场景的倒叙，就定下了小说的叙事基调，凝重而雄浑，苍凉而荒原。多重叙述视角的变化，就是"第一人称"与"第三人称"的交替穿插与变幻运用。比如"叫陆焉识的中年男子就是我的祖父"。这一下就点出叙述者是陆焉识的孙女冯学锋。这是第一人称的叙述角度，从"我"出发，但"我"又没有亲眼看到祖父的经历，有许多事情根本不知道前因后果。作者就巧妙地设置了1989年帮助祖父整理头脑中的盲写日记，这样她作为叙述者就顺理成章了。同时，又把陆焉识回到上海所发生的事情，通过冯学锋的所见所闻来串联。比如父亲的排斥，祖母冯婉喻的失忆，陆焉识最后远走大荒漠等，这些情节都是采用第一人称视角来叙述的。第三人称叙事在小说中就运用得更多一些。这是一种全知全能的叙事，陆焉识在狱中和越狱过程所见都是通过第三人称来讲述的。比如陆焉识为了去场部看露天电影，想见科教宣传片的女儿冯丹珏，逃回上海，接连三天远远地注视着一家人，为了保护家人，不敢与冯婉喻相认，最后回到了大荒漠。这些故事基本上都是第三人称讲述，能够全面地把各种关系交代清楚，以这种多重视角的叙事变化方式，既能巧妙地结构全文，又活跃了叙事；既使它灵动和谐，又使它更富立体感。时空叙事的自由转换，是一种有别于传统的第三人称全知视角的时空穿插叙述。由于叙述主体不是同一个人物，叙述角度可以根据艺术构思的需要随着转换。小说中的"恩娘""场部礼堂""上海1936""重庆女子""还乡""忏悔""夜审""探监""中秋"等章节，都是以回忆的方式进行描写的。这增加的"意识流"的主观与随意并没有破坏作品整体的故事性和思维的合理性，叙事者"孙女"根据"祖父"回忆录所讲述的内容是她脑海中的回忆的现实流程和脉络。它们虽然在不断地切换，反复地闪回，却经纬明晰，前后连贯。而在整体构思中，"欧米茄"与"加工队"，"冯婉喻"与"通缉令"，"引子"与"自首之后"，"逃犯"与"还乡"，"梁葫芦"与"知青小邢"，"万人大会"与"青海来信"，"老佣"与"浪子"，等等，不是天南地北，就是大漠荒原；不是监管狱犯，就是娘媳儿子等，时空的交错与混杂，主人公命运中的繁华与困境，更加突出了小说的时代感。

细节描写是最生动、最有表现力的艺术手法，它往往只用极精彩的笔墨，就能将人物、景物和事件描写得更加细腻、丰满，使作品生动而形象，精致而完美。以细节刻画人物性格，揭示人物内心世界，表现人物细微复杂感情，是《陆犯焉识》中最突出的艺术手法。比如小说对继母即恩娘"怪虐"的描写："'咦，又怎么了？我没有要拦住她吧？我又夹在你们的小夫妻间了？我是多识相的人，现在楼都不敢下了，省得你们小夫妻在自己家里还要那么不便当，眼色来眼色去，手捏捏，肩膀掐掐。我是能避开就避开的，不然你们三十几岁了，还要做偷糖吃的小鬼头，我面孔是要的呀！'她抖动的手指戳着自己的脸颊，又去指点婉喻和焉识，就像许多戏台上陈述悲情的老旦。"一个细小的行为动作与言语，就把年轻守寡的恩娘，既感激陆焉识，又想借此控制他的矛盾心理，表现得淋漓尽致。既尖酸又刻薄，既让人怜悯又醋劲十足，既贯穿始终又忸怩作态，从而传神地刻画出了一个悲情女人的性格。精美的景物描写，使小说更似繁花万树，美不胜收。但它都是以表现生活，塑造形象为中心的。小说开篇就是一种荒野而恶劣的环境："一边是祁连山的千年冰峰，另一边是昆仑山的亘古雪冠"，"无垠的绿色起伏连绵，形成了绿色大漠，千古一贯地荒着，荒得丰美仙灵，蓄意以它的寒冷多霜疾风呵护经它苛刻挑剔过的花草树木"。那千年的冰峰，亘古的雪冠，虽冰清玉洁，却是人迹罕见的雪山；那花草树木、寒冷疾风，虽俊秀挺拔，却是难以生存的沙漠，展现出一幅恶劣生存环境的自然图像。陆焉识逃亡过程中发现的那种："貌似枯白的草竟然充满浆汁"，"有一点黏性"，"尽管是一种漆黑、未透明、发苦的淀粉。古书上对这种草就有记载，叫它'白冷草'，药、食两用"。老几找到了这种"含有淀粉"的草，"不仅不枪毙老几，场部还要宣传老几"。这种细节的精心设计和安排，既是对老几一种智慧与能力的肯定，也是对监狱功过奖罚分明的褒赞。它是点化人物关系，暗示人物身份、处境等最重要的方法。铺陈的事件描写，既要掌握小说情节的迅速发展和对生活细腻、丰富描写之间的辩证关系，又要让情节经得起推敲和琢磨。比如"我祖母冯婉喻把一块手表偷偷塞在她丈夫的枕头下。表是冯婉喻卖掉一颗祖母绿买的"，叫作"白金欧米茄表"。这个细节对小说情节的发展起到了重要的推动作用。因为陆焉识只有买通邓指才能被放行，而白金欧米茄表是他唯一能拿得出手的贿赂品；因为这块表是梁葫芦从谢队长那里偷来的，才有梁葫芦被

"加工队"残酷折磨毒打的情节。当邓指怀疑妻子颖花儿妈去高海拔地方偷情了，是因为白金欧米茄在高纬度地方引起的乱走现象；当恩娘以为"祖母绿没了"，是因为婉喻"讨男人的好""败出去"的，以及陆焉识能熬过二十几年没有死去完全是邓指的私自帮助等，都是白金欧米茄表在小说情节的推演中，发挥了重大、精巧而又奇妙作用的结果。

第十二章

姜贻斌长篇小说《火鲤鱼》：
美丽忧伤的乡村牧歌

姜贻斌的长篇小说《火鲤鱼》，是一部对乡村社会几十年变迁的生动描写，对中国农村现实生活形象再现的创新之作。虽然作者描绘的只是渔鼓庙这个小山村几家几户的儿女情长、人生聚散与生离死别，透视的却是一个大时代与社会千家万户的升降沉浮、国家兴衰与风云变幻。它写得是那么美妙、奇诡，又是那么悲悯、忧伤。既写出了人性的普遍价值，又有个体的典型意义。既在变幻中寓美丑，又在严酷中见深情。这正是作者在现实主义与现代主义相结合的尝试与探索的征途上，显示出的深厚功力和不凡魄力。

一、一幅美艳而逼真的风俗画

《火鲤鱼》的美，在于作者运用手中那支散发浓厚泥土芬芳的风俗画笔，描绘出了一幅幅声色并作的风俗画面。这些画面不论是记录美丽的山清水秀，还是再现衰落的村镇河流，抑或描绘传说的神奇美幻，都令人神往，引人遐思。

在儿时记忆的风俗画面里，渔鼓庙山清、水秀、人心美，完全是一幅人与自然和谐的美丽画卷。那村后宽阔丰腴的雷公山，茂密的松树，密不透风的灌木丛，密密麻麻，青青翠翠，犹如一个绿色的海洋。它有美不胜收的野胡葱、野草莓、雷公屎，有种类繁多的青鼓菌、石灰菌、红鼓菌、雁鹅菌、狗卵菌，有五花八门的百截蛇、扁头风、菜花蛇、黄草蛇、狗婆蛇……那逶迤的青山，百草丛生，万物茁长，真是绿得让人心痛，美得叫人稀奇。那村旁清澈碧透的邵水河，有流淌不息的河水，有穿梭游动的鱼虾；有树林茂盛的沙洲，有白色耀眼的沙子。这一蓝一白，一动一静，就是上苍赐予的"美丽色彩"。一旦河水暴涨，不但浑浊不堪，而且横蛮霸道；不仅河面陡然变得阔大，而且模糊了天地间的界线。那些"在汹涌奔腾的水面上"漂浮的"枯枝""稻草""门板""木头""窗子""猪""牛""羊""鸡""鸭""老鼠""活蛇"等，虽是灾难的见证，却是自然的规律。直至洪水慢慢退去，邵水河又恢复"一边银白，一边翠绿"，呈现出的又"该是一幅多么美妙的图画"。那村镇毗邻而居的乡亲们，他们高矮不等，胖瘦有别；男女各异，性格不同，但都是勤劳质朴、忠厚多义；肝胆相照，不分彼此的邻居。有互赠吃食的乡情，有串门赶圩的习惯。有大人讲故事，小孩玩游戏，那叫喊声在寂静的沙洲上像波浪翻滚，震动着美丽的夜色。有老人在诉说，有女人在私语，那抑扬顿挫的音调在空中回荡，飘向神秘的远方。这一切，在作者笔下都描绘得栩栩如生，淋漓尽致。它是一种宁静的美、和谐的美、环境的美，也是一个时代的美、人生的美、理想的美。

然而，作者并不一味地写渔鼓庙的风俗美，更不靠旧风异俗的美来感悟读者。他的风俗画是流动的，渗透着丰富的社会生活内容，从中透露着时代变幻的信息。比如，渔鼓庙的山、水、树、屋，只有几十年的光景，那邵水河的"河水黑得吓死人"，"沙洲也不见了，还有羊屎粒粒树和菜地也没有了"。于是，那"消失的迷人的沙洲，消失的又酸又甜的羊屎粒粒，消失的像蓝色绸缎般的河水"，如今已变得面目全非，惨不忍睹，真让人感叹不已；那雷公山"还像座山么？连棵树也没有了"，光秃秃的，那"消失的密密麻麻的松树"，"消失的水土雷公屎蛇映山红菌子以及野泡"，将一派青山糟蹋到如此地步，我们会痛心疾首；那"零落的房子"，已"十分破旧，歪歪斜斜的"了，"屋上的黑瓦"失去抵抗风雨的能力，"黄色的土砖更是凹凸不平，千疮百孔，变形得非常厉害"，墙壁开裂能伸进手去，屋内"充斥潮湿的霉味"，即使"刀把的新楼房耸立其中，"不仅"与几十年前并没有本质上"的差别，而且使"那些旧房子显得更破烂"；那马路烂得"像来到一片巨大的沼泽地"，那在水田劳作的只有"女人、老人和细把戏"了……这真实的风俗画，虽写风俗的变异，实写社会的变易，蕴含着令人咀嚼不尽的生活内容。打工潮使农民有钱了却换来乡村的衰败，市场化搞活了经济却带来人与人之间关系的冷漠，城镇化加快了农村的发展却带来环境的污染与田土的荒芜……这种加速现代化以牺牲环境为代价的现象，无不让人忧虑与伤感。

火鲤鱼是民间文化模态的最早原型，渗透、弥漫、萦绕着文化的精魂。渔鼓庙的火鲤鱼传说，源远流长。作者以这个民间传说为基础，结构故事，安排情节，自然使整个作品带有一种神话般的光色。这种光色就是加拿大原型批评家 N. 弗莱所指出的第二创作倾向，他称之为"传奇的（浪漫的）"。这种创作倾向显示出各种不明显的神话模式，讲述一个与人类经验关系更加密切的世界，用这个世界映照人类的情态。就类似于西方神话中太阳神或树神一样，成了整个作品的灵魂。也规定和制约着其他一切艺术形象，规定着整个作品的艺术风格。因此，在《火鲤鱼》中，火鲤鱼是美丽希望的化身。一个阳光普照旷野山川的清晨，碧波荡漾的邵水河散发着清新的气息，游动着播种"希望"福音的火鲤鱼，这"是一种少见的鱼种，浑身通红，通明晶亮，甚至能够看见它淡黑的内脏，像一朵大红的牡丹花"。"谁若是捉到火鲤鱼，就会走大运。说下游百十里的地方，以前有人捉到一条，这家人竟然出了三代进士，讨的女人也是方圆百十里最乖态的。"火鲤鱼是希望的寄托，精神的化身，江河蕴瑰宝，精魂化鲤鱼。华夏民间传说的文化之根在这里得到精神化、物像化、神灵化的艺术再现。毫无疑问，火鲤鱼具有一种不可思议的魔力，令人们魂牵梦萦，以为得到这个"长满红鳞、遍体透明的生灵"，就"能得到幸福"。其实，火鲤鱼是不可得手的，不仅谁也"没有看见过火鲤鱼"，就是"在河里洗澡，却一次也没有见过"。火鲤鱼只不过是人们对"美好生活的向往"，对精灵圣物拯救神力的遥想，即使"捉不到火鲤鱼"，连性命都会丢失，也在所不惜，锲而不舍。既象征着人们美好的愿望难以实现，也说明"火鲤鱼"这一意象的象征意义是多元而丰富的。

二、左邻右舍的幸福与苦难

《火鲤鱼》中构成小说情节发展的核心，是社会发展变化与广大人民群众需求的矛盾，是向往城市生活与乡村现实的社会关系的矛盾。《火鲤鱼》中的人物，都带有自己固有的复杂性，命运的变幻性，各个人物独特命运的错综复杂的交织。从作家刻画的各个人物的命运可以看出，如何在发展与坚守、情感与精神、出走与回归、疼痛与无奈的奋斗、困境、迷茫、艰辛中，维护自己对美好生活的向往，对爱情的尊严，对亲情的渴望，是作者一贯的执着追求，他始终把"卑微者"的小人物作为自己的创作对象；也是作者的一种明智的选择，一种人本的立场，一种人道的精神。

三国是一个寂寞孤苦的生存卑微者。三国"成过家"，妻子因"不满意三国"婚后一个月便偷偷地出走了。三国"屋子"破旧得"有无数的皱褶"，到处"飘荡着刺鼻的馊气"。三国的"床铺桌子"，"像出土文物般破烂不堪"，脏得"像涂了一层毫无光彩的黑釉"。三国家的"天花板，墙角上，甚至蚊帐上"，到处都是"张牙舞爪""放肆扩张"的蜘蛛。三国眼睛瞎了，"煮饭洗衣都是自己动手"，他从来没有叫别人"帮过一回"，别人也"没有主动帮过他"。他就在这个"弥漫着浓浓的寂寞"，"无法言说的惆怅与痛苦"的"空荡荡的屋里"卑微地活着。然而，就是这样一个苦难的卑微者，他在银仙父母打上门，"包围可怜的三国"时，却"理解银仙家人的痛苦"；当亲朋的疏远使他柔软的心"坚硬"起来，他"习以为常地默认了这种冰冷的关系"，也看不到他"脸上与话语里"的"凄凉感"与"埋怨"。甚至他虽然生活在无边的黑暗之中，却仍然能给其他人带来欢乐。小说中有一段模拟三国与出走妻子的对话："你不要说蠢话了，事已如此，说清楚就可以了，反正也过去了是不是？再说，我也不是不讲理的人。依我看，你那个男人还不错，至少比我年轻几岁吧？小几岁？三岁？哦。长相也比我好，你看我这个鬼样子，鬼见了都害怕……你们总算在一起了，谁也不会来打扰你们了，你们真是幸福。当然，我还是要提醒你们，山上毒蛇很多，又有猛兽，你们要注意，不要让那些家伙伤了你们的崽女，不然，到时候你们后悔不赢嘞。"读了这一段，一种凄苦、凄美、凄凉之情油然而生。这既是一种体贴与大度，也是一种无奈与悲凉；既是一种智慧与本领，也是一种自虐与扭曲；既是一种高尚与美德，也是一种哀伤与不幸。于是，一个生存卑微者的苦难形象呼之欲出，栩栩如生。

　　苦宝是一个情感缺失的心灵卑微者。苦宝看似快活、无忧无虑，其实他内心充满了无人知晓的愁苦。他从小就渴望读书，他娘却没让他读书，他只能独自站在校门口张望，或趴在教室的窗户上旁听。当学生们都用异样的目光望向他时，他只能羞愧地离开。他看到同村伙伴在读书时，就洗好手等在一旁，然后提出一个小小请求，给我看看书吧！不识字的苦宝一页一页地翻，最后"激动地歪歪斜斜地往家里跑"，欢快地告诉他娘，我刚才看完了一本书嘞。那种愉悦无以言表，而苦宝娘则回以痛哭。苦宝便仰起头问娘，我为什么不能够去读书呢？娘还是"没有松口，仍流着泪，至于那泪水的含义，你是不懂的，你娘肯定是害怕伤你的心，所以，把要说的话压在心里"。苦宝渴望父爱。因为他的"父亲早已离开人世"，在那"杂草丛生的坟山，只有你一个人，寂静之中似有许多鬼魂飘荡，狰狞的面目也若有若无地出现在你眼前。清晰或模糊的石碑给人恐惧的感觉，你却一点也不害怕。每次你都要仰天大喊，我为什么没有爷？为什么？"甚至要拉着别人的父亲喊一声爷，担心生疏了以后喊不出爷来，"所以，在睡觉前他总要一遍遍地喊爷、爷、爷"练习，"喊得非常亲切而动听，非常动听而清晰，非常清晰而柔和"。"苦宝娘是个寡妇，男人死得早，想改嫁，又放不下苦宝。若是带他走，人家会嫌弃。队长克山就黏上了娘。"长期地霸占与欺侮使苦宝感到羞耻，又在小伙伴有意无意地刺伤中感到了痛苦。于是，他唯一的愿望就是变得强壮，让克山畏惧，再也不敢欺负他娘，获得尊严。苦宝尝试过以武力恐吓克山，一只一只地杀掉克山家的鸡，以毒死他家的鸡来作为复仇的手段。由于他是孤军奋战，村里人只不过"喜欢观看，这给寂寞的乡村注入了刺激和热闹，给枯燥无味的乡村增添了轻松的谈资"，却并没有终止克山跟母亲的关系。最终，苦宝压抑不住仇恨的怒火，毒杀克山和母亲后出走，消失在渔鼓庙乡民的记忆中。苦宝的悲悯、卑微、悲惨，以其丰富的情感内涵，震撼了我们的灵魂。苦宝的天真、善良、愁苦让人怜惜；苦宝的愤怒、压抑、扭曲更能引起人的思考与痛感。

伞把、"父亲"、水仙的"生灵卑微"，是城乡差距隐秘在"人物内心"的一种"无告的悲哀和不幸"。伞把非常聪明，对乐器有一种天生的悟性，"二胡、笛子、唢呐"样样都会，他凭借出色的音乐才能打动了随父亲下放渔鼓庙的三妹子的芳心。而三妹子的味道、走路、说话、哭的样子都与众不同，并勇敢而坚定地追求乡下人伞把。伞把倒有些"忧郁"，劝三妹子"还是要好好地想想"，三妹子则无视城市与乡村的壁垒与差距，就是"跟父母一刀两断"，也要嫁给伞把。伞把则承诺把"他见过好几次，河水映得红艳艳的，情景十分好看"的火鲤鱼送给三妹子。谁知，火鲤鱼未捉到，三妹子却回城了。回城后，一方面三妹子催伞把将户口迁到城市去；另一方面不断往返在城市与乡村的路上。终于，她感到了厌烦与无望，离开了伞把。为了挽回爱情，兑现承诺，疯掉的伞把每日去河里寻找火鲤鱼，最终淹死在冬天的河里。显然，无论海誓山盟、信誓旦旦，还是琴瑟和谐、志趣相投，都是那么没有力量而显得苍白。一个城市户口就足以毁灭伞把的生命。"父亲"作为"下放的那类人"，对乡村更多的是排斥、不屑，渴望的是回城。"不论是出工或歇息，他总是沉静地望着邵阳方向……他想，他们家不会在农村待一世的，不用几年，就会返回邵阳。"所以，他"坚决反对三妹子与伞把恋爱"。他知道，乡村与城市的隔阂，不是一时冲动就能消融得了的。即使表面上彼此之间一团和气，但作为被"流放"者，内心却往往另有打算，"他表面上似乎准备在乡村生活一辈子，老老实实出工，显得非常积极，与乡民的关系搞得不错，并警告崽女们不要与人吵架。其实，他老早做好了回城的准备"。所以，他"无数次威胁过三妹子"，"你会后悔的"。这就是父亲的"深谋远虑"对一种悲剧的感悟。水仙为了有个工作，可以吃国家粮，摆脱农民的身份和乡村劳作，逃脱家里安排的婚姻。她与银仙在一个夜晚悄悄地出走新疆。于是，"我"在乌鲁木齐街头，看到一个等车的陌生女人觉得十分面熟。当"我"一路循着"她身上发出的鲜嫩的青草气味"追踪到她家时，听到有人叫她水仙，"我才恍然大悟"，"这就是水仙，难怪这么面熟，难怪那种气味是这样的熟悉，这肯定是多年前从渔鼓庙逃走的水仙"。那么，水仙为什么再也没有回过渔鼓庙呢？唯一的理由就是后来的生活并不幸福。可见，水仙竭尽全力逃离乡村，企图进入城市的怀抱，最后依然逃不掉城市中"他者"的凄凉身份。

三、红颜知己的寻梦与悲悯

《火鲤鱼》塑造了一批群芳争妍、绰约多姿的女性形象。她们或端庄，或娇丽，或清逸，或秀美；有的面带忧伤，有的眼含喜悦，有的目光专注，有的神采飞扬。在这组群像中，有下岗女工、善良农妇和服务小姐；有中年女性、妙龄处女或垂暮老人。她们中有读者喜爱和熟悉的姐妹，如大嫂、王老师、"我"的母亲、车把母亲；有让我们怜悯与同情的女性，如王淑芳、"小姐们"，三国出走的妻、苦宝杀死的娘；又揭示了她们高尚而复杂的精神世界，纯真而泼辣的美好心灵的姑娘，如小彩、雪妹子、满妹等，真是或悲苦凄婉，眼花缭乱；或各具风姿，香溢四野。

小彩是一个智慧而柔弱，追梦又凄凉的女性形象。她虽"眼睛很小，眯眯的，像近视眼"，但她"眼里射出的那一丝丝灵光，就明白她是个非常有灵气和悟性的人"。"她的成绩最优秀"，她的"微笑足以叫人心醉"。小彩与二哥是同学，"二哥的英俊、聪明、多愁善感"，"使她产生了爱的萌动"。她不是"痴痴地望着二哥"，就是互相之间"偷偷地对望"。那种喜悦就像"飞翔的燕子"。正当两颗纯洁的心灵要走到一起的时候，小彩的父亲不同意。小彩在二哥和工人家庭出身的王一鸣之间进行痛苦的抉择。小彩后来对二哥"愤愤地"说："我不是看他出身好，我会嫁给他？"真是一语中的，石破天惊。小彩"心里是跟二哥的"，但王一鸣"出身好"，所以就嫁给了王一鸣。一个女孩子的终身大事，关乎她一辈子，就一个"出身好"搞定？这在当时看似轻率，实为理智。在那个轰轰烈烈的年代，在那种风风火火的气氛之中，它符合常理，顺应潮流；为人心所向，大势所趋。毫无疑问，小彩既有自己的想法又听从了父亲的意见，忍痛埋葬了与二哥的爱情，怀着惶惑恐惧的心情，勉强委身于王一鸣。这种婚姻选择，在当时的历史背景下葬送了多少少女的青春，造成了一批无爱的家庭。从此，小彩就走进了一个新时代的"玩偶之家"。由于王一鸣无能，也没有什么本事，很早就被"内退"。他"无事可做，即使有事做，也不去"，一崽一女都像王一鸣，是"那种沉默寡言不苟言笑的人"。"两个男子汉和一个女人待在家里"，"那点可怜的工资也是断断续续"，时有时无。这个家庭沉重的担子，就落在"弱不禁风"的小彩肩上。所以，多年来她"一直坚持自学"，读完大专和本科，然后教语文，后来又自学英语，教英语。她兼了两个学校的课，每天累得像崽一样。为了养家糊口，"她想去深圳教书"，"那里工资高些"。可王一鸣不仅不放心小彩去深圳赚钱，怕那个"色迷迷"的光脑壳校长打主意，还不准"很有生活情趣"的小彩去这个现代化的都市走走看看；不仅在家里"时刻在小彩面前耍威风"，对小彩的"凶狠""恶劣"习以为常，还对千里迢迢来农药厂看他们的二哥十分冷漠，致使小彩"神色慌乱"，"刻意地躲避"；不仅小彩在家里没有说话的余地，"一开口，王一鸣就要粗暴地打断"，还把小彩赚的钱"全部交给他"锁起来不让小彩过问。小彩"真是个忍辱负重的女人"，"连句责怪男人的话"都没有，"默默地忍受着"。而"我"却看不下去了，要为小彩鸣不平，既"抢酒瓶子"，"一饮而尽"，"连喝十杯"，又"摔酒瓶子"，"凶狠大骂"，"哇哇大哭"。"我"身为客人，却不顾脸面。小彩是多么可怜、可惜，又是多么悲凄、悲哀！她就是这样逆来顺受，忍气吞声。最终，儿子没有工作却让一个女孩子怀了孕，小彩又背着王一鸣借钱摆平，女儿又在歌舞厅被无辜误杀，王一鸣也将"癫掉"。小彩不就是政治气候的牺牲品、时代潮流的陪葬物吗？为了一个"出身好"，就自愿委以终身；为了一个"出身好"，就舍弃美好前程；为了一个"出身好"，就不顾自己的幸福生活。它将读者引入了无限的思考之中，既揭示出小彩心地的善良，又描绘了她命运的悲苦。

雪妹子是一个意志坚强，遭遇坎坷；目标明确，负荷沉重的悲剧女性。她没有小彩那种灵气与聪慧，但却比小彩乖态、果敢；她虽"没有读多少书"，"又是农村户口"，但她意志坚定、忠贞爱情，勇于承受各种巨大的压力，自愿背起沉重的"十字架"，把自己的一生绑在一个"十分疼她"却"不会与她成亲"的二哥身上。并为之活着，为之奋斗，为之献身。这是一种多么难能可贵的情爱精神，雪妹子从小就对二哥情有独钟。每当二哥来到小彩家里，"雪妹子总是要来坐坐的，她似乎有种预感，二哥和小彩绝对不会成功，她认为自己和二哥倒是很般配的"。她那种不遗余力的追求和义无反顾的坚韧，的确给人以深刻的印象。"雪妹子竟然从渔鼓庙来找他了，找到了那个四周是高高的大山，厂区长满了杂草的潮湿的地方。看着雪妹子风尘仆仆而又欣喜的样子，二哥感慨万千，目瞪口呆——在这个世界上，竟然还有个女子死心塌地地爱着他。她特意给二哥带来了亲手做的两双布鞋，充满糨糊味的布鞋，用黑布做的面子，鞋底是厚厚的白布，针线匀称而密实。"当时，唯成分论的政治风暴正席卷神州大地，"也有女子与他接触过，一听到他的出身，就害怕地流着泪走人"；"一起招来的工友，绝大部分进了车间学校和机关，唯有他还在风雨浸淫的贮木场上扛木头。"而雪妹子不仅能认识到"二哥"的真正价值，还坚定地要与他结婚，表现出了超人的智慧和胆识。结果，"二哥根本没有这个想法"，这让雪妹子无地自容再没脸回渔鼓庙，一气之下出走新疆。谁知，在火车上碰到一个"热情至极"的男人张一民，到达乌鲁木齐后，既为她安排了"小旅馆"，又"四处"替她找工作。当他们一起喝酒雪妹子喝醉之后，张一民强奸了她后人就不见了。在岳阳老乡邓之来的帮助下，暂时安顿下来，她把"刀子藏在身上"，一面找张一民报仇，要找回自己的尊严；一面又要委婉拒绝许多好心人给她介绍对象。二哥的形象"是一把苛刻无情的尺子"，"像一座高不可攀的雕像"，在她心中是那么崇高、那么圣洁、那么美好。是的，雪妹子对二哥爱得分外执着、深沉。即使二哥拒绝了她，可她"在新疆的那些日子，二哥经常闯进她的梦中"。最终，她以非凡的勇敢、惊人的果断，把最珍贵的爱献给了像二哥的湛之中。"那天晚上，雪妹子简直像一只饿坏的母老虎，一次不够，再来一次，接着第三次，她不断地怂恿湛之中，让他不停地威风。她也没有想到这个看来弱不禁风的男人在床上竟然这样厉害。这是她真正尝到的人间快乐，她的呻吟，她的快乐，她的泪水，她的扭动，好像在品尝一道肉欲大餐。湛之中却不晓得，她在心里呼喊的是二哥，呼喊那个没有接受她爱情的男人。"然后，她来到"向日葵花""像黄色的大海波浪汹涌"的"美丽的土地"，"她咬咬牙，刀子朝手腕上重重一割，鲜血顿时汩汩地流出来"，"她的嘴唇微微地动了动，轻轻喊了声，二哥……"雪妹子对二哥的穷追不舍、热烈忠贞、生死不渝的爱情，虽然是个悲剧，但却深深震撼着读者的心灵。它使我们的心中升腾起一种庄严、圣洁的感情，也引起了我们对女人在怯懦、软弱、温顺之后所爆发出来的大胆、刚强、果决、人性异变的深深的思索。作者就这样一层深一层地揭示出雪妹子的内心世界，塑造出一个平凡而又光彩照人的悲剧女性形象。

满妹是一个坚强而又干练、勤劳而又温顺的女能人。她"乖态、苗条、亭亭玉立，媚眼四射，风情万种"。"我"的母亲与满妹母亲，从小就给我们订了娃娃亲，让我们"每人抓把炒黄豆，你往我嘴里喂一粒，我往你嘴里喂一粒，嚼出一幅让大人们羡慕的天真无邪图"；让我"乖乖地牵着满妹子的手，一摇一摆地玩耍去了"。然而。两位母亲"多年苦心经营的婚事，最终没有像她们所设计的蓝图得以实现"。据说"我"父亲不同意，"说满妹子吃农村粮，会害了老三的"。真让人唏嘘不已，感慨万千。这就把"吃国家粮"和"吃农村粮"人为分成不同的等级，使之分享着两种不同的国民待遇，"吃国家粮"的在生活条件、社会环境、福利待遇、各类资源占有远远高于或优于"吃农村粮"的。满妹无法改变她脸朝黄土背朝天的农村身份，更无力与"我"一起走进矿区宿舍，吃上国家粮；她也没有像一个自作多情、异想天开的"细妹子"，也没有去左冲右撞地苦苦挣扎，而是一切顺其自然。从此，"我"再也没有见过"满妹子"了。后来，满妹不仅在县城"有理想的惹人羡慕的工作"，还嫁给了一个当工人的丈夫。她那心旷神怡、春风荡漾的脸上，她那"穿着打扮"、散发糖果的大气，在渔鼓庙是首屈一指的。谁知，一夜之间，她的百货公司不行了，男人单位也倒闭了。在那种"失落""低迷"的境遇之中，男人沉沦堕落了，她则没有"下岗女工莫流泪，挺胸走进夜总会"，而是借助哥哥伞把笛声的悠扬，激活了自己的灵感。于是，满妹耳明脚快，自主创业，组建了一个响器班子。"当她做了响器班子的穴头，那种干练，那种豁达，那种世故，那种利落，突然像从千年牢笼释放出来，令人大为惊奇。"不仅"每天都有钞票进账"，还让男人痛改前非，成了她的得力帮手。在严酷的考验和磨难面前，满妹那勇敢的开拓、崇高的气节和英雄的气概，既气势磅礴，又豪气万丈；既坚如璞玉，又纯若水晶。放射出了最为动人的光彩。然而，在"我"的想象中，满妹又重情重义，善良温顺。当满妹来到这个城市，我们不期而遇，竟发现"皱纹却顽固在眼角上伸展开来，脸右侧还有一块绿豆大的斑痕"，"有了一丝白发"。因为我们是青梅竹马，刚到宾馆，我就"发疯般地亲她的脸，她的嘴唇，她的额头，她的鼻子，她的眼睛，她的脖子"。很久很久她才"开始接受我的亲吻"，"也主动伸出舌头与我的舌头纠缠。我感觉到她的舌头有一股甜味，还有一点清香，像菊花……"当我采取进一步行动，她"略微愧疚地说，我绝经了"，"她脸上涌现了浓浓的悲哀"，"听说绝经也有遗传"，"我娘是四十岁上绝的"。这就是女人的宿命，事业上打拼得如日中天，情感上却那么早凋落萎缩了。从而清晰地显现出满妹趑行的足迹：既有步履艰难，也有坚实前行；既有崎岖的山道，深险的沟壑，迷径的陷阱，也有绚丽的鲜花，清冽的泉水，浓密的绿荫。小说就这样写出了满妹人生的痛苦与艰辛，也写出了她人生的幸福与欢快。

四、传统技法的坚守与现代艺术的尝试

《火鲤鱼》描绘的特定历史时期发生在湖南一个叫作"渔鼓庙"小村落的生活故事，就是对一个时代变迁的艺术概括。在小说的创作中，作者既运用了传统的艺术技巧，又使用了现代的魔幻手法；既让传统与现代在文本中交错媲美，又让主观与客观在小说里相互掺杂。它那神奇魔幻的色调，丰富美丽的画面以及深厚的情感与诗意的描述，都有强烈的艺术感染力与冲击力。那么，它的艺术成就主要表现在哪些方面呢？我以为，艺术结构的散文化与网状性，叙述风格的现代性——臆想、推测、自由联想的巧妙运用，艺术语言的诗意化与乡俗化等，就是它别具一格的艺术创造。

《火鲤鱼》的结构表面是按一年的二十四个节气构成，实际的时间跨度长，空间容量大，生活波澜迭起，各个人物的性格史，都囊括、浓缩进一年四季中去了。应该说，作者追求"打破传统的写法"，确实探寻到了一种"四季轮换""人生轮换"的新的结构方式。它横的方面是"网"，纵的方面是"轴"。这纵与横是交错的，是纵带横，以横促进纵的发展，整个结构，就像江南大地上星罗棋布的河汊，汇聚到了一条宽阔汹涌的河流之中。每个人物之间都有紧密而自然的联结，犬牙交错，经纬编织，几十年来的风云聚会，山川流走，民情变异，都在这一框架中和盘托出。而且，作者非常注重这种活的画面的交织。他写了水仙银仙，笔锋一转，又牵出了"下岗创业"的满妹子，笔锋又一转，端出了善良寂寞的苦宝，再一转，又把追求真爱的雪妹子拉出来，接着逐一登场的三国、车把、小彩、乐伢子、伞把。这就是上部前几个节气的构成。每个人物的出现，都顺乎自然，如蜿蜒流水。读者像是跟随作者，在渔鼓庙这不大的地盘里干活、打牌、扯谈，从一家一户房屋猪圈，倾谈这些人物的历史、趣事、形貌、品性、现状。虽然是一"节"一人，但却有回溯，有穿插，有交织，有对比。有时回叙得很远，如写伞把，从捉火鲤鱼到穿插大炼钢铁。这就打破了程式化。既获得了某种"自由"，又增大了作品的宽容度。但是，随着季节的变幻，这些横的网状画面便要逆转一次，打乱后重组合成新的图景。这些人物也是轮番出场，轮番见面。几个年代，变幻和推进了几次，生活之"河"便按照内在节奏和内在结构向前流动，显现出当代农村生活的本来相貌。

《火鲤鱼》新颖的叙事风格，就是一种魔幻手法。它打破常规的顺叙、倒叙和插叙，像全知全能的精灵，自由出入人物内心，穿越古今时空，打通想象与现实、过去与未来、生与死的界限。比如小彩的叙事共有四个章节：其一，"芒种"写小彩与二哥的"恋情"，简洁交代小彩的经历及与王一鸣结婚；其二，"立冬"写小彩从美丽迷人，到木讷冷漠，王一鸣内心变态；其三，"小雪"写小彩的大度、艰辛与忍耐，王一鸣的无用、吃醋与暴躁；其四，"夏至"写小彩的灾难：丈夫的折磨，女儿的死亡。这看似凌乱实则有序，读者只有将分散的片段细节加以组合，就能看出完整的人物形象和命运。运用魔幻现实主义手法，能模糊幻想中的真实，真实中的幻想之边界，而想象回忆的微观碎片串联起人生的宏观忧患，"我"对于人物故事就能完全掌握。当综合回忆和回乡时获得的信息，仍不足以构成完整丰满的人生故事，就只能采用臆想、推测、自由联想的方式，来完善和丰富人物的命运，彰显"虚构的真实"。采用臆想，才能展示乐伢子通过帮助王老师逐渐练大了胆量，王老师成了杀人犯，乐伢子"忧郁""内疚"直至"死亡"的内心与灵魂。采用推测，才能描写三国渴望有个亲人在除夕夜里推开门跟他说"我回来了"，渲染三国的凄苦与孤独。采用自由联想，才能展现苦宝在杀死母亲后的痛苦与愧疚。这一切，虽还存在生硬牵强、真假莫辨的瑕疵，但确实丰富了小说的艺术表现力。淡化政治事件，强化生活细节。对于渔鼓庙人"竟然毁掉赖以生存的菜地"，去"砌起一座座土炼钢炉"，"他从炼钢炉前走过，没有半点羡慕和夸张，眼里射出鄙视的目光，竟敢叹息说，你们在作孽嘞"，仅只点到为止。而对雪妹子爱恋二哥的至死不悔，伞把为了践行一句承诺永沉河底，小彩一如既往地乐观面对生活的苦涩……却描绘得细致入微，丝丝入扣。他们卑微如蚁，但在面对苦难坚韧如磐；他们安命守弱，但在面对爱情执着忠贞。这些卑微者的人性光辉，足以照亮贫贱困苦的生活，化为社会存续的精神血脉。

《火鲤鱼》语言形象富于诗意，感性写实寓于象征，方言俚语力透纸背。它描绘优美，诞生意境。无论叙述语言还是人物对话语言，都有诗画般的美感，细腻而又有粗犷，优美而营造意境，悲悯而略带忧伤。比如"雨水"描写水仙银仙两个姑娘在雷公山密谋出走新疆，有一段非常优美的文字："阳光从松叶针的隙间流淌下来，像金币印在两个女子年轻的脸上，能够看见细茸茸的淡黄色汗毛。地上铺积着棕色枯叶，毛茸茸的青苔，还有叫鱼刺草的植物紧紧地贴在地上，舒展着那类似于鱼刺般的叶子……山上充满阳光和松树交织的浓厚气味，气味焦灼而清凉，像一张在湿地上的油纸，上面燃起了火，下面却是湿润的。"这里写到了阳光、松叶、细茸茸的淡黄色汗毛、棕色枯叶、青苔、鱼刺草等景物，并把阳光比作金币，把充满焦灼而清凉气味的山比作摆在地上的油纸。通过这些意象和比喻，构成一幅有声有色的图画，营造一种优美的意境，让人身临其境，美不胜收。它以山歌童谣作映衬，呈现一种相辅相成的美。山歌或童谣，都直白朴素，把它放在每一章的开头，其情感基调与小说意蕴不谋而合，相映成趣。小说篇首是一首民歌："死的死，走的走，好像灯中一盏油。"这种哀怨、伤感与苍凉，就为小说奠定了叙事的情感基调，使之与整个小说相得益彰。"惊蛰"中"你看天上那朵云，又像落雨又像晴。你看路边那个妹，又想恋哥又怕人。"这与小说刻画满妹那情窦渐开的情态，简直就是画龙点睛之笔。而"清明"那"昨夜做梦梦大江，梦见涨水打烂墙。打烂墙来不要紧，打烂姻缘好心伤"。写雪妹子苦恋二哥不成，只身奔赴新疆，又是十分贴切。方言俚语，朴素无华，能表现生活的斑斓色彩，抒写严峻的深沉情思。不含蓄却巧妙，不精粹却本真。比如小说写漂亮为乖态，写父亲为三爷，写下大雨为下哈雨，就都为邵阳方言。尤其是写苦宝下药后一边逃走一边在心里对娘说："白天，我要跟他去耍，到雷公山摘菌子捡雷公屎，去河边打水漂漂，到沙洲上打滚子。还有，我要他给我捉火鲤鱼。我相信，我爷一定会捉到火鲤鱼的。伞把他们没卵用，好久也捉不到手，我爷一定会捉到的。""耍""打水漂漂""打滚子""没卵用""捉不到手"等，全是方言俚语。一个没念过书的乡里孩子，他说话想事，只能用他熟悉的当地语言。这种方言的表达效果，既有真实性，又是性格化的。

第十三章

王跃文长篇小说《爱历元年》：
人性本源的回归与升华

王跃文的长篇小说《爱历元年》，是一部对近三十年中国社会现实生活的生动描写，对人性心理深层结构的真诚探索。小说通过一对夫妻曲折的生活情感经历，一个家庭复杂的社会关系网络，来折射中国人在这"二三十年间"的精神走向、灵魂沉浮、情感方式，勾勒出中国社会世情百态的酸甜苦辣、迷乱沉沦、理解包容。它是百姓人家日常生活的秉笔直书，是人性本源潜意识躁动的真实再现；又是背叛中的忏悔，是救赎中的重返。既真实丰盈，又暗流涌动；既仁厚温暖，又疼痛挣扎。这正是作者对情爱、命运、人性成功抒写的奥秘。

一、一幅逼真广袤的日常生活画卷

《爱历元年》虽然表现的是一个家庭内外的情感纠葛、柴米油盐；耕种劳作，教书上班等日常生活琐事。但它却浓缩了中国近三十年的社会现实生活现象。它那生活场景的真实仿佛身临其境，它那时空画面的广阔犹如历历在目，它那诗词书画的知识更是启人心智，平实可感而又耐人寻味。

《爱历元年》是近三十年中国社会现实生活一幅真实的画卷。真实是艺术的生命。它既不是生活中的琐碎、平庸、没有意义的细枝末节，也不是悲惨现象的展览和颓废情绪、变态心理的渲染；既不是描摹了丑恶的社会现象，诸如盗窃、斗殴、凶杀等，也不是惆怅、迷惘的精神状态，诸如糜烂的生活、腐朽的趣味、龌龊的行为、庸俗的噱头；既不是单纯追求情节的离奇和荒诞，也不是妄图以刺激、恐怖和骇人听闻取胜。而是在生活真实、个性真实基础上，达到本质的、全面和整体的、艺术的真实。孙离父亲自改革开放以来，不仅"办了养猪场，还承包了上万亩山林"。因此"成了万元户，有次在县里大会上发言"，他说是"搭帮现在政策好，我发家致富了"。而孙离爸爸的老同事张叔叔在孙离家"望着电视"，就不无感触地说："如今的人真是太聪明了，'老人家讲的千里眼，顺风耳，都兑现了。电话不就是顺风耳？电视不就是千里眼？'这话是乡下人常讲的，亦赤外婆也这么讲过"，等等，这些正是改革开放初期的分田到户、承包山林；鼓励养殖、发家致富，推动了生产的发展，解放了生产力；改善了人民的生活，走向了国富民强的道路。当然，真实也不能回避丑恶，对于现实的龌龊之处，既不是刻意粉饰，也不是冷漠拷贝，更不是庸俗地恣意助长，而要在是非、善恶、美丑的冲突中，找到光明的一面，张扬进步的力量。比如小说描写经过二十多年的改革与发展之后，进城打工的农民越来越多，乡村种田的人越来越少，以致农田没人耕作，大片荒芜；社会风气每况愈下，道德滑坡。作者就在探索"人"的心灵上、心理上，表现出了对人性深层变异的认识与拯救，寄寓着对社会的批判与警示。这样才会给读者一个生动活泼、神采飞扬并蕴含规律和联系的"自然而然的整体"。既不是主观化、概念化地剪裁现实，也不是"绝对客观"地简单摹写。而是作者对真实的一种理解、一种认知、一种科学认识指导下所产生的正确艺术理念。这种理念是唯物的、辩证的艺术反映论，在客观与主观、特殊与一般、生活原理与艺术创造的对立统一中，深入社会关系的本质，把握历史潮流的总体情势，从而对现实作出正确判断和审美描绘。而且，作者还要在发掘人性的异想、暗流与幽微、真实与谎言、沉沦与涅槃、理解与包容、相生相应中揭示爱是"人心"的"核心"，只有理性才能回归温暖的"初心"。这才是忠于现实又高于现实，着力本真又负载理想。作者凭借他深厚的功力和火热的激情，实现生活真实向艺术真实的升华，保持美好理想与现实生活的张力，引发人们审美品格和精神境界的跃迁。这样的作品才能成为"时代精神的自白"、社会前进的号角。

《爱历元年》是地域场面多变、时空情境交错的一帧广阔画幅。现实生活的广阔丰美，承负着人类的永恒追求和多样性境遇。因为每个人都在一定的时间、环境、历史条件下活动，相互之间发生各种关系，构成一幅幅动态的生活场面，而每一个场面在小说中都起着推动作用，前面多个场面的流动，演绎出下一个场面，如此轮番地继续流动，一环紧扣一环，密切联系，不可分割，就构成了一帧广阔的生活画面。在小说中，既有县城"河堤上长着柳树，柳树很有些岁月了，棵棵都是盘根错节"，"夏秋柳条飘飞"，冬季"光溜溜的柳条上，或有寒鸦，或有麻雀，那般萧索"，又有"突然闻到臭气熏天，心想上海怎么会有大粪的气味呀？看清楚了，原来这街临着苏州河"。苏州河"乌黑乌黑的河水死死的，看不出是否在流动"，这般衰落；既有乡下"扛着锄头"种田、养猪的农民，"政策活了"，他们都富了，又有教工"厨房"在"走廊的阳台上"，"逢上下大雨"，只能"撑伞"炒菜，"免得雨水砸进锅里"；既有教室传来"堕马髻"的故事，从大唐的"云髻雾鬟，对镜贴花黄"到全班"男同学集体理光头"，又有大学图书馆"两幢高大的楼房展开来像一本翻开的书，也像一双舒展的翅膀"。从县城到上海，从乡村到学校，从教室到图书馆，这些场面气势恢宏，广裘开豁；精雕细琢，含蓄蕴藉。大笔勾勒，简洁明晰；形态多姿，美丑殊异。而且，小说画面的广阔还有中国的山水风物，西方的名胜古迹；横向的拉开，纵深的剖析；时间的"思接千载"，空间的"视通万里"。无论是描写苍莨山的"石骨俊秀，古木参天。山路两旁尽是两人合抱粗的樟树、银杏和枫树，浓荫匝地，枯泉幽深"，还是铺展"古罗马斗兽场，左高右低，断圮残垣"，"一个椭圆形的样子"，"每一层都密密排列着圆形拱门，像蜂巢一样"；无论是刻画凤凰古城"两岸的吊脚楼就像用蜂窝煤垒起来的，沱江的水若溅上去就会咝咝地响"，那"依稀的山影"犹如"银河在山头上奔流，这里就是仙境啊！"还是游览巴黎的"埃菲尔铁塔、卢浮宫和凡尔赛宫"，以及"天色慢慢暗下来"的塞纳河，"沿岸宫殿，房屋的灯火渐渐亮起来，植物的暗香在夜风中悄然弥散"，等等，一种环境，一个场面，一片风景，一段历史，作为一种背景，越发衬托了小说的素朴典雅之美，神貌宛然，栩栩如生，既富民族情趣，又有异域风光；既高瞻远瞩，又洞幽烛微。这一幅幅古典的、西域的水墨画，都深化了小说的画面空间，广袤而深邃。

《爱历元年》是融汇诗词书画、佛经典籍的一部知识图画。中国的古人喜欢用诗、词、文表达自己的思想感情及作品的主题。《红楼梦》就常常以诗、词、文章作为表达主题思想的重要记载方式。当代历史小说《李自成》《金瓯缺》以及《天香》等，都同样创造性地运用了这种很有特色、能发挥知识特长的表达方式。而写现实生活的《爱历元年》，也采用这种诗、词、文、佛经典籍等知识来表达作品的主题与思想，这对写当代生活题材的长篇小说是一种重大突破与创新。如马波、孙离、李樵都争着阅读妙觉在宣纸上写的一首五律："篱下灌园久，归来烹蕈葵；绿萝窗外冷，新月檐边陲；性空尘世远，弦静妙音微；黄莺隐深树，能拣一枝依。"这首诗写得很有特色，如同苍莨寺这个寺院，同妙觉的心境与才思十分吻合。它"比嵇康的'目送归鸿，手挥五弦'要温柔蕴藉"，又"比陶渊明的抚无弦之琴更自然玄妙"；它"隐隐又有思凡之意"，却也有"寄生佛门苦厄便是福报"的表达，其心性、志趣、境界，犹如天地寂寥，雁阵低回；平沙日远，秋叶翻飞；大漠孤烟，嫦娥舞曲；"心清如水，出尘九霄"。既准确地写出了妙觉的清净、雍容、华美，又衬托了她的观念信奉、情感皈依、心理寄托。而孙离与李樵到"城郭"去感受"枫叶荻花秋瑟瑟"的河滩芦苇景观时，发现"台阶上刷着四行红漆字"："案件多发地，独自莫停留；芦苇虽美景，小心藏歹徒。"这诗虽"煞风景"，却写出了公安派出所一种不便直言的警示，其作用是一般的广告语言所起不到的。作者代书中人物或事件拟作这些诗、词，既要符合人物的性格和经历，事件的场所与环境，还要符合格律平仄、文风习惯。作者显然把握住了这些因素，才仿作得如此生动形象，意味深长。再如借用佛经文化典籍的神思、妙悟、意象、品位，就更能给作品输入新鲜自然的气息，带来美丽悲伤的人生真味。像熊道长盛赞"莲花有四德，一香，二净，三柔软，四可爱。谢而又发，华实齐生。《阿弥陀经》中说，极乐国土，有七宝池，八功德水，充满其中，池底纯以金沙布地。池中莲华，大如车轮，青色青光，黄色黄光，赤色赤光，白色白光，微妙香洁。"这实际上是人类对生死，对宇宙，对过去与未来的猜想与思考。正如佛教讲诸法无我，诸行无常，放下执念，静虚先悟；顺其自然，参破造化，完全蒙上了一层神秘的佛教色彩。当妙觉招待马波、孙离与李樵吃斋饭时，偶尔听到树叶似有若无的落地声时作者就借用中年奉佛，诗多禅意的王维《秋叶独坐》"雨中山果落，灯下草虫鸣"来写时迈人老，感慨人生。不仅像山里成熟的野果，正被秋雨摧落，还从人生转到草木昆虫的生存，虽属异类，却更觉悲哀。因此，草木昆虫与人一样，都在无情的时光、岁月的消失中零落哀鸣。斥神仙虚妄，悟佛义根本。所有这些诗、文的应用，都丰富了作品题材的主题内涵，增强了作品的思想意蕴。

二、人性的本源、回归与升华

《爱历元年》的人物创造，是一种贴近生活、贴近实际、贴近人心的成功创作实践。他们在人性的本源上，随波逐流，沉迷欲望；在温暖的回归上，与人为善，重返初心；在人格的升华上，大彻大悟，爱历永远。这既是一种行为的反思，道德的自律，也是一种思想的磨砺，精神的成长；既是中国社会世相的变迁史，也是人到中年情感危机的心灵史。

孙离是一个有才华却散漫、有爱心却随性、有美妻却出轨的教师或作家。他农家出身，师专毕业，在县一中教语文。他上课别出心裁，妙语如珠，"没课就关在宿舍"。但他却以他的才情征服了美丽同事喜子。沐浴着玫瑰色的光影，珍惜着身边的姑娘，孙离满怀对未来的憧憬与热情，带着开天辟地创造新世界的勇气，创造了属于他们自己的爱情日历，把彼此心意相许的那年设为"爱历元年"。然而，由于喜子"她同孙离谈恋爱，似乎是稀里糊涂过来的，只是觉得男女必须成家，必须生儿育女，就像上学必须交作业似的。她稀里糊涂就成了他的老婆"。加之生活态度和教育背景的差异，就在两个人逐渐渗透的生活中发酵成无法弥合的裂缝。于是，吵架是他们夫妻的常事，"争吵代替了甜蜜，成为生活的主题"。尽管他们的夫妻生活"还算得上引人入胜。喜子重重地拍打他的屁股，算是对他的奖励。她拍打越重，内心越是欢快。多年前，她曾经一边打他的屁股，一边还狠咬他的肩头。他左肩上深深的牙痕，几天都没有消褪。"可他"就是看不到喜子身上的柔软"。"喜子的这种冷，不是冷艳，而是冷漠，冷艳会让男人有渴望，冷漠只能让男人望而却步。"就在孙离的工作几经波折之后，他成了畅销推理小说家，被读者追捧得多了，报社的采访也多了。他终于发现报社社长李樵身上"散发奇妙的绿色气流"，眼睛里"某种神秘的物质慢慢地弥散而出"，是他喜欢的、需要的、怜爱的。于是，"他把她轻轻地揽过来，紧紧地抱着，李樵就像没有骨头似的软软地躺在他的怀里，他亲吻李樵，她的嘴先是闭着的，慢慢地张开了"。从此，他就完全沉迷于李樵的缠绵里，在热烈的艳遇中沉沦，细细体会从没在夫妻间有过的那种柔软。

　　喜子"漂亮"聪慧，出身乡下却会读书，她上的苍市师大是名牌大学。她虽然"讨厌这个小县城，肮脏的街道、难听的土话、奸诈的小贩、不学无术的同事……"但工作却十分敬业，除了上课，"整天守在办公室"；她虽然与孙离结了婚，扪心自问，"十分惋惜"，她"能看得起他这个专科生吗？"而且，她通过自己的努力，考取了上海的研究生，博士毕业后，又到苍市师范大学工作，还当上了图书馆馆长，他才"勉强自修本科"，又成了自由职业者。命运的改变，两人的重逢，却已初心不在，爱历纪元也成了陈年往事，生活只剩下烦躁与默然。虽然全家都迁居苍市，却爱意远去，暗流汹涌。尽管孙离"挑不出她身上任何的错，哪怕想朝她发火都没有理由。她有体面的工作和职位，她在自己的专业有学术成就，她回到家里埋头做家务，夫妻之事，只要孙离有兴趣，她都尽着女人的本分。"其实，这只是夫妻间的一种责任，并不是发自内心的爱。当喜子一看到刚调图书馆的"同济大学的博士生，又去美国留过学"的谢湘安时，竟突然想起辛弃疾的词句："似谢家子弟，衣冠磊落；相如庭户，车骑雍容。"赞其风度的不同凡响，有如晋朝谢安的子弟，风度翩翩，衣冠楚楚，神情磊落，显得那么从容不迫，温文尔雅。再仔细品评，这人在她心里就是一座山峰，既是雄浑的，又是深秀的；既有文雅的风度，又呈现刚强的气势。简直让人百读不厌，欣赏不已。这就是喜子对谢湘安的第一感觉。"喜子这么想着，心里突然动了一下。"而且，她"很爱看谢湘安的背影"，"只要一瞥"，就会"突然脸红心跳"。于是，她与谢湘安在凤凰古城"猛烈的风景"，在古罗马"两人的缠绵"；

在瑞士的"激情澎湃",在苍市谢家的"像头公牛"。终于让喜子"喘着粗气""喃喃地说":"小安子,你把我照亮了!"这发自肺腑的呼喊,既真切、人性,又深刻、浪漫;既是人的潜意识本能的自然流露绽放,又有人的性心理满足的深邃社会内涵。

孙离沉迷于《新日早报》李樵,喜子爱上年轻有才的手下谢湘安,他们之间的情感轨迹渐行渐远,与世界所有出轨的家庭一样,夫妻双双隐瞒着彼此的不忠,在各自的心心相倾的艳遇中沦陷,只有在某些时刻,"爱历元年"成为心中突然闪现的念想,两人才会回忆起曾经对彼此的承诺,"这些年来,他们谁也没有再提过那个属于他们夫妻俩的纪年"。现实生活中有太多的迷失,难以回到初心,人到中年情感危机的悲观绝望,在作者"理解之同情"的描绘下,人性自然地生长盛开着,渐次走向暖意和希望。正当他们都在享受夫妻之间从未有过的柔情,使生活偏离初心时,他们终于得到良心的发现,道德的提升。喜子不是"我会死的,我要死了",就是"仿佛占有了一件不属于自己的宝物";不是"你就留我半条命吧","我会死在你手里的",就是"夜里哭泣着喊,饶恕我,那是对老天的忏悔吗?"而在李樵提出:"老头子,我们分手吧",孙离大半年都陷入极度痛苦难以自拔。但他"闭着眼睛叹息良久,心里隐隐地痛悔,想自己原是满身罪孽"。于是,"最恻动的心意是怜恤——怜恤与生命相关联的种种情事,其中犹包括幸与不幸,更无论快与不快了。这怜恤便有大爱,有大爱便有大不忍,有大不忍则必有大温 ,亦有大伤痛。"最终,喜子与孙离在孩子的问题上得以弥合;侄儿大山子寄宿家中,让两个缺失共同育儿的经历得到实现;得知亲子错抱的打击,却因此为亲生儿子郭立凡换肾成功;叛逆养子孙亦赤经过旅途也终于珍视家庭[①];等等,都让他们找到了重返初心的回归之路。这就是孙离、喜子的精神成长史,他们是在生活与精神困境、

---

① 张燕玲:《王跃文长篇小说〈爱历元年〉:重返初心》,《文艺报》2014年9月5日。

时代与社会变迁中找到了精神出路，那就是出走之后的回归，背叛之后的救赎；是希望于绝望，绝望于希望。永远就像最初相爱的那一天，是天下所有恋人的梦想，但生活的茂密曲折让永葆初心成为缥缈的海市蜃楼。唯此，才有与人为善，回归日常，重返初心；唯此，才有忏悔、宽恕，人性的理性回归与升华。

　　孙却的生存智慧与人生淡泊，是一个典型形象的时代缩影。孙却是孙离的弟弟，"村里人都说孙却比孙离聪明"，却"太顽皮""不肯读书"，"十岁时，逃学七天不见踪影，他邀上一个同学出门流浪，沿路乞讨，编故事说家里起火，父母都烧死了"。讨来了"年糍粑和大米，捱到天黑才溜进家"，结果"被爸爸拖到堂屋，拿绳子绑了，吊在楼梯上，打得鬼喊鬼叫"。他"就有了一个外号，叫花子"。但他性格开朗，"脑壳尖，会钻"。进城做包工头后，不仅把"税务局办公楼的工程弄到手"，"赚四五万"，抵得过养"二十年猪"，而且"把教委也钻通了"，修学校搞"农村教育初级达标"。孙却终于"发财了"。按孙离的说法，孙却是"奇才"，"乱世英雄"，"如今是身家过亿的大老板"。于是，他"不肯读书"，却"宁愿花钱"，"不愿花时间"获得硕士、博士文凭；他"养猪，做包工头出身"，却与有关的"领导个个都熟"；他有一个"漂漂亮亮"、名牌大学毕业的妻子，却在外面有不少的"荒唐"女人；他"做了多年的政协委员"，却愿多"花钱"去"搞个人大代表"。谁知，就在人大开幕的那天，他却因癌症住院开刀了，不仅前期的投入打了水漂，就是五千多万的账也赖着不还了；不仅那些"领导不方便"探望他了，就是"那些过去讲话豪气冲天的朋友，脸一抹，人就变了"。真是世态炎凉。然而，经过乘房车的疗养，孙却的病奇迹般地好了，他也终于悟道了，人性升华了。既给哥哥孙离买了"一辆奥迪"，又给嫂嫂喜子送"一辆白色宝来"，还要"去考个教师资格证"，"捐建一所学校"，"去做乡下教师，不拿工资"。这就是一面时代的镜子，具有深刻的认识价值。而孙离爸爸是个勤劳忠厚的农民，却又成了一个"上访"专业户。他读过几年书，曾被招进苍市508厂工作过。他"从508厂回来"，是"政策上说好是暂时回乡支持农业生产，国家需要的时候再回到工厂去"。他回到农村扛了几十年锄头，还成了"万元户"，成了发家致富的典型。后来，全县从508厂回来的二十几个人要求落实政策，拿退休工资，并要他"成头"，上访告状。孙离爸爸就与张叔叔拿着当年的"红头文件"，去苍市找到原来的厂子，厂里接待他们后买了车票，"让他们回家等消息"。十几年了他们不断地上访，去年还告到北京了。把"状子交了"，又让他们"回省里听信"，政府还出钱让他们坐飞机回来，又等了一年仍然没有消息，他们又来到报社告状。社长把孙离喊来一同招待他们！孙离劝爸爸不要告了，"认命！"其实，爸爸什么都不缺，就是"仗义"，爸爸就只能叹息，"未必我这几十年都被骗了？"孙离爸爸终于彻悟。宗教局副局长马波，是一个"很优秀"的官员，他"儒雅，有涵养，也没有官气"，"最有衲子之心"。虽在官场久了，自称"俗，只有我俗到家了"。但却"是个难得的干净人"，既懂诗歌，又能书画；既关心寺庙建设，又重视"住持"人才。结果，"有人见我要当宗教局局长了，就造谣害我，他自己想上位……调查了整整八个月，没查出我任何不干净的地方。当然，那个想当局长的人如愿以偿，当上了。"现在上面"考虑我去当文化局局长"，但心却懒了。虽然"莲花自净，无关清浊"，但这种不择手段陷害别人以达个人目的的恶劣风习，不曾经是一种普遍的社会现象吗？以致官场见怪不怪，习以为常了。江陀子在拆迁中无意致死母亲小英。为了钱，他还"真心愿意"服刑坐牢，因为"服刑期间工资照发。月薪一万。"这"不是老百姓只认钱，而是他们太卑微了，自认命贱。坐牢还有钱发，不如坐牢"。"正义、公理、尊严、荣誉，对他们一文不值！"从而呼唤人性的觉醒、尊严的神圣、荣誉的崇高。

三、叙述的魅力与张力

《爱历元年》的叙事艺术，在王跃文创作中表现出的原创力与超越性，既有对《国画》官场画面之外日常生活的展示，又创造了以完全的日常生活为画轴的细腻描写；既有对《苍黄》批判现实之外人性心理的剖析，又开拓了以人性、命运、情爱为小说中心画辐的心理刻画；既有对《大清相国》"小说纹理间充满张弛有度的内在张力"①的继承，又发展了在平实朴素的叙述中有欲罢不能的魅力与张力。因此，构思的独特性、细节的典范性与语言的朴素美，就是《爱历元年》的艺术特色与突出成就。

构思的独特性，也是长篇小说一种独特的结构方式。"作为一个自觉的长篇小说艺术家，茅盾对小说结构的极大注意，也是他的显著特点。他追求宏大而严谨的布局，他的作品总是人物众多，情节复杂，线索纷繁交错而又严密完整。""从《子夜》开始，茅盾把小说结构的精心构制作为艺术构思中的重要一环，追求与纷繁复杂的生活更加适应的蛛网式的密集结构：'把好几个线索的头，同时提出然后交错地发展下去……在结构技巧上要竭力避免平淡。'"②《爱历元年》以一个家庭为主线，然后斜枝旁出。作者在描写这一枝的生活故事时，其他几枝很少出现，似乎唯恐这个故事不能完全独立，然而，我们在阅读这部小说的时候却又没有丝毫的割裂之感，几个故事之间，既互不相连，又无懈可击，极具连续性、统一性。因此，相互独立缠绕在中心的，至少有三条各不相联系的结构线索。一是孙

---

① 吴义勤、方奕：《官场的"政治"——评王跃文长篇小说〈大清相国〉》，《理论与创作》2007年第6期。

② 钱理群、温儒敏、吴福辉：《中国现代文学三十年》，北京大学出版社1998年版，第232—233页。

离与喜子及其家人之间，这是一条贯穿始终的主线。从河堤上在"寒风凛冽"里，"孙离拉了喜子的手"，"喜子挽住了孙离的胳膊"到走进婚姻的殿堂；从喜子每晚都"歪着头在床上看书"，孙离则"给儿子喂牛奶、换尿布"，到喜子"抱着书睡去"，孙离则"抱着儿子和奶瓶醒着"；从孙离带着儿子去上海寻找看望喜子，到"喜子只想安心地守在孙离身边，变得越来越老，朝着他傻笑"。由最初恋情的萌芽到后来的同床异梦，一直到重返初心的整个过程。在这一过程中，发生了许多与"爱历元年"有过密切联系的人和事，他们都在小说的结构中，发挥了重要的作用。分别是刘小明、舒刚勇、刘秋桂、陈意志、小花、小英、老虎、母亲、岳母等各色人物。把这不同类型的人物的人生故事，与孙离与喜子的"爱历元年"的诞生与永恒杂糅在一起讲述出来，就构成了《爱历元年》最主要的一条故事线索。二是孙离与李樵的幽会、出轨、痛苦地"回头"的全过程。从结构意义上说，第十五至十七节都是单线发展。既有李樵复旦、北大读书的闪回，又有孙离"写了近二十年推理小说"的简概；既有"海云大酒店一楼"咖啡厅李樵留下的"绿色气流"，又有在"紫亭"茶馆孙离的"目光柔和"。于是，他们一来二往，难舍难分。就有了"五帝大酒店"的"就像自己做了坏事"，有了"上都印象"李樵家里的"精疲力竭"。甚至在"海云大酒店"有了长期的包房，经常在那痛痛快快"火一样地燃烧"。然后，孙离与李樵既在何公庙与熊道长有了佛教的反思，又在苍市有了画家高宇与齐白石、李可染、李苦禅等的门生渊源；既在苍莨寺听妙觉抚古琴、看马波画梅花，心旷神怡，又在南津渡见废墟上的"大片的旧房子""老麻石街"，神情沮丧；等等，构成了小说另一条重要的结构线索。三是喜子与谢湘安的情感书写。这是人物意识流动的深层次结构。喜子"自从有了小安子，她整个人都变了。一天到晚步子都是轻快的，做什么事手脚都很麻利，脸色也更加光洁，透着她这个年龄并不多见的嫩红"。这完全是未被主体所注意的、连自己也没有意识到的、不知不觉的心理活动。这种感情，"虽是意识的代表性机能，但精神世界的大部分，却是一个无意识的茫茫大海。意识，仅仅是由生命之光所照见的一个微微发亮的精神世界"，"意识的小岛经常受到无意识的波涛的拍击，像潮汐涨落那样永无休止"。[①] 这里所说的"无意识"，就是指人的潜意识。喜子对谢湘安的如醉如痴，既有其"周缘以外的黑暗处是不自觉的潜意识领域"[②] 之结果，又是现实生活经过心灵折射的一种曲折或变形的反映。喜子终于又忏悔、痛哭了。它是当一个人在某种特殊的环境或事态下，灵魂受到冲击，理性、信念、意志又在支配着她的行动。所以，这又是在理性的艺术思维指导下对潜意识的描写，这自然就是一种高度自觉的意识活动了。作者通过如此特别的设计，正是他建立的一种心理结构叙事模式。

细节描写是作家叙述故事、塑造人物、刻画环境的最小描写单位，是构成小说的血肉材料，就像"人们身上的细胞，顶多也只是一肌一肉"，却有不可或缺的功能。魏金枝曾说："有些高明的作家，有时只用一个简短的细节描写，就可以描写出时代的气氛，人物的性格，同时也带动故事的进行，这就是'一石三鸟'。"[③] 在长篇小说创作中，细致入微摹事状物，不仅是对细节的基本要求，和它是否具有存在价值，并完成特定功能发挥的前提条件，也是小说创作能否成功的关键。《爱历元年》无论是人物的一言一行，一颦一盼，还是事件情节的每个细枝末节，环境气氛的刻画，都是细致入微、新颖奇巧，深刻逼真、独具特色的。比如小说描写那天清晨孙离到车站接回从上海读研究生的喜子。"吃过早饭，外婆对亦赤说：'妈妈坐了一个晚上的火车，让妈妈睡觉，你跟外婆玩去！'亦赤不肯出去，他要在家里看电视。孙离和喜子都明白外婆的意思，只当什么都没听见。外婆就拿油糍粑哄外孙"，喜子又给儿子糖，"外婆接过糖，塞给亦

---

① ［日］浜田正秀：《两种无意识》，《文艺学概论》，中国戏剧出版社 1985 年版。

② 瞿世镜：《"意识流"思潮概观》，《当代文艺思潮》1982 年第 1 期。

③ 魏金枝：《编余丛谈》，作家出版社 1962 年版，第 81 页。

赤,说:'妈妈买的糖,上海的糖!'亦赤拆着纸包,仍站着不走,外婆说:'妈妈都给你买了糖呢。'喜子就红了脸,说:'妈妈,你就让他在家里玩吧,我睡那边屋。'外婆板了脸,硬拉着亦赤出去了。"这个细节十分精彩,非常感人。它对塑造不同的人物性格、心理发挥着重要的作用。外婆是过来人,不仅关心女儿生活、衣着、读书的成长,也关心女儿的性饥渴、性要求,急于将外孙带出去,让女儿女婿方便亲热;儿子亦赤还小,他不懂事,既不知道外婆带他出去的心思,也不了解妈妈给他糖的用意,完全是一派稚嫩天真;而孙离与喜子已分别一年了,久别胜新婚,他们当然明白外婆的意思,不仅假装"没听见"还"红了脸"。结果,外婆强拉外孙一走,他们不仅"火急火燎",还真像从"喘息"中"活过来了"似的。笔墨不多,却活灵活现;心态不一,却栩栩如生。巧妙地安排细节描写,寥寥几笔,就能写出一个时代的真实面貌。作者描写孙离约李樵去何公庙,在去吃斋饭时,"熊道长本来立在小斋堂门口,微笑着迎候,他看见跟在孙离后面的李樵,忙跨前两步,躬身打了一个拱说:'原来李社长也来了。有失远迎,失敬失敬。'又对孙离也打了一下拱,'孙老师好'。""李樵笑着说:'熊道长,冒昧来访,不知欢不欢迎啊?'熊道长忙又打了一个拱,说:'李社长,我们小庙请都请不来呢。我下午去宗教局汇报工作,没有陪好李社长和孙老师。恕罪恕罪。'""孙离见这熊道长果然人情练达。李樵也算是官员,又是女士,自然称呼时要放在孙离前面。熊道长对孙离的客气,也许不是因为敬重他是作家,只因为他是宗教局副局长的同学。"真实、准确,生动、形象。寥寥的对话细节,却真实而深刻地揭示了重官位,讲身份;排座次,比地位的时代现实,即使是寺庙道场也不例外了。其手法之高妙,寓意之深刻堪称细节描写的典范。含蓄的细节描写,是以描代叙,起到衔接情节,促进情节发展的作用,收到言有尽意无穷的艺术效果。作者描写去凤凰古城的高速公路上,"喜子留意沿路的地名,觉得非常有意思。每个地名似乎都有故事,叫人生出无限的想象。突然看到一个惹眼的地名，居然叫借母溪。一块蓝牌子写着：借母溪；又一块褐色牌子写着：借母溪国家森林公园。""喜子说：'借母溪，哪里还有母亲可以借?'"其实，它不是"一个很孝顺的儿子，看到老父亲很想念死去的母亲，就去借个母亲回来送给老父亲。"而是在那蛮荒的年代，借母溪地处深山老林，交通不便，贫穷落后，没有女子愿意嫁入此村，为延续香火，老一辈人便只有向临近的村子借来母亲，母亲生下孩子后便离开，所以孩子都不知道自己的母亲是谁? 而村头又有一条小溪，便称之为借母溪。如今它不仅成了原始次森林，还成了高速公路一个标志性地段。那九泉之下的老一辈又会作何感想? 难道不是为了今人而写古人的吗? 细节描写虽只是一枝一节，但许多个有力的细节描写，却可以保证作品的成功。

　　既然是文学语言，必须是既美又好，这样才能显示作家的个人风格。"言为心声"，古人有"立言"必先"立心"之说。所谓"立心者"，就是把自己的思想、情感、审美情趣，熔铸在描写对象上，使主客观融合一体，呈现出作家个人的创作个性和语言风格。这种创作个性和语言风格愈鲜明、愈独特，作品就愈有艺术魅力。《爱历元年》第二十七节的描写语言，就具有这种美的意境，好的气氛。你看：

　　　妙觉微微低头，先试了几根弦，双手合十，默念片刻，开始抚琴。李樵听得妙觉把琴弦轻轻一挑，就像有一粒圆润的珠玉柔柔地弹到她的胸口。她不由得微微收住肩膀，双手微合着轻放在膝头上。天地寂寥，雁阵低回；沙平日远，秋叶翻飞。李樵注视着香盒里面飘出的檀香，好像只有它才是妙觉的知音，忽而如大漠孤烟，忽而如嫦娥舞袖。她似乎不忍听了，眼睛轻轻合上，感觉鼻腔发酸，眼泪快要流出来。

　　　听得两位先生鼓掌，李樵才慢慢睁开眼睛，掏出纸巾揩了揩泪水。马波长叹一声，说："难怪孔圣人要说礼乐! 乐，真的关乎礼。

妙觉的古琴，我最爱听的就是这曲《平沙落雁》。每回听了，都心清
如洗，出尘九霄之外。"

　　语言的优雅俊美，就像灿烂的群星，它文采斐然，光华万丈，却又
朴质自然而不是辞藻堆砌；就像皎洁的月亮，它如明镜高悬，却又扑朔迷
离而毫无浅露之弊；就像晶莹的珍珠，它珠圆玉润，却没有刻意雕琢的痕
迹；就像垂泻的瀑布，它简洁流畅，却又有不可穷尽的魅力。而且，《爱
历元年》中的每个人都有自己表达思想感情的个人方式，表现在人物语言
上，就有其独特性，是别的人物语言所不能代替的独特性，几乎达到了
"说一人肖一人"的境界。有的人物甚至仅仅出现那么几次，讲了不多几
句话，便一下子"闯入"你的脑海，神态毕露，活灵活现。乡下的外婆节
俭，既怕用电，又怕烧坏电器，"电视都滚热了，不怕烧坏？""不会烧坏，
也要用电呀！"皮鞋厂女工小花刁泼，总是骂丈夫陈意志"臭知识分子！
臭老九！知识越多越反动！"社会上小混混老虎凶残，不是大打出手，就
是满嘴粗话："狗日的，你敢欺负我姐姐，老子打死你！"大学生亦赤则文
绉绉的，"亦赤回头望着孙离，目光直直地像两根棍子捅过去，说：'你们
生了我就得教养我，这是法律赋予你们的责任。我知道你想说要我感恩。
抱歉，我对你们没什么恩可感的。不是我自己要到这个世界来，是你们莫
名其妙把我带来的。但是请你们放心，你们老了我会赡养你们的，我一定
尽法律义务。我会是个守法公民，但你别同我谈崇高。'"虽有玩世不恭，
却也有责任担当。这些人物都在说着适合他们自己身份、经历、地位、性
别、年龄特征、个性习惯的话，虽然大多着墨不多，寥寥几句，却把这些
人物活生生地"端"了出来，使你不得不拍案叫好，惊叹不已！

第十四章

阎真长篇小说《活着之上》：
大学精神的坚守与颓落

 阎真的长篇小说《活着之上》，是一部直面中国高校当下现实生存状态的精神图像，是一幅现代人在物质世界的诱惑下灵魂挣扎与变异的多彩画卷。它既有在艰难环境中良知的不灭、信仰的坚定、意志的刚毅，也有在金钱的支配下灵魂的畸形、道德的沦丧、风气的败坏。在这部当代知识分子的精神思辨录里，有温情的理想张扬，也有欲望的沉沦膨胀；有尊严的艰难维护，也有钻营的不择手段；有做人的自律底线，也有人格的萎缩堕落。它是人的潜意识深处灵魂的深沉反思，是隐藏在人的表象世界之后内在精神的本质探索。

一、知识分子人文精神坚守的艰难与曲折

 《活着之上》塑造了"我"（聂致远）拒绝平庸，追求真理；不落凡俗，恪守良知的知识分子的典型形象。"我"出生在鱼尾镇一个捕鱼世家，从小既懵懂，又调皮；既聪明，又好学。既对在人间存活几十年的生命消失

后，一点痕迹也没有，迅速被遗忘感到"恐慌""震惊"，又对爷爷离世时头下枕着两本《石头记》的记忆，刻骨铭心。于是，"我"对生命的价值和意义很早就有着朦胧的认识。"我"在读中学时，便对历史很有兴趣，"觉得历史中藏着世界上几乎所有的秘密，关于时间，关于人生，关于价值和意义"。"我要的就是成为历史学家，把前人的事迹和思想整理得清清楚楚，告诉后来的人。这是我的使命。"怀着这样一种激情和理想，"我"不顾父亲反对，高考时毅然决然地填报了麓城师范大学历史学院，并在读完硕士、博士后，又回到历史学院教授历史、研究历史。这种坚守，一是得益于历史伟人的榜样与启发，"说到底自己的心中还有着一种景仰，那些让自己景仰的人，孔子、屈原、司马迁、陶渊明、杜甫、王阳明、曹雪芹，中国文化史上的任何正面人物，每一个人都是反功利的，并在这一点上确立了自身的形象"。他们提出的诸如"克己复礼""舍生取义""知行合一""君子喻于义"等，都是中国传统文化的精粹，当"我"想起戴着老花眼镜在阳光下翻看《石头记》的爷爷，活着之上的精神与意义，就油然而生；当"我"想起"写出《红楼梦》的伟大作家，生前历经患难，却从不向世俗低头，用生命铸就了影响后世千千万万读者的巨著"，就温馨暖和。于是，即使"我"在硕士毕业，读博过程，遭遇许多的痛苦与无奈，只要久久凝视向往这些人物，那"心灵的原则就是绝对的命令"，这就是"我"满怀正气的精神源泉。二是得益于自我知识分子的责任感。"知识分子想'搞到'学问和社会责任，不想'搞到'就不是知识分子。"尽管"我"在北京读博期间，家里经济十分拮据，既有买房的压力，又有女朋友的唠叨，但我却忍痛拒绝了报酬丰厚的为孟老板写家族史，因为我绝对不做违背良心的事，因为"学问是我的工作也是我的信仰，我再怎么穷，怎么想钱，学问也是我心中的泰山"。于是，知识分子的责任担当，既是"高山仰止，景行行止"，"内不愧心，外不负俗"，又是历代文化名人薪传下来的优良传统；既有祖父文化根性的"遗传密码"，又有既定的体验方式。所以，"我"

有着独立人格，立志以曹雪芹、王阳明等伟大灵魂为楷模，开拓学术领域，在历史学科的研究中有所建树，从而坚守知识分子道德底线。三是由于生活趋于相对稳定，生存压力得到了缓解，"活着"的尊严与心灵的信仰，又蠢蠢欲动，激情燃烧。但在市场的背景下，"我"也只能坚守一条最基本的人格底线，恪守职业道德，努力把职业和志趣统一起来，成了"我"作为一名高校教师的追求。所以，"我不应该设想一种道德比市场更厉害，比生活经验更有说服力。也许，我不希望每个人都是司马迁、曹雪芹的追随者，包括我自己。也许，我不能追求这么高的目标。但是我也不会放弃，为了职业的自尊，我都不会放弃……如果放弃，那不但丧失了职业自尊，连记忆都没有，为了这点理由，我得做一个悲情的坚守着，在这个小小的阵地上坚守下去。"

然而，尽管"我"学业优秀，读研期间就发表过数篇核心论文，但因"我"导师不在权力位置上，"我"硕士毕业没能留校，只能去麓城郊区的一所中学当了历史老师，"我"的恋爱也遭遇了危机。为此，"我"必须考博，恰好母校麓城师大历史学院拿到博士点。童院长与徐教授各招一名，"我是真正搞学问的人"他们都知道，但考完之后，童院长录取了"外语比我少十一分"的蒙天舒，徐教授录取了"从来没学过历史"的校长夫人麓城大学旅游学院办公室主任。结果"事先就已经确定，与考试无关"。我一无靠山，二无金钱，就只能"恨，恨，恨"了。而且，我不愿"昧了良心"去为一个企业家将"满洲制铁"处理成"跟日本人斗"的虚假历史，结果，不但他们让我马上"办退房手续"，"还没有把那张已买的软卧火车票送来"；不但让我"在候车室里等了七个小时"才买张站票，还挤了十个小时才站到北京。残酷的现实与惨痛的生活让"我"感到，以前那些致良知、知行合一、君子喻于义等耳熟能详的理论，"那些从书上来的思想在生活中全部苍白、乏力，用不上。生活中讲的是另外一套道理，是钱，是权，是生存空间的寸土必争"。"大家都在利用自己的一切背景和关系在钻，在占位占坑，在钻和占的过程中实现利益最大化。"于是，在生活和情感的重压下，"我只能改变自己，不能不改，生活比书本来得更加生动、鲜活、感性"。"既然生活中没有理想主义生根的土壤，那么在市场中争取好好活着，更好地活着，那实在也是别无选择的选择。"为了考博，我接受了蒙天舒的建议，麓城师大就不报了，把京华大学冯羽教授"最近的著作找来读读"，即使"太投机了""太难为情了"也称其为"领域内权威著作"，并把"感受写篇书评，寄给他"，让他"找地方发表"，包你"一试一个准"。结果真的考上了，女朋友也失而复得。为了钱，我又接受了室友郁明的教育，让学问迅速转化为生产力，"去青岛采访几天"，为"山东一个搞印染的企业家"写部传记。即使署上笔名，"我"也"想赌气不写"，可"房子还在等着装修呢"，"实在也赌不得这口气"。结果写出来"还真像那么一回事"。特别是在后来的评职称中，在处理与领导、同事、学生的关系中，"我"仍然做了许多身不由己的事。甚至为了活得更"好"，"我"还加入了送礼、谄媚的行列。为了历史学院，我又陪着蒙天舒赴北京"活动"国家社科基金项目评委。"我"竟"不由自主地想起了曹雪芹。地上那么多路可以走，他怎么就不走呢？唉，我是俗人"。真是："时势比人强，这是放弃的理由，又不是放弃的理由。如果是理由就没有伟大和高洁了。也许，凡俗就是这一代人的宿命。我不是文化英雄。我景仰他们，可我没有力量走近他们。我只是不愿在活着的名义之下，把他们指为虚幻，而是在他们的感召之下，坚守那条做人的底线。就这么一点点坚守，又是多么的艰难啊！"这就是知识分子不想妥协，又不得不妥协的现实。因为"现实如此骨感，我不能在一个骨感的世界去寻找一份丰腴的浪漫"。所以就只能屈从，"以生存的理由把这种渴望的真实扼杀掉了"，那我就"对不起司马迁，对不起曹雪芹，对不起无数在某个历史瞬间茕茕孑立形影相吊的坚守者"。这就是有崇高信仰与独立人格追求的小人物的悲剧，是当代知识分子的生存窘境，是大时代背景下人们精神和价值观的扭曲。

　　虽然，为了"活着"，"我"有过妥协、屈从，但从不卑躬屈膝、同流合污，既有过反抗，也有过斗争。尽管市场已经把钱与权的作用推向了社会的极致，也打破了知识分子原有的生活秩序，但一些虽懂得市场交换原则却不屑于为之的知识分子，已被置于窘迫的境地。既对"自我"产生了严重的失落感，又对自身的作用、力量产生了怀疑。尽管如此，在这些知识分子心目中，超越于物质之上的精神追求，始终是他们人格的操守与生命的尊严。"我"的妻子赵平平为了一个教师的编制，已经考了六年，几次考上都没被录取，"这次招十一个语文教师"，她考了"第五名"，即使"面试一般"，也应该"打不下去吧！"可妻子就是担心，总觉得要想成功必须"送钱"。而且"不可能下毛毛雨"，"要下就下一场倾盆大雨"。而我的感觉"太直接……简直就是不好"。最后来了折中，"花了四千多元买了六条中华烟"。可到了赵局长家，他却说"一个副局长，太渺小了"，帮不到忙，并"很随意似的把那袋子递到我手中"。妻子却十分愤怒，一路上对我既是指责，又是谩骂，说我不该"把这几条烟带回来"。因为我认为"票子是有那么伟大，但它还不是最伟大的，有些东西比它更伟大些，至少对我来说如此"。最终，赵局长"打电话来了，告诉赵平平说，国家的编制没争取到，区聘的编制经他力争，争取到了"。这不是天不"绝我"，而是人的良知不熄、精神不灭。因此，坚持公平、公正的原则，既是一种法制文化，又是我的人生理想，哪怕"我"有一点点的公权，都会全力为大众服务。比如图书室李灿云老师，"二十年前她因被照顾夫妻关系调来麓城师大，丈夫是商学院的一个副教授。一时没有编制，她就在历史学院图书室先工作，承诺有了编制优先解决。"她"二十年如一日"，工作"勤勤恳恳，任劳任怨，一丝不苟"。可一轮到她就被别人挤掉了。这次，学校又有十个编制，通知各学院工会主席去投票。恰好院工会主席金书记要去省里开会，让我"代表学院"去投票。当晚李灿云就找到"我"，既是"哭诉"，又是"下跪"；而我既是"同情"，又是"悲观"。但我还是鼓足了勇气。

会前，来一个拜托一个，既介绍了情况，又请"帮一票"；会上，既恳切陈述，又向"每一个人示意"。学校则明确要淘汰李灿云，"把一个消防政委的妻子""谷远芳分到历史学院"。结果，李灿云"得四票"，谷远芳"得两票"。人事处要求复议，又被"我"与几个书记顶了回去。这说明"仁慈之心""人文关怀"，还是有的。特别在青年大学生面前，必须提倡公平正义，诚信守礼。但现实中坚持公平、正义等原则的人在高校已经无法生活，一定要放弃人格尊严才行。"我"刚兼班导师，学校党委孟副书记说："晓敏年轻，聂老师多教导，让她多锻炼锻炼!"结果，金书记就安排她当三班女生军训领队，还评为"军训标兵"。即便如此，在选班干部投票时她还是"第九名"。顿时，辅导员小董急得"汗都渗出来了"，金书记则直接把她"操作"到第三名。可范晓敏还来找"我"，要求当班长，并说"院里没问题"。这不仅让"我心里很堵"，而且让"我""难受""愤怒"。尽管"我很理解金书记，还有孟书记，还有范晓敏……可理解了这一切之后，公平就没有了，真相也没有了"。"我"便以"一种不顾后果的心态给金书记发了信息"。最后金书记终于"同意""我"的意见，"让她当团支部书记"。这种反抗，虽然"细小、脆弱"，却从微光中发出理想的力量，从余烬中重燃精神的希望。

二、潜规则与学术腐败扭曲的人性和规矩

蒙天舒是中国高校学术腐败甚嚣尘上的时代宠儿，是聂致远（"我"）的大学同学，他读书一般，却善于钻营；他考试曾抄过"我"的答卷，但考研差分却能照样录取。他深谙潜规则的妙处，那是如鱼得水，游刃有余；他有非同一般的能量，那是要风得风，要雨得雨。他是我们这个时代

一个世俗化的典型，是功利主义统摄当代知识分子的表征。曾记得，大三的时候，"一夜之间市场进入了学校，香樟路上全是学生当老板的小摊位"，女同学甚至"在寝室成立了熨烫公司"。蒙天舒是个"人精"，自然就成了"蒙总"，"几年来上蹿下跳"，突然认真看起书来，"那股认真劲儿我看着都不习惯"，但就在"考试之前他请我去吃饭，让我把卷往他那边挪一点"。他眼睛贼尖，脑瓜灵活。抓到几个关键句子，加以发挥，不仅没有挂科，居然还考上前几名。蒙天舒由此就得出"屁股中心论"。蒙天舒这个从前聂致远根本不放在眼里的知识投机分子，由于灵活地运用了他那套"屁股中心论"，通过不断地变换导师，既对曾经帮助过他"因年龄原因不再担任院长"的导师下得手，"做得出"，又为接任院长导师家"搞装修"，天天守在那里，大献殷勤。最终如愿以偿地留在麓城师大团委。后来，学问平平的蒙天舒还考取了麓城师大历史学在职博士，而一贯学习优秀的聂致远竟然败北。"不可能的事情就这么发生了。"其实，蒙天舒的心思并不在读书，也不是要把书读好。他要的就是"博士"这块招牌。到他毕业写博士论文的时候，却写不出来了，他就打电话给在北京读博的聂致远："我的博士论文写到中间卡住了，发现你的硕士论文正好可以参考一下"，"反正你也没有发表，不用一下是学术资源的浪费，那就借给我参考一下，我只借'王阳明论致良知'那一点内容"。在他的胡搅蛮缠下，聂致远"写了一两年写出来"的就"看在哥兄弟的份上"借走了。这确实像从"我"身上"剜去了一块肉"。谁知，他的博士论文"第二章就是我的硕士论文改造而成的"，是抄袭"我"的；到如今如果自己的论文出现同样内容，那就成了"我"抄袭他的了。不仅如此，他还让童老板搞到全国"优秀博士论文评审委员名单"，既给京华大学吴教授提着"麓山特酿"等"烟啊酒啊"的，又给华北师大严教授"提烟酒的袋子里"加了"红包"；既在北京"把东西和材料放到一个袋子里"送到专家家里，又"赶飞机去成都拜访专家出手大方"。结果，"蒙天舒的优博评上了"，不仅教育部给

"二十五万研究资助，学校配套二十五万"，还"破格评他为副教授"，"补给他一个按教授标准集资建房的名额，这个名额也值几十万"；不仅外国语学院的一朵系花被他"搞到手并结婚了，还是学校特批那女孩留校，保送在职研究生"。多么滑稽，多么荒唐！真正做学问的"在权威刊物发篇文章都难了"，不读书的仅靠钻营就把全国的"优博"运作到手了。这难道不是大学精神的颓废与陨落，学术的悲哀与衰败吗？

蒙天舒的处事原则，只唯上，只唯关系，只唯个人利益。他的一言一行，一举一动，都顺应潜规则；他的一张一弛，一颦一笑，几乎都为了通吃。这就是他的"功利主义选择"，也是他的"功利主义的生活原则"。①他生活中的暗箱操作，官本位思想如影随形，为了获得国家重点社科课题，在童副校长的安排下，蒙天舒未雨绸缪，以学术讲座的名义，利用同学聂致远的关系，把评审专家周一凡请到麓城师大。可周一凡一到麓城师大后，蒙天舒以工作安排之名，一把将聂致远支开。不但麓城的讲课参观由蒙天舒全程陪同，还由蒙天舒陪同专门游了袁家界；不但接待的规格很高，还支付了一笔不菲的讲课酬金。在蒙天舒的行为中，既没有规矩，也不讲原则。无论在麓城师大历史学院行政领导换届选举中，还是在教师的职称评审中；无论是在学生的考试评分中，还是班干部的选举中，都有蒙天舒的身影与操作。学校评助学金本来是资助那些家庭贫困的学生。蒙天舒"老婆的表弟，表表表弟"，虽在农村，却是"家里开车送来的"，而且是"今年买的"。即便如此，蒙天舒找聂致远要给予关照。聂致远给他"表弟"评上"二等"，蒙天舒要聂致远"想办法评个一等"。结果有人告状，还是给"二等"，因为"蒙天舒开了口，不评就不行"。多么霸道，多么自私！一个学生要争取"优秀论文"，方便找到工作，既给聂致远讲好话，又给聂致远送"山茶油"。"油我不能接"，只要为学生好找工作，那是应

①　阎真、吴投文：《活着之上——高校知识分子的精神生态》，《芳草》2015 年第 1 期。

该支持的。结果，这个学生的论文"起码有四段是明确的抄袭，一万字的论文，照抄的就有一千多字"，虽然这个学生接受批评"改了"，但整篇论文的水平就降层次了。聂致远给了一个"良好"，谁知，第二天这个"良好"变成了"优秀"。并且是蒙天舒"改的"，他还把这个学生分到他那个组答辩，又给"答辩小组的老师打招呼"。既没是非，又没标准。特别在历史学院换届的时候，蒙天舒为了"搞定"，既在"高档酒家"宴请中年专家教授，又在"湘鄂情"招待青年骨干老师。虽然有人告状，最终金书记、蒙天舒"都如了愿"。其实"这次调整班子，来来回回多次征求了全院教职工的意见，可谁都知道结果早就定好了的"。因为童副校长"为了这一天"，"在心里都筹划很多年了"。由此可见，高校的各个专业、学科建设，都是和行政权力捆绑在一起的。"各个单位的重点学科，一般都在校长、院长所在的那个专业，行政资源和学术资源是结合在一起的"。蒙天舒在童校长的支持下，跟核心刊物合作，从历史学院支出十万块钱做版面费，而资助的对象就是科研方向带头人，普通老师是没有份的，哪怕你论文质量再高。蒙天舒大言不惭地说："我们这一届领导班子的目标就是要进入良性循环，越有资源就越有学术，越有学术就越有资源。"而众口一词的说法却是："历史学院就会更加江湖，个人情谊和意愿决定一切"了。显然，蒙天舒在各种欲望的追求中，日益变得知行不一，变得格外虚伪。其道德在堕落，人性在退化，人格在萎缩，但他偏偏又在现行的高校体制中风生水起，游刃有余，这无疑就是"学术和学人品格的堕落"。[①]

　　蒙天舒是功利主义者的典型代表，是"钱与权"这个"时代的巨型话语"，在"坚定地展示自身那巨轮般的力量"的形象再现。他是小说刻画得最为成功的典型人物，是中国当代文学画廊中一个具有独特审美价值的崭新形象。其一，蒙天舒虽是一个典型的功利主义者，但却从不违法、越

---

　　① 阎真、吴投文：《活着之上——高校知识分子的精神生态》，《芳草》2015 年第 1 期。

界。正如阎真说的，他总是在"灰色地带上下其手，但又从不越界"。"当然，这个'界'是法律和政策意义上的'界'，而精神上、人格上的'界'，对他们来说是不存在的。"①比如，在广州岭南大学举办的中国思想史年会上，蒙天舒既不是举办单位、又不是召集人。可他却越俎代庖充当会务组接待人员，既"提着一个旅行箱送"《历史评论》主编罗天渺去房间，又在早晨用餐"夹着"罗天渺前后不离；既"帮罗天渺拉着旅行箱"塞进了旅游车，又在"汪寅和罗天渺散步时"左右陪同；既"去机场火车站接人都好几趟了"，又"只接名人，一般的人不拢边"。结果，他"比谁都忙"，却让别人"院里搞接待的都生气了"；他"跳得最欢"，却让别人"学校花了几十万办个会"，一半是他"花的"。他被人鄙视，却没有越界；他没有尊严，却只是人性弱点。由此阎真指出："这个法律之外的地带，还要有一种力量的制约，否则我们的社会太令人沮丧了。"②其二，蒙天舒的功利性太强，为了"有朝一日"无所不用其极。不但对导师杨应丰教授"做得出"，而且对发小聂致远同学"下得手"。蒙天舒这种"顺应着功利主义的召唤选择人生，把个人生存当作价值取向和行动原则"。从传统文化的根性上看，无论是"追求活着之上的意义和价值"，还是"功利主义有一切生存意义上的合理性"③，都同时具有正面和负面的因素。从正面看，儒家是修身、齐家、治国、安民，道家是无为而治，天人合一；从负面看，儒家则是功名利禄，享乐人生，道家是阴柔练达，韬光养晦。蒙天舒灵魂深处的文化根性，就是儒家的负面因子得到极大的膨胀。这种觍颜投机、不择手段，永远是一个捷足先登的胜出者，不正是"劣币驱良币"的逆淘汰法则的文化喻义吗？其三，"搞到啦就是搞到啦"。"搞到"是硬道理，活着也是硬道理，一个人只有一辈子，搞到手就是真的，要站在自己的立场

---

① 阎真、吴投文：《活着之上——高校知识分子的精神生态》，《芳草》2015年第1期。
② 阎真：《总要有一种平衡的力量》，《文艺报》2015年3月13日。
③ 阎真：《总要有一种平衡的力量》，《文艺报》2015年3月13日。

看世界，不要站在世界的立场看自己。这种功利性人生哲学，并不是蒙天舒的创造，而是大众的哲学、市民的哲学。市场经济的迅猛发展与物质世界的五彩缤纷，已被无孔不入的欲望之流磨平了知识分子在近百年社会变革中风吹雨打而形成的粗粝的神经，软化了知识分子在几十年的苦难折磨中练就的坚硬的心态。一室不扫当然不能扫天下，但是一个知识分子整天以"搞到"来守护自己的文化人格与根性，我们还能对他寄予多少希望呢？蒙天舒作为"搞到"的典型，他去北京"活动"国家社科基金课题，堆着笑脸，"挨家去拜访"；拿着钞票，"特地来看看您"，借此"搞到"国家课题，靠拢学术大佬，诸般行径虽令人不屑，却也让人可怜；在如愿坐上副院长"宝座"后，既暴肤浅虚荣，又遭受富豪同学凌子豪的鄙薄抢白时唾面自干，这种傲慢而卑微，虽令人喷饭，却也让人可怕。

三、女性的生存现实欲求与责任担当意识

《活着之上》的赵平平是一个美丽而现实、可爱却好胜的知识女性。她长得"漂亮"，又是"211"大学毕业；她是"我的同乡，又是同学"。她的最高理想就是"当一名有编制的小学老师。这理想非常卑微，对她来说却很神圣"。因此，面对生存的现实她委曲求全又敢作敢为。本来，赵平平对"我"（聂致远）"很有感觉"，但她听妈的"等你明年考上博，我也要给我妈一个说法"。爱情到了要说法的事情，的确是件"太现实"的事了。但赵平平是"我的最爱"，又是"我奋斗的动力"。于是，在焦虑中我采取了"搞定"的办法，以为这"温软、滋润、飘忽"之后是踏实。谁知，招博有内定，"我"考博落榜，赵平平在妈妈的逼迫下"去见一个人"，并告诉"我"就是那个意思，"她想活得精彩一点"，至少"要过得去"。

"我"想挽回就戏谑她被"搞定"了。她竟然说："那是我自己的事。"分手的一年，赵平平的宿舍"焕然一新"，有"新买的大床"，冰箱有"放了两片调羹"的西瓜，还给了她"八万"。当聂致远考上博士后，赵平平又主动回到聂致远身边。多么残酷的现实，一个女孩竟然要用青春为自己的生活打个基础。聂致远"像被谁踹了一脚"，但还是接受了现实。可现实却让他始终处于一种艰难的煎熬之中。赵平平为了编制，"连续考了六年，也哭了六年"，却一直没有解决。为此，赵平平一再去请客送礼，委屈自己去求人，可当面试评委暗示她"潜规则"时，她"掀开包厢帘子"，仓皇而逃。后来，虽然她再一次考取了，仍然只给她录取一个区编。生完孩子后，她去报账时，又一次受到刺激："别人生孩子就全报，我只能报百分之六十，没有那个编，那永远要低人一等。"特别是赵平平看到跟她同时大学毕业进白沙小学的"闺蜜高娟娟"，既不能上课，还"被停止了上课资格"，发配去做学生"安全工作"。谁知，她的一个堂兄在教育部当科长。自从这个科长陪同领导来了一趟学校，就彻底改变了高娟娟的命运，不仅有了"编制"，还当了"校办公室副主任"，最后调到教育局办公室去了；聂致远同学蒙天舒夫人韩佳，不仅"身上的衣服都是上千的"，还"开了一辆""二十多万"红色轿车"凯美瑞"。赵平平真的承受不了啦！"看着别人过得好，自己过得不好，那心里就像猫爪在抓似的"，"我到底比别人差了哪点？"真是"一比就掉冰窖里了"。她感到了聂致远的"无能"，"无用"。赵平平的话开始伤人了："人家搞一个优博就是几十万，搞一个国家项目就是十几万，评个奖就是几万，你几百几百的赚"，"何时能翻身哦！"鲁迅说："一要生存，二要温饱，三要发展"，并解释道："我所谓生存，并不是苟活；所谓温饱，不是奢侈；所谓发展，也不是放纵。"但这种常识却被强大的现实尖锐地冲击，以致到了难以支撑的地步。所以，赵平平不无清醒而又无奈地说："这个世界看清了没有？有些事情你去搞了没人说你坏，不搞没有人说你好，可搞不搞对自己那就大不相同呢，蒙天舒的优博怎么来的，你又不是不知道，有谁说他不好，领导都表扬他，重奖他，你比他傻吗？"这就是赵平平对现实的真实体验，深刻而准确，透彻又实在。

其实，赵平平既是一位秀美而温柔，大度而体贴的好妻子，又是一个贤淑而善良，外柔而内刚的好女人；既是一位优秀而能干，聪慧而负责的好老师，又是一个勤做而苦吃，节俭而细腻的好母亲。她是一个血肉丰满，个性鲜明，具有丰富的社会内涵的典型人物。她爱丈夫爱得真切。聂致远寒假回麓城，出站口"老远就看见一个影子在外面跳"，他知道那是赵平平，急得猴急狗跳，欣喜若狂的样子。一见面，既是挽"我"的胳膊，又是脸上亲亲肩上闻闻："臭的，聂臭臭。"还撒娇似的说："我想要你留点臭气在被子上，你走了我用力吸吸被子上的臭气，就好像你还在我身边一样。"真是情深似海，爱意绵长。当发现我是坐票回的，不仅指责我"一个博士，卧铺票都舍不得买一张，丢了自己的脸就算了，别丢了博士的脸！"还在买返程票时主动提出："火车票我去买，不相信你。""这个女人，酸奶舍不得吃一杯，却一定要给我买卧铺票。"多好的一个女人，多贤惠的一个妻子。的确，她对生活的要求很低，"见打折的衣服眼睛就发亮，看得最多的是街边的地摊货"；她十分疼爱刚出生的女儿，那"三罐惠氏"进口奶粉算是"精品"，"其他的，那也只能将就了"；她亲自买房装修。除了自己省吃俭用的积蓄，还从娘家拿来"几万块钱"。既会精打细算，又能勤俭持家；既是理财能手，又有细心呵护。而且，她对丈夫的体贴，更是细致入微。只要聂致远"往书桌边一坐"，"赵平平马上就把房门关了，把客厅电视的声音调到最小"；只要聂致远工作得晚一点，"赵平平就会送吃的东西进来，甜酒冲蛋、豆浆、牛奶、汤圆，反正几天之内不会重复"。当聂致远得知《历史评论》要刊自己的文章时，就有点难堪地说："算了，算了。"谁知，赵平平一听："怎么能算了？有我呢。""你说要多少钱吧，手掌在胸口拍了一下，又拍一下，'有我呢！'我说：'那点钱是你的命'"，"她很认真地说：'那要看什么事，现在是大事来了。'""我"

将"一万吧"告诉她，她竟连声说："好的，臭臭，好的好的好的。"傍晚她把"一万"塞到了我的夹克口袋里。多么贤良，多么利落。她就是这样心甘情愿、无怨无悔地支持丈夫，希望丈夫早点进步。一旦丈夫取得一点成功，一点进步，她总是像久旱的甘泉，雨后的彩虹，给丈夫以希望与光明，鼓舞与鞭策。当《中国思想史研究》要发表聂致远的论文时，她非常高兴地说："臭臭，我总算看见你也做成了一件男人该做的事！"既让聂致远"受宠若惊"，又让他有了男人的尊严；当聂致远要报正高职称时，她"信封"都准备好了，"一家一家"陪你去"登门拜访"，"一个一个哭给他们看"，"泪水蓄在眼囊中都这么多年了"，"要多少，流多少，都有"；当得知丈夫评上教授时"她在那头'哇'的一声哭了，哽咽着：'我飞天了，臭臭，我飞天了！'"丈夫的成功与进步，她是那么高兴，那么激动！她的付出没有白费；她的辛劳，得到回报。这是一个妻子多么崇高的境界，多么美好的心灵。作者把它描绘得出神入化，栩栩如生。

赵平平是当代文学创作中令人耳目一新的女性形象。这一形象充分地表现着女性特有的性别意识，强烈的现实欲求与冲动，以及灵魂浮出历史地表的震颤与悱恻动人。那么，作者是怎样表现这一形象，又在这一女性形象中体现着怎样的审美追求？第一，在一种完全的虚构方式中，展示出惊人的逼真效果。正如乔治·桑塔耶纳说的：理想人物的创作"受我们的想象规律所决定，所以我们不难了解，为什么心灵发乎自然的创造能够比任何现实，比出自现实的任何道理，都要更加动人更加生动。艺术家可以发明一种形式，这种形式因为适合于想象，就寓身于想象中，成为一切观察的参照要点，成为自然性和美的一个标准"。① 比如，当聂致远评上副教授时，爸爸立即打来电话："副教授相当于什么级别？"赵平平把手机抢过去说："爹，致远相当于处级。"一句话就活画出赵平平的心理愿望和追

---

① ［美］乔治·桑塔耶纳：《美感》(卷三)，中国社会科学出版社 1982 年版，第 122 页。

求。她在痛苦、挣扎之后坚强，继而"逼迫"聂致远看到希望，她识透了社会腐败的冷漠与潜规则的险恶；虽然深知自己的处境卑微，但她仍然试图冲破命运的藩篱，与丈夫一起不屈不挠。在她身上，荡漾着一股令人敬佩的豪放之气，这在作者其他女性形象中是绝无仅有的，因此，赵平平内在的温柔、善良、大气与外在的泼辣、刚毅以及对现实的趋同、无奈与认可，像一曲中国女性的"悲凉之美"的赞歌，涤荡着读者的心灵。第二，对欲望表现的具体化。在某种意义上，"欲望是生命的忠诚卫士，没有了欲望，生命就不存在。欲望的强烈程度，显示生命的活跃程度。欲望的力量就是生命的本身；力量，就是生命的有机体对压力的综合反应"，"在欲望的刺激下，生命的内核才得以发芽、茁壮"。① 因此，生命史就是欲望不断产生、高涨、满足、松懈、期待周期性循环的强化、消涨过程，在欲望的鼓动下，生活展开了绚丽的画卷，形成了一道道迷人的风景。赵平平"想了一个赚钱的门道"，那就是"靠山吃山靠水吃水，靠着学生我不吃一吃，别的地方还轮不到我吃?"于是，她决定在学院附近办一个"视力矫正"眼镜店，"收六千块一个人"，"别班拉进来一个，给班主任一千块"。聂致远看到老师们赚钱的乱象，不无担心地说："你们这些人到底是教书育人呢，还是害人?"她竟然说：管它那么多，钱趴在口袋里，才"是最真实的"。这种欲望与渴求，可视为对生活、环境压抑的感性反抗，是内在生命冲动的存在形式。当然，欲望很强大，但欲望不是活着的唯一动力，与欲望相对的良知也有着强大的活力。尽管许多时候，良知被迫让位于欲望，但并不表明良知已经泯灭。赵平平不就在丈夫、母亲的劝慰与担心下，放弃了开办眼镜店吗? 由此可见，作者对女性独特的想象方式、描述方式以及对女性人性内涵、文化意识的挖掘深度，既蕴含着对生命的渴望，对命运和未来的追索，又是女性在男性世界中的反抗途径，被清晰、

---

① 谢选骏：《荒漠·甘泉》，山东文艺出版社 1987 年版，第 323—324 页。

完整、符合逻辑地表现出来。在这看似平静如水的叙述中，却透射着作者描摹女性的精灵之气。

四、现实主义艺术的创造性运用与发展

《活着之上》的艺术感染力，就像当年贺敬之的《白毛女》，路遥的《平凡的世界》，具有强烈的震撼心灵的力量。它除了小说的题材引人入胜，艺术手法的精致老到，也显示出作者对人物心理把握的细致入微，人情世故的通透练达，形而上学的思辨气质；细节的精准隽永，语言的扎实机智，揭露得毫不留情，等等，都呼应了整个社会对这一问题的关切。

以绝对现实主义的手法描绘生活的真实。《活着之上》所写的生活和现实生活几乎是同构的关系。作者既采用"在类的样本基础上的个性提炼"方法，又借鉴吸纳其他艺术思潮、流派的表现手法。在博取精华，应时而变；与时俱新，焕发生机上，提升和创造新的创作方法和表现技巧，最大限度地增强现实主义的艺术表现力，使之既具有高度的现实观照性，又具有强烈的审美穿透力。比如小说对"钱"的描写，就把经济状况与人格关系的现代资本严重性提到了一个触目惊心的高度："鱼尾镇的风俗，那是人情大过天，意思一下，真的非常不好意思，所以得厚着脸皮。唉，反正是要厚着脸皮的，为什么不学蒙天舒厚着脸皮去搞钱呢？我把自己问住了。"这就是作者亲身的体验，它在起承转合的微妙之处，把凡是坚持公平正义等原则的人，在学术界既没有"钱"，又无法生活；而那些放弃了人格尊严的人，既能捞到"官位"，又能搞到"钱"。不说上不了台面的"灰色收入"，就是历史学院发给"我"的年终奖是"两千元"，而蒙天舒是"两万二"，差距多大呀！不仅如此，赵平平母亲在与我"谈判"购房时施加的经济压力，参加老同学佟微微婚宴随礼"六张"与"四张"的心理纠结，以及同学聚会不论是许小花的"沃尔沃"，还是凌子豪的"雷克萨斯"；不论是"国产的'土鳖'"，还是"原装的'洋鳖'"，都是在不厌其烦地描绘现实生活中的"钱"。这就是现代资本主义生产关系已经全面进入我们生活体系的结果。我们在描绘金钱对于人的品行的腐蚀压迫的同时，也正视"钱"对于个人生活重要性的生动刻画。而且，这种现实主义的真实感，在阎真笔下是无穷尽地接近了生活本身。他几乎没有故事，他的故事以生活本身的面貌去构筑，他真正的故事就是人心灵的故事。阎真在"创作谈"中说："我身边有些同事也的确生活得相当从容而淡定，以至优雅，而不是在现实功利面前放弃所有原则和信念。"[①]因此，即便在腐败成风的学术界也不乏正直的学者，像陶副教授"以前视学术为第二生命"，"对学术的执着还传为佳话"，可现在"又是关系又是钱的，把心都搞冷了"，即使"堆了十几篇文章"，"几年还没发出去"。因为他不愿做那种"见缝插针"的事，也不想去争什么"教授"之类的人了；也不乏充满正能量的编辑，聂致远投稿给《历史评论》副主编周一凡大师兄，按规定聂致远正准备"汇钱"去，大师兄却"打电话过来说：'你的稿子几个人看了都说不错，外审反馈也很好'"，并慷慨表态"版面费就不收了"。聂致远油然喟叹："我找到了存在的感觉，感到了学术的温馨。"而且，在他鲜有话语权的麓城师大，在评审教授的竞争中，童校长和龚院长所力挺的人选皆因申报材料不过硬，给评掉了。先前自认为毫无背景也毫无希望的聂致远居然评上了。有评委告诉他："评谁都不好，不和谐，卢校长就推了你，说到底你的材料还是扎实一些。"小说就这样以一种逼真的现实主义艺术手法，最大限度地还原了生活的真相，又给人超越现实的勇气和力量。

以思辨的艺术手法刻画心灵的对话。心灵的对话是《活着之上》为人

---

① 阎真：《总要有一种平衡的力量》，《文艺报》2015年3月13日。

物自我定位提供的一种哲学基础，一种展示丰富人性，表现灵魂的艺术手段。它既能在人类的人性追索过程中充当重要的角色，也可以恢复并拓展人对生活的感觉，对生命的热爱。人就在这种心灵的对话中得到人性填充与灵魂的净化，以及情感与良心的复活。《活着之上》的重要人物，都有着淌入血液，深入骨髓的中国古典思想精神来源。"当年曹雪芹是怎么过来的，可有一件棉袄一盆炭火？我想象着他坐在茅草房里，用冻得红肿的手，握着一管毛笔，在描绘从前的繁华。这个才华横溢的人，其实有很多道路通向富贵，至少衣食无忧……他在北京城穷困潦倒之时，也是他动笔写《红楼梦》之时，"并"批阅十载增删五次"。他选择的"唯一理由，就是心灵的理由"。还有"孔子、司马迁、陶渊明、李白、苏东坡……曹雪芹"等都是。他们精神上那丰富而伟大的创造，似乎都与贫困相关。这里既隐含着孟子"天将降大任于斯人也，必先苦其心志，劳其筋骨，饿其体肤，空乏其身，行拂乱其所为，所以动心忍性，增益其所不能"也，以及气质、节操、风骨、淡泊明志、宁静致远等中国古典文人的精神信仰等，这一切，都是《活着之上》主要人物精神世界的源泉；这一切，都在作者笔下人物的心灵对话中，描绘得十分生动、形象、精细。现代知识分子个体的道德精神的自我完善、知行合一，正是与古代文化精英心灵对话的结晶。因为知识分子的传统角色被定位在道的坚守，人类精神的坚守者。为了这种角色的承担，历史时空中多少知识分子放弃了肉体的快乐，而自愿走向人类为真理而牺牲的祭坛。这种尊严正是人类文明得以延续的基础。然而，当"活着"成为压倒性、垄断性乃至唯一合法性的价值观后，"生存是绝对命令，良知也是绝对命令。当这两个绝对碰撞在一起，你必须回答，哪个绝对更加绝对"。这种直逼心底的追问，让你不会有喘气的机会！就像我们每天都会遭遇的各种细节，为了"活着"这个超级霸权，能否无情践踏那些积累了千百年的精神信仰？像郁明鉴定齐白石的"虾"，他还"真不知道"真伪，"谁画不是画？"他只知拿自己博士的"名声"去骗钱；

或如同历史学院金书记那样，除了自己的利益之外，一切都是"小事"。于是，阎真《活着之上》就成为了一种淡漠乃至遗忘的"天问"。这个时代沦陷得多么深广就不言而喻了。当"钱"与"权"越来越成为一种普适性话语之后，那些敢于站出来或者试图对之说"不"的抵抗者们，大都遭到灭顶之灾。聂致远的遭遇、纠结、持身和各种牺牲的描写，极为真实而有说服力地呈现了这一点。自我心灵的对话让我们听到了"天问"在我们内心的回响，也让我们思考一下活着之上的意义。① 尽管人类有多种多样合理合法的"活着"方式，叫作求道得道，求仁得仁，求世俗之快者也将得到世俗之乐，但无论你选择的是什么，知识分子的精神品位的高低与生存的大小都将在这一艰难的选择中得到应有的判定。

以幽默的手法表现叙事的灵动。幽默是长篇小说创作常见的表现手法，它被人们看作是艺术中笑的酵母，通过既富有诙谐、戏谑，又具有端庄、严肃的幽默所诱发出来的笑，来颂扬真善美，鞭挞假丑恶，就能收到较之正面赞颂与直接抨击更好的艺术效果。《活着之上》对压迫和挤兑知识分子的社会环境提出了强烈的控诉，对于人文社会领域的高度行政化弊端深恶痛绝，对书中大小人物予以或辛辣或善意的针砭嘲讽。聂致远京华大学博导冯教授虽想超脱，但"丈夫虽有志，因为儿女忧"。他虽不让学生替他搞"研究"，却安排自己的学生去高考阅卷，为儿子"作弊"上一本，出人意料。在评正高职称时两方相持不下，聂致远意外收得"渔人之利"，失利的孟子云和肖忠祥，一个号啕一个昏倒，几乎可与范进中举后的疯癫相媲美，于夸张中活画出当代儒林众生相之不堪。而且，小说的许多细节具有强烈的反讽意味，既善于从事物的现象与本质之间发现存在的矛盾，又善于抓住这些矛盾之间偶然与必然，以及非本质的联系的某些侧面，使之迸发出幽默的火花来。比如，聂致远拟在《中国思想史研究》上发表论

---

① 陈福民：《阎真长篇小说〈活着之上〉：天问的回声》，《文艺报》2015 年 3 月 13 日。

文，要收 7000 元版面费。而论文的内容则是：做人不能屈从功利冲动和内心欲望，人心有病，须是剥落，即得清明。《历史评论》副主编周一凡被童校长邀来麓城师大讲学，他讲的题目《孔子的义利观》，他"把孔子的义利之辨解析得入骨入髓。我听得如醉如痴，觉得如果不做个君子，那简直就不配做个人"。但课后他不动声色地拿了一个沉甸甸的大红包，还大叹在京买不起房的苦经。这种富有幽默感的言行，都抓住了事物的现象与本质之间的背道而驰进行的。这就不可避免地让人爆发出幽默的笑来，所以，别林斯基说，幽默是"生活的现象与它的本质的矛盾"。在阎真描写的现实生活中，有着大量博人发笑与深思的幽默的言谈、妙语，笑话、故事。这种幽默所迸发出来的深邃思想火花，就像绵里藏针一样，既不迟钝、轻松，也不乏严肃、锐利。即使作者是运用戏谑的幽默，也能给人一种风趣、一种滑稽的笑。"凌子豪要蒙天舒喝酒。说：'茅台呢，我只喝茅台。'蒙天舒说：'那是我的最爱，我基本上也只喝茅台。致远知道的。'我根本没见他喝过茅台……蒙天舒和凌子豪说起了年龄，都说，'我比你大些。'凌子豪说：'你说大些就大些？你怎么可能比我的大些呢？眼见为实，掏出来看看！'许小花'哧'地笑了，大家都笑了。我一想，也跟着笑了。凌子豪说：'你们这些人心术不正，总爱往邪处想，我是要他掏身份证出来看看呢。'又举了杯对许小花说：'来，搞一下。'许小花也举杯伸过去说：'搞一下就搞一下，怕你吗？'马上又缩回来：'美得你呢，谁稀罕跟你搞一下。'大家都笑了。"这就是生活创造了幽默，幽默又丰富了生活。阎真用温情的调子，把学校九十周年校庆，同学聚会变成了小车攀比现场会，"钱与权"的较量会，以及"男女之事"的联想，真是绝妙之至，它既是人的成长和思想成熟的一种表现，也反映了一种对生活的健康、乐观与充满信心的态度。正是这种幽默之笔，发挥了作品讽刺的笑的力量。

第十五章

莫言小说创作论：
中国故事的世界性与人类性

　　莫言是第一位获得诺贝尔文学奖的中国作家。从《透明的红萝卜》《爆炸》《金发婴儿》到《红高粱》《高粱酒》《师傅越来越幽默》；从《红高粱家族》《天堂蒜薹之歌》《丰乳肥臀》到《檀香刑》《生死疲劳》《蛙》等，不论是短篇小说、散文编剧，还是中篇小说，长篇小说，等等，都有堪称文学精品的优秀之作。正如诺贝尔文学奖颁奖词说的，莫言的"魔幻现实主义（按：一说应译为'幻觉的现实主义'）融合了民间故事、历史与当代社会"，"从历史和社会的视角，用现实和梦幻的融合，在作品中创造了一个令人联想的感观世界"。① 这是对莫言小说创作的高度肯定，也是中国当代文学赢得世界关注的一个重要标志。从 20 世纪 70 年代末期，中国文学进入了一个面向世界、多元探索、蓬勃发展的时期。经过中国作家几十年的创作实践，出现了一大批堪与世界文学比肩的作家，他们以艺术的方式向世界讲叙中国故事，发出中国声音，并在巨大的历史变革中展示出中国经验，彰显了中国特色。莫言就是这灿烂星河中一颗耀眼的明星。本章试图从他的创作入手，来探讨他小说的世界意义与人类价值。

---

　　① 新华社斯德哥尔摩 2012 年 10 月 11 日电。

一、题材的地域性与世界性

题材是小说中用来构成形象、体现主题的具体生活材料。它往往由人物、事件、环境等具体因素构成并形成一个动态系列。既具有鲜明的个性特征，或者具有强烈的形式感，又有利于揭示生活的某种本质；既与人或者人的活动发生关联，又具备适宜小说文本样式和语言表现的特征。因此，莫言小说的题材是丰富而多样的，开阔而深远的，既是地域的，又是世界的。在地域性中呈现出世界性。

乡村题材的真实故事。真实就是在作家真切的人生体验基础上，通过艺术的创造，从虚幻的形式揭示出来的实际生活的本质与真谛。它既是作家提炼、加工、改造的真实，又比实际生活更集中、更典型、更鲜明；既是作家对生活主观评价和主观情感的真实，又是事真、情真、理真的三位一体，高度统一。莫言小说的真实故事，是建构在齐鲁大地"高密东北乡"的乡村生活记忆，是一块驰骋心灵的乐土。在他的作品中，不管讲的是什么年代，是什么样的故事，真实的观察与思考，都给这些作品带来了一种别致的、对读者很有诱惑力的心灵感应。无论《透明的红萝卜》《白狗秋千架》《筑路》，还是《红高粱》《大风》《金发婴儿》等，不论是以井喷式的写作眩人耳目，以新颖而鲜明题材风格吸引众多读者，还是以辉煌壮丽洸成血海的红高粱，敢爱敢恨纵情尽兴的快意人生，荡气回肠惨烈悲壮的抗日故事，都是莫言准确地记录了中国乡村的经验事实，高度"压缩"了他从农村生活中获得的刻骨铭心的情感体验。他说："饥饿使我成为一个对生命的体验特别深刻的作家"，"因为吃我曾经丧失过自尊，因为吃我曾经被人像狗一样地凌辱"。①《粮食》就写一位母亲将生产队的豌

①　莫言：《小说在写我》，台湾麦田出版社2004年版，第58页。

豆完整吞进肚子，回家又呕吐出来，喂给饥饿的孩子和婆婆："伊回到家，找来一只瓦盆，盆里倒了几瓢清水，又找来一根筷子，低下头，弯下腰，将筷子伸到咽喉深处，用力拨了几拨，一群豌豆粒儿，伴随着伊的胃液，抖簌簌落在瓦盆里……伊吐完豌豆，死蛇一样躺在草上，幸福地看着孩子和婆母，围着盆抢食。"这种饥饿的描写，极大地冲击着读者的神经，虽在生理上有些不适应，但对人生不幸的巨大悲悯却历历在目。《透明的红萝卜》开头对队长吃相的夸张刻画，对黑孩精神恍惚状态的描写，同样有力地传达了饥饿的经验。小黑孩"是一个饥饿经验丧失，很瘦、不知道饿的孩子"，"为什么丧失呢？太饿了，饿极了，饥饿经验就丧失了"。①莫言笔下的饥饿，是赤裸裸的，令人窒息的。并直接、有力、如刀砍斧凿般锲进了主流历史记忆的故事之中。而与自然互通的真实体验，则是与他少年时期牧牛、放羊，"小鸟、草木、牲畜相处"有关，他"对纯粹自然物的感受与一般作家不太一样"。②青蛙、苍蝇、知了、蛤蟆、云雀、蚊子、壁虎、蜘蛛等构成的"大自然"，使他的乡村故事由此充满"感觉的爆炸"，具有"视觉、听觉、味觉、触觉等全部的感受以及与此相关的全部想象力"。③因此，那些"根根须须像金色的羊毛"的"透明的红萝卜""红翅膀的鲤鱼像一道道闪电在空中飞"等不太真实的奇异场景才更令人亲近，其"魔幻"才得以变成现实。所以，只有有意识地召唤自己少年时"跟牛、跟天上的鸟、地上的草、蚂蚱等动植物交流"④的真实感受，才使他笔下的乡村故事真实而又真切。虽然乡村题材的"高密东北乡"与福克纳的"约克帕塔法县"毫无共同之处，但它们相通点在于：首先是地域的，然后成

---

　　① 梁爽：《他并不魔幻，他非常真实》，《羊城晚报》2012 年 10 月 16 日。

　　② 莫言：《故乡·梦幻·传说·现实——2008 年与石一龙对话》，见《莫言对话新录》，文化艺术出版社 2010 年版，第 410 页。

　　③ 莫言：《用耳朵阅读》，《莫言讲演新篇》，文化艺术出版社 2010 年版，第 318 页。

　　④ 莫言：《写什么是一种命定》，《莫言对话新录》，文化艺术出版社 2010 年版，第 481 页。

了世界的。这就是故事的地域性与世界性的辩证关系。从而奠定了莫言作为经典小说家的世界性地位。

审丑哲思的恐惧故事。丑只能代表人性的负面，是人的本质力量的扭曲和异化。它是与美相比较、相对立而存在的生活样态。审丑背后蕴含着对人性的深刻批判，对人类个体精神的反思。它既是一种刻骨铭心的情感体验，又是一种化丑为美的生机焕发；既是一种对丑恶事物的厌恶来唤起对美与善的渴望与追求，又是一种以象征思辨的手段来"使小说成为精神的最高综合"①。莫言小说对现实中的丑陋、悲凄，进行了决绝的揭露与控诉，哪怕是对一些丑陋、阴暗、卑污现象的倾力描写，也是以审美的态度去提炼"丑"。《酒国》不但有"红烧婴儿""婴儿宴"，还有"肉孩饲养室"；在"红高粱系列"中酒壮英雄胆，在"酒国市"美酒成为残害婴儿飨宴助兴的重要帮凶。"《酒国》里充满了象征，喝醉是象征，吃人是象征，那些肉孩子、小黑驴、小侏儒等"，都"象征了人类共同存在的阴暗心理和病态欲望"。②《欢乐》中所描写的生活，都是乡村现实中的一种：有用来杀虫而过量使用的"六六六"粉弥漫在田野上的刺鼻气息；有县种猪站散发热乎乎腥气的猪精液，在母亲的身体上乱跳、从衰老的胸脯跳入阴毛和阴道的跳蚤；有用暴力手段推行计划生育政策形成的暴力和恐怖；有教室里充塞的高考之前的紧张和喧嚣，也由此接近了那个最终绝望至极自杀身亡的落榜生永乐。《酒国》和《欢乐》都是极致写作，把乡村的凋敝、生命的困境和人性的荒诞、残忍，都推到了无以复加的地步。这样的描写不仅淋漓尽致，而且在剖析人性之恶，展示丑恶，并把对丑恶和残暴的描写推向了极致。这样的写作，同样具有从地域性到世界性的题材意义。因为西

---

① ［捷克］米兰·昆德拉：《小说的艺术》，生活·读书·新知三联书店1992年版，第15页。

② 莫言：《作为老百姓写作》，见《莫言对话新录》，文化艺术出版社2010年版，第530页。

方现代主义文学在很大程度上就是审丑的文学。波德莱尔的《恶之花》首开先河，卡夫卡《变形记》中那个丑陋的、受伤的背上嵌入了霉烂的苹果而在天花板上乱爬的大甲虫，戈尔丁的《蝇王》中那一群从少年童真向兽性残暴转换的孩子等，都是世界文学中的重要成果。尽管《酒国》《欢乐》在国内没有得到读者应有的回响，但它们在国外却产生了广泛的影响。《酒国》连续被法国、越南、英国、日本、波兰、德国六个语种翻译到海外，《欢乐》2007 年就在法国翻译出版发行了。《丰乳肥臀》中的"母亲"，也成了一个"伦理学"和"人类学"双重意义上的母亲："一方面她是生命与爱、付出与牺牲、创造与收藏的象征，作为伟大的母性化身"，"另一方面她也是人类学意义上的'大地母亲'，她是一切的死亡和复生、欢乐与痛苦的象征"。① 因此才"把《丰乳肥臀》当成莫言最高成就而授予诺奖。"② 这种哲理的、残暴的、丑陋的，它们在中国本土很难让人们喜爱和认同，但却受到海外广大读者与专家的欢迎和肯定。无疑写出了历史的独特性、传奇的丰富性、不正常的人诸如奇人、怪人、畸人的精确性。从而具有普遍的人类性价值的意义，并在一定的时间和一定的环境是人们可以接受的。所以，题材选择的地域性也就使小说具有了世界性与普遍性。

民间叙事的传奇故事，是莫言小说融入世界、世界了解中国的形象载体。以小说叙述故事，让读者自然而然地进入一种情绪的、精神的或美学的状态，可以瞬间产生审美愉悦，从而获得心理上的亲近和精神上的尊重、支持和信任，达到更好地讲叙故事、传播文化的目的。莫言就在他小说的题材选择中，认真、负责、真实地准确嵌入了中国故事，他把自己的家乡——高密东北乡写成中国社会的一个缩影。家乡的三贤四宝，剪纸、年画、泥塑等民间艺术，构成了他作品的文化元素，影响并决定了他

---

①　张清华：《叙述的极限——论莫言》，《当代作家评论》2003 年第 2 期。

②　张均：《"来自中国乡村的报告"——兼谈莫言小说遭遇的创作障碍》，《新文学评论》2013 年第 1 期。

的作品的题材特征。比如《檀香刑》，作者以1900年德国人在山东修胶济铁路，袁世凯镇压义和团，八国联军攻陷北京为背景，通过叙述泼辣而深情的眉娘与其亲爹、干爹、公爹等男人的恩恩怨怨，以及眉娘与高密县令钱丁的一段缠绵悱恻的爱情故事，深入展示了深厚的地域和民间戏曲文化。作者用摇曳多姿的笔触，悲喜万分的激情，以现实的眼光拨开云雾，穿透历史，淋漓尽致地抒写了清朝末年高密东北乡发生的一幕可歌可泣的反殖民抗争。一桩桩骇人听闻的血腥酷刑，一曲曲粗犷而惊天地泣鬼神的猫腔，震撼着读者的心灵。作者以他高超的小说技能，用心用情讲好了这个完整而精彩的"中国故事"，张扬人们所崇尚的那种生命内在的强悍与悲壮。这种中国故事，是民族的悲歌，也为世界文学提供了新的样本。不仅如此，莫言的题材选择，更关注中国跟西方的文化对话。他的长篇小说《蛙》，实际上是以一个中国青年向一个日本人写信的形式，讲述了新中国成立前后一直到现在的计划生育政策的变化。《蛙》这部小说展示了中国当代社会的某种现实，向世界尤其是西方表达出一个真实的中国。并把中国人寻求现代化发展的心路进程准确刻画出来，把充满神奇活力的当代中国化为气韵生动的艺术形象昭示天下，在辨明真伪，褒善贬恶；鉴别妍媸，激浊扬清中，让良好的中国形象得到全世界的公认和推崇。而且，莫言还以历史的眼光，把在广西深入生活，冒雨参观广西海边红树林的体验，写成了一部关注现实生活的南国风光的长篇小说《红树林》。红树林生长在海边的潮汐带，潮涨时，下半部被淹没，潮落时一片火绿，分外美丽壮观。作者在小说中就以南江市漂亮的女副市长林岚和三个同窗好友，面对权欲、钱欲、情欲交织的罗网，有的经不住诱惑，跌进深渊；有的一尘不染，气壮山河。两个青梅竹马，共同经历了苦难的老干部，深陷恩怨情仇的碰撞与纠葛中；美丽淳朴的渔家姑娘珍珠从红树林边来到现代化都市，被林岚的儿子大虎、二虎、三虎强奸，经历了迷惘的凄楚人生，终于在法律的保护下昂起了不屈的头……它发掘了中国民间的无穷力量，那力量所升腾的深厚的气韵；它体现了中华民族的坚韧脊梁，那坚韧所凝聚的精神的因子，就传达出人类内心的倾诉，引起人类心灵的共鸣。它立足地域又超越地域，就具有了世界性和普世价值。

二、人性的复杂性与共通性

莫言所塑造的丰满而复杂的人物形象，是一批有着俗人欲望、俗人情感的普通人。他们身上有一种所处社会环境影响的、从根本上决定并解释着人类行为的那些人类天性。既有人类天然具备的基本精神属性，又有人类社会的一切都有的基本人性的映射。有物化的人性，也有神化的人性；有神性，也有兽性。莫言小说的人性深度，就包孕着容易被世界所接受的人类共同命运的典型创造。

物化的人性，既是一种物质的本性，又是一种现实的存在。它是人的思想观念通过实践劳动变成现实存在，即思想观念转化为具有物质形态的对象性的存在。物化主要用以指导主体观念的东西转化为客观的物质形态的东西。它既是一种人与人的关系转化为物与物的关系、物的世界统治人的世界的现象，又是一种主体审美心理、精神、意识的物质化，使主体的内在的心理、意识外在化、客观化。莫言小说的人性深度，就在于这种人性的物化的深刻揭示。《四十一炮》通过塑造解放前大地主的后代兰继祖的形象，深刻地揭示了 20 世纪 90 年代以来，中国农村向城镇化转型过程中"原始积累"的残酷，以及金钱对人性的异化。兰继祖在市场化过程中带领村民干屠宰致富而成为村长。他像一个"土匪"，又是一个"大手笔"的能人。他能"看清大局"及时将不法个体屠宰小作坊变成工业化的肉联厂，成为先进生产力的代表；他的"金钱万能"思想与观念，代表着转型时期人们的人生哲学。他满嘴都是："现在这个时代，有钱就是爷，没钱就是孙子。有了钱腰杆就硬，没钱腰杆子就软。"他对大局的认识："'原始积累'就是大家都不择手段地赚钱，每个人的钱上都沾着别人的血。等这个阶段过去，大家都规矩了，我们自然也就规矩了。但如果在大家都不规矩的时候，我们自己规矩，那我只好饿死。"于是，他既带领大家致富，为村里修了路和桥，装了路灯，又利用手中的权力和金钱占有他人妻女；既为村里建了学校，并把村子建成了经济开发区，又以金钱与搞"权力寻租"的政客友好相处；既与市长成了"拜把子的兄弟"，又摇身一变当上了市政协的常委。这个亦正亦邪的人物，既藏污纳垢，又充满活力；既愚昧恶俗，又充满智慧；既是中国民间传统的封建性在现代社会的延续，又是人性的物化的生动艺术再现。当然，物化也是人的一种生存需求。当人的生存权利与需求都受到侵犯时，那种面对物化的铤而走险，甚至身陷囹圄的牢狱之灾，也在所不惜了，那人的肉体和心理就都从属于物的世界了。《天堂蒜薹之歌》中高马与四叔家的金菊自由恋爱，可四叔四婶却将女儿与另外两家签订了连环换亲的协议，金菊要换出去帮她残疾的大哥换个嫂子回来。无奈之下，高马和金菊私奔，被抓回后备受折磨。由于金菊怀了高马的孩子，四叔家只好以一万块钱的代价同意她和高马的婚姻，高马期望蒜薹丰收能够带来赎身的钱；可蒜薹因政府的"杀鸡取卵"赶走了客户，导致冷库拒收，恰巧四叔又被乡委书记司机酒后驾车撞死，凶手逍遥法外，四婶有冤不能申。陋习与金钱对自由恋爱的破坏，蒜薹滞销对农民经济的摧残，矛盾终于激化了。怒不可遏的群众冲击县政府，烧光办公楼。高马等因此成为暴民而遭判刑。这就导致了人与人的关系非人化，物和人的关系的颠倒，把人的特性、关系和行为当作物的特性、关系和行为。物化本来是主体创造的客体，反过来成为同主体相对立的异己力量。这种人性，就是人的一种基本的共通的属性。"食色，性也"，"人之大欲存焉"。莫言把它描绘得何等深刻，多么复杂。

　　神化的人性，既是一种精神的本质，又是一种力量的象征。它将事物具有奇妙和丰富内容的变化称为"神"或"化"。这是继承"阴阳不测之谓神"的思想，即指事物的变化运动渊源于事物内在的对立面。"一故神，二故化"的实质就是对物的超越性。这个"超越性"正是属于"人性"的特质。"超物之物""超生命的生命"，人的这一本性就表明，人已跨越了自然的物种规定，人作为人的本性应该说是属于人的"自为本性"。这种"自为本性"就是神化的人性。莫言长篇小说《生死疲劳》中的西门闹和蓝脸，以各自的独特方式对抗着无法抵抗的命运，就是这种神化人性的生动刻画。作者通过两个村民的顽强抗争，展现了农民对土地的无限眷念，令我们拍案惊奇。西门闹因其地主的身份，在土改运动中被处决，死后下了地狱，在长达两年多的地狱生涯中遭受了各种酷刑，下油锅被炸成冒青烟的焦干，"像一根天津卫十八街的大麻花一样酥焦"，仍然不肯屈服，这样的执着，让西门闹拒绝饮下孟婆汤，拒绝遗忘了的冤情和仇恨，带着沉重的记忆，回到高密东北乡，以驴、牛、猪、狗、猴、大头儿等身份对现实世界进行观察和言说。不同的身份带来不同的感受和独特的视角，在多音共鸣中将历史的复杂场景多维度地轮回展现，旁观世事的变化。另一位村民蓝脸，本来是西门闹捡回来的冻馁濒危的弃婴，在西门家长大后当起了长工。好不容易分得了土地，他死守着自己的"一亩三分地"，在从互助组到人民公社的历次运动中，死拖赖抗，坚决不放弃自己的土地所有权，遭受了那么多的磨难，做了几十年的个体农民。① 这种生命的坚忍，不仅是一种厚重的怜悯情怀，更是一种抗拒任何外来风暴的精神力量，一种数千年间形成的农民与土地生死相依的自为本性。因此，神化人性的表达与刻画，不论是渴望自由的理想精神，还是冷峻与热烈夹杂，褒扬与批判并举，都是把他们作为一个极复杂的神化人性的灵魂来剖析的。比如《红高

---

　　① 张志忠：《论莫言小说》，《文学评论》2013 年第 1 期。

梁》中余占鳌，他杀与其母通奸的和尚、杀单氏父子、杀土匪花脖子，杀日本骑兵、杀自己手下濒临死亡正在痛苦挣扎的战士、杀余大牙等。他每次杀人的心境和动机都不相同，通过这多式多样的"杀"也许最便于窥视其灵魂奥秘，为什么他杀地主单氏父子与杀和尚，一个是恶心的感觉，另一个是后悔的情绪呢？他杀单氏父子，突出于朦胧的阶级意识，对"锈蚀铜臭气"的憎恶，他杀和尚就完全是为维护门庭清白，替父报仇；他杀"花脖子"，除报受辱之前仇，还因为花脖子"摸过"戴凤莲。他与戴凤莲"野合"，他要"为她创新天地"。他就是这样一个追求人的解放和人性的实现的叛逆者。所以，他的民族意识、自由意识、复仇意识，可以使他成就为狂放不羁、敢作敢为、众心宾服、驰骋疆场的抗日英雄。尽管余占鳌的本体的矛盾、心理的自我冲突，灵魂的深层颤栗是复杂的。既是一个铁石心肠的英雄好汉，又是一个封建宗法道德的护卫者；既是一个具有独特"活魂"的强者，又是一个屠弱的"最王八蛋"的懦夫。但他神化人性的复杂与深邃，却是无与伦比的，也是与复仇者的人性相通的。

共通的人性，既是一种人类所共有的属性，又是一个多层次、多维度并具有二元张力结构的复杂整体。它是一切社会一切人类个体所具有的属性，是全人类之共性。作为个体，在具有独一无二的独特的个性的同时，会依不同的条件范围，具有人的不同层次的一般性、共同性和普遍性。如家族性、民族性、全球性、时代性等直至最高层次的全人类性。因此，人类共性，是全人类所有的属性，因而也是舍弃最多特殊、具体而最为抽象的人性。这并不是否认一切对人类不同维度、不同层次的共性和一般所做的科学抽象，而是从一定的社会关系出发来阐释人、人性、人的本质等。莫言的《白狗秋千架》就像鲁迅的《故乡》一样，深层次地表现了"救救孩子"的共通人性。小说中的"我"，是一位在大城市生活的大学教师回故乡的路上遇到"暖"，暖是美丽的乡村女孩，曾经有过对生活的美好憧憬，喜欢当时在村子里驻扎的一位军队干部，渴望参军，渴望逃离乡村。"我"在当时也是暖的爱慕者。在一起也有过快乐时光，正当我们高兴地荡秋千时，谁知，秋千绳子断了，暖和白狗飞到刺槐丛中去了，槐针扎进暖的右眼。多年后"我"从都市回故乡，看到成年的只有一只眼的暖。"耸起的双肩塌下来"，"变得极大的左眼里""射出了冷冰冰的光线"，穿着"泛着白碱花的男式蓝制服裤子"，"她嫁了个哑巴丈夫，生了三个哑巴孩子"。苦难、不幸和命运的不公全部降临到这个女人身上。这是故乡的女人，就像鲁迅《故乡》的闰土，记忆中年轻美好的暖已经过去。这天，暖偷偷离开家，来到高粱地，她央求白狗带"我"来。在她自己制造的那个高粱地空间里，渴望从"我"身上借种，生一个健康的孩子，以此作为生活下的光明和希望。小说没有明确"我"是否愿意，只是以暖对我说的话作结："有一千条理由，有一万个借口，你都不要对我说。"这难道不是与《故乡》共通的人性一脉相承吗？那"救救孩子"的呐喊与"借种"的要求，就是一种共通人性的艺术表现。但是，人的一生是不断发展的、变化的，追求超越同样是一种共通的人性。《你的行为使我们恐惧》中的吕乐之，他从农村走向城市，带着童年的生活记忆和乡村音乐的旋律登上歌坛，以乡村的清新质朴、雄健粗犷，给歌坛带来新的气象。他一举成名，赢得了世俗社会所追求的一切，在名声、金钱和女人的旋涡中打转，可谓功成名就。然而，一成不变，总会让人腻烦。吕乐之是以创新的姿态闯入歌坛并成了名，人们在熟悉了他以后，就不再满足和陶醉于昨日之他，而是强求他继续出新，玩出新花样，形成新的风格。已经到了黔驴技穷，却又不甘引退，只好出奇制胜，悄悄回到故乡自阉，以求获得新的音乐，创造世界上从来没有过的新的唱法，创造"抚摸灵魂的音乐"①。其结果是不言而喻的。吕乐之的苦闷和焦躁，正是一个找不到超越与突破之人的忧愁和痛苦。莫言却把他写得那么惨烈，那么震撼，不正说明超越才是永恒不变的共通人性吗？

---

① 张志忠：《论莫言小说》，《文学评论》2013 年第 1 期。

三、顽强的英雄主义与苦难的理想主义

阿弗列德·诺贝尔在遗言中要求文学奖应颁给"对全人类有伟大贡献","能创作有理想主义倾向的最出色作品的人。"① 在这一"理想主义倾向"历程中,既有"揭橥了崇高的理想主义",也有"充满理想主义精神";既有"高超的理想",也有"古典的人道理想";等等。莫言的"理想主义"是在中国农民强大的生命力、创造力中,高扬苦难的理想主义、顽强的英雄主义以及人类性所包含的理想与民间意义。

莫言创作的"理想主义",是在苦难、残酷、饥饿、象征的描写中,涌动着一种温馨,一种关爱,一种力量。这是中国农民承受最底层、最艰辛的生活所付出的血汗和苦痛,它沉重而强烈;这是中国农民不堪承受又不得不承受的一种生生不息、追求不已的生命力和意志力的张扬和赞美,是讴歌也是肯定。《透明的红萝卜》中的小黑孩,他孤苦伶仃、无依无爱,大病初愈,身单力薄却加入成人的劳动,拉风箱,砸石头,都超出他的体力所能承担的极限。但是,他面对种种艰辛,硬是死撑蛮干。菊子姑娘心疼他身体瘦弱难以承受铁匠炉的烟熏火烤和超体力劳动,要强行带他离开,他竟然在菊子的手腕上咬出两排牙印,挣脱出来,坚决地守在铁匠炉那里。还变被动为主动,从被迫接受到主动挑战。这是一种无坚不摧的刚强意志。于是,当小铁匠要他把刚从炉火中取出的炽热的钢钻子捡回来,他接连捡了两次。第一次因为不知未冷却的钢钻子厉害,把手心都烫焦了。他还出乎意料地再次出手,硬是忍着烧灼的剧痛把钢钻子握在手中,连旁观的小铁匠都无法承受,他却泰然自若。小黑孩这种奇特感觉,是他

---

① 《诺贝尔文学奖全集》第 1 卷,台湾远景出版事业公司 1983 年版,第 56 页。

的理想追求。这种童心当中的理想，通过透明的红萝卜表现出来。正如作者说的，把那段生活写得带点神秘色彩、虚幻色彩，稍微有点感伤气息也就够了。这种神秘、虚幻，都是建立在小黑孩奇特的感觉能力和自然万物的心灵交流的能力的基础上的。因此，当小黑孩在铁匠旁边看到那样一只璀璨透明、银色的液体流动着的红萝卜的时候，小黑孩怎么会把一只普普通通的红萝卜看得这么玲珑剔透、璀璨夺目，富有一种神奇的魅力呢？或许是小黑孩的现实世界有太多的匮乏、太多的沉重、太多的压抑，他的心灵无法在现实中得到释放，得到解脱，便假借这么一只普普通通微不足道的红萝卜表现出来："泛着青幽幽蓝幽幽的光。泛着青蓝幽幽光的铁钻子上。有一个金色的红萝卜。红萝卜的形状和大小都像一个大个阳梨，还拖着一条长尾巴，尾巴上的根根须须像金色的羊毛。红萝卜晶莹透明，玲珑剔透。"从一只普通的红萝卜，上升到一个非常神奇的审美理想的意象之中，不仅被这种炉火映照下的萝卜的熠熠生辉所吸引，而且还唤起了他对美好理想的追求与向往。而《红高粱》的整体象征，又是一种理想精神与民族生命活力的象征。这种理想寓于民族生机的征兆，宇宙大灵的幻化，不仅出现在《红高粱》中，还有《高粱酒》《高粱殡》《红高粱家族》等，都是作者试图寓无形于有形、寓无限于有限、寓丰广于具象、寓永恒于刹那间的理想追求。它具体表现在：一是人与自然契合冥化的象征：红高粱是千万生命的化身，千万生命又是红高粱的外观，天人合一，相生相长，让人体验那天地之间的生生不息的生命律动，从而引向人与自然、生命与地域的重叠、合影、浑一的魂归自然和宇宙之故乡的境界。二是历史与现实契合的象征：象征坚韧、象征不屈、象征苦难、象征复仇、象征英雄主义、象征淳朴而狂放的道德。莫言这些小说中的"理想主义"，正是伟大民族的血脉、灵魂与精神的象征。

　　莫言小说的"英雄主义"，是在暴力、血腥、邪恶、拼搏等超常的惊世之举中，彰显一种英勇顽强，一种刚毅意志，一种精神风貌。透过对原始生活样式的描写，是一种对中国农民自由精神的推重和张扬，是洮成血海的红高粱地上飞翔的自由精灵。无论是自我牺牲的气概和行为，还是危难时刻的大义凛然和不屈斗志，都具有跨越历史、穿越时空的永恒魅力。

《檀香刑》叙述的是山东流传很广的戏子孙丙抗德的故事。但小说并不重在写孙丙如何抗德，而是写这个反抗者如何被处死。这是一个英雄主义的典范，一曲民族英雄的赞歌。德国殖民者在强大的军事力量支持下在胶州半岛修胶州铁路，两个德国工程人员在大庭广众之下，肆意地凌辱孙丙的年轻妻子和一双小儿女。于是，孙丙们疾恶如仇、奋起反抗，直至形成大规模义和团起义，虽在德军的强大火力下归于失败。但作者把刑场行刑写得铺张、酷烈、暴虐、暴殄天物，血肉纷飞，他调动一切感官感觉，非得将"活儿"做得惊天地泣鬼神不可，否则就似乎无法与他搭建的"巨大行刑台"相匹配，他写尸首异处的人头，腰斩后的人体上半身的种种情状，凌迟、檀香刑、炫技斗奇，酣畅淋漓，快意无比，无所不用其极。面对这举世罕见的刑罚，孙丙本来是可以逃脱的，小山子自愿冒名顶替他去死，丐帮首领朱八爷率众前往救他出狱。但孙丙拒绝了救援，自愿走向刑场。檀香刑令他痛不欲生是可想而知的，他却顽强地唱起了猫腔。孙丙的唱戏，既合乎其猫腔演员的身份，更有一种威武不能屈的超人气概；刽子手赵甲杀人如麻，技术最高，执行过许多中国历史上的风云人物，创造了许多残酷恐怖、令人毛骨悚然的刑具。但他有自己职业道德独有的人性表现方式。当某一死囚他特别崇拜时，他会把活做得最好，做得庄严肃穆。他用这种方式来表达对受刑者的敬意。孙丙如此，赵甲如此，其他主要人物，个个都不简单，县令钱丁，有胆有识，有强烈的民本意识，也有独身闯入孙丙营帐的勇气；窝窝囊囊地活了许多年的赵小甲，在危急的关头，能够舍身替孙丙挡住了锋利的尖刀，为他的生命终点画了一个令人刮目相看的惊叹号。他们这种坦然面对死亡的气概，泰然赶赴刑场的精神，真是"民不畏死，何以死惧之"。即使无力反抗，就是孤独死去也是一种境界。

《枯河》中小虎在玩耍时把村支书的小女儿砸坏了。谁知，这不小心之举竟是对乡村权威人物的绝对冒犯，会给小虎一家带来厄运。于是，父亲与哥哥轮番殴打他。殴打场景的描写残酷万端，毫无半点亲情可言。小虎无法选择暴力交加下的生存，他就选择了死亡。以在枯河上死去向冷漠的家人和村民们示威。这种"报仇雪恨后的欢娱"写出了人物"相当严重不安全感"，甚至"对特定的事件、物品、人或环境都有一种莫名的畏惧"。可见，小虎的"死"就是一种对自由、尊严、高贵的人生价值的向往；其英雄的心灵回响，是一曲不屈和自由的赞歌。

　　莫言小说人类性理想情怀与民间意义，就是一种生命的延续、良知的呼唤以及高贵而无可非议的责任担当。那浓烈的人道主义、伦理精神、心灵情感的深刻揭示；那社会面目、现实环境、丑陋生活的批判；那人性、同情、怜悯和人的遭遇的剖析等，都依赖完全相同的价值观的沟通生存，也依靠相互理解差异的共同生存，它虽是不同民族的共同表现，却都是人类性的共同点与相通处，是"人类在冥冥之中的际遇"这样一种"理想主义"。《丰乳肥臀》中的母亲上官鲁氏，是为了传宗接代、延续生命而存在的，这是人类繁衍自身的需要，甚至可以说是生物界的一种本能，各个物种都要尽力地繁衍传承自己的后代。这是人类的普遍规律，也是自然规律。但作者笔锋一转，民族观念的差异性就呈现出来了。重男轻女让上官鲁氏在家庭里的地位每况愈下。因为上官鲁氏已生了 7 个女儿，却不生男孩。这让婆婆与丈夫十分不满，当她再次临产的时候，他们宁愿去关照即将生小驹的母驴，而不愿去照顾上官鲁氏；当她与驴子都难产，需要请人帮助的时候，家里人又是以先驴后人的顺序来对待她。即便如此，这个卑微的女人，还不得不承担起沉重的使命，要独自抚养包括新出生的孪生姐弟金童玉女在内的 9 个孩子。谁知，世事如棋，跌宕起伏，她又先后收留了一群外孙和外孙女们，继续哺育新的生命。由于高密东北乡和濒临渤海的胶东半岛，在抗日战争和解放战争中，都是兵家必争之地，八路军、国民党和日军、伪军之间的拉锯战，格外惨烈。"这十几年里，上官家的人，像韭菜一样，一茬茬的死，一茬茬的发，有生就有死，死容易，活难，越难越要活，越不怕死越要挣扎着活。我要看到我的后代儿孙浮上水来那一天，你们都要给我争气！"这些常人难以承受的艰辛努力，穿越历史的苦难动荡的坚忍不拔，就不是个人的感人至极，而是人类的生生不息，社会的延绵不绝。莫言那悲天悯人的情怀，就是基于不可抗拒的死亡而产生的对于生命的崇拜，因为崇拜生命，所以歌颂孕育生命，哺育生命、保佑生命的母亲。这是历史的风霜使母亲变得坚强刚毅，从而也具有了人类性的普遍价值。而那些来自农村村落文化，民间自在的生活状态，民间审美趣味，等等，又使得莫言小说充满了民间生存理想的意味，比如《红高粱》中余占鳌和戴凤莲那荡气回肠的爱情，舍命拼搏的抗战；敢于在儒教传统根深蒂固的孔孟之乡反叛"父母之命，媒妁之言"，敢于用血肉之躯决战现代武装的日本侵略者，就是顺应生命的召唤和人性的本能，是一种强大的生命爆发力，舍生忘死进行追求的勇气。它所演绎的历史传奇故事就承载了张扬野性、蛮力、原始性等，并将这种带有狂欢风格的传奇因子融入历史叙事之中，从而在东方式奇观中彰显人类性的共同理想。

四、中国式叙事的传承与超越

在国内，有人认为莫言小说是"暴力美学"，也有人提出了"残酷叙事"，甚至"还有来自评论界的诸多质疑：'没有思想''懦弱''缺乏力度与深度'"；[①] 在海外，莫言小说被翻译成多国文字出版发行，产生了广泛

---

① 凌云岚：《莫言与中国现代乡土小说传统》，《文学评论》2014 年第 2 期。

的世界性影响，并认为"莫言是中国最富活力、创造力和影响力的作家"，是真正的"本土性、民族性的世界写作"。[①] 这种差异正说明莫言中国式叙事的传承与超越，是一种"破坏性创造力"，一种天马行空的艺术实践。

神话叙事样式，既是一种遗传文化心理的传承密码，又是在借鉴西方文学技巧中获得现代发展。密码的终极制约，是一个作家的宿命。因为叙事传承都承载着整个民族的精神记忆和种族证忆：六朝志怪、唐传奇、元曲、明清传奇以及近代兴起的民间戏剧，包括民间的说唱艺术等，都富于主观想象、被排斥在正统诗文之外、沉入民间的一脉叙事传统。莫言对这一传统情有独钟，他说："我想恢复古典小说'说书人'的传统，也希望读者通过阅读它（指《生死疲劳》）怀念中国古典小说"。[②] 这不仅是他艺术形式的抉择，也是他叙事立场的宣示。在《十三步》中，他就以原型反衬的形式，专门叙述了一个赶考的落魄书生被母猴救助且生子的故事。这可以追溯到六朝志怪中大禹治水的神话传说，继而发展为汉焦延寿《易林·坤之剥》的爻辞，所谓"南山大玃，盗我媚妾"，延续至唐代传奇的谤毁小说《补江总白猿传》。这种敬畏生命的神秘感，使沉入民间的故事带有了万物有灵的泛神论特征。因此，借助非理性的神话思维方式，莫言就能获得人类更加博大的宗教情怀。他在《丰乳肥臀·解》中指出，作为母性崇拜的文化记忆，古人类生殖崇拜的女神像，"乍一看这雕像又粗糙又丑陋：两只硕大的乳房宛若两只水罐，还有丰肥的腹与臀，图片的面部模糊不清，但她立在那简直如泰山"。他的《丰乳肥臀》就是最直接地体现了这一图像："丰乳与肥臀是大地乃至宇宙中最美丽、最神圣、最庄严，当然也是最朴素的物质形态，她产生于大地，又象征着大地。"于是，种族——人类延续最基本的道德，就是一切伦理精神的核心，原始艺术只是没有被各种父权制的道德规范所包装。从宗教的母体到艺术的理想，莫言

---

① 刘江凯：《本土性、民族性的世界写作》，《当代作家评论》2012 年第 4 期。
② 《看莫言》，华中科技出版社 2013 年版，第 86 页。

以神话这个最古老的叙事样式，逐渐建立起自己质朴而瑰丽的传统诗学。但是，自从"福克纳帮助莫言确立了乡土之子的叙事立场和虚构故事"①之后，他"感到了巨大的鼓舞……恨不能立刻也去创造一块属于我自己的新天地"。②终于，他开启了全球性的文化时间焦虑在空间中的蔓延，开拓了人类的视野，丰富了人类的体验。他小说的因果逻辑的内容与形式都带有现代心理学的特征。比如，他塑造《四十一炮》的主人公罗小通，"身体已经长得很大，但他的精神还没有长大"。他对少年时代的诉说则是源自拒绝成长的心理动机，而且"源于对成人世界的恐惧，源于对衰老的恐惧，源于对死亡的恐惧，源于对时间流逝的恐惧"。这种花样翻新，层出不穷，就把沉重的创伤性的历史记忆，与主人公的个人命运融合得更为贴切。《檀香刑》将地方戏曲的"七字句""十字句""十四字句"等唱词结构和合辙押韵融入作品的语言构造，让赵甲、赵小甲、孙丙、钱丁、眉娘等分别充当各章节的叙事者，而且把作品分为"凤头""猪肚""豹尾"三段式，其胆魄可嘉，现代感很强。

感觉叙事模式，既是一种奇特的感觉能力，又是一种奇幻的意象营造。它经过主体的审美意识的介入，转化为艺术内容的感觉经验，也就是艺术感觉。作家的艺术感觉总是与体验、情感、想象、认识、意念、理智、意志等精神活动糅合、融化在一起。既是一种综合性的复杂的精神活动，又是渗透着审美体验、审美感情、审美个性的"想象感觉"。在莫言笔下，触觉、嗅觉、视觉、听觉、味觉等都变得分外灵敏，或转换成一种独具的生命感觉和神奇想象，或建构成一个充满生命活力、生命激荡的超常世界。比如《透明的红萝卜》中的小黑孩软弱、迟钝；没有痛苦感，没有语言能力。但是，他对现实、对自然万物都有一种敏锐感受，一种奇特的通感；有一种把听觉、视觉、触觉、嗅觉等融为一体的感受能力。小说

---

① 季红真：《莫言小说与中国叙事传统》，《文学评论》2014年第2期。
② 《说莫言》，辽宁人民出版社2013年版，第99页。

中有一段刘副主任训话："刘副主任的话，黑孩一句也没有听到。他的两根细胳膊拐在石栏杆上，双手夹住羊角锤。他听到黄麻地里响着鸟叫般的音乐和音乐般的秋虫鸣唱。逃逸的雾还碰撞着黄麻叶子和深红或是淡绿的茎秆，发出震耳欲聋的声响。蚂蚱剪动翅羽的声音像火车过铁桥。"这里，听到秋虫鸣唱，听到鸟叫般的音乐，这都可以理解，也可能听到。但"雾气"，本来是一种视觉的东西，在这里却变成了听觉；而火车过铁桥那是咣当咣当地响，小蚂蚱剪动翅羽那是嗡嗡嗡嗡地叫，但莫言却可以把小蚂蚱剪动翅羽的声音听成火车过铁桥的声音。这就是小黑孩在用自己的非常奇特的感受能力，与周围大自然、与乡村生活的各种景物，进行交流的结果。而且，莫言感觉世界的方式，还是地道农民式的。作为农业劳动对象的自然物，不仅是有生命的，还是有感情有灵魂的，丰收的粮食，好像在酬答人们辛勤的汗水；驯化的禽兽，似乎能理解人们美好的心愿。仿佛世界万物都以生命的神灵在主宰着人和自然的命运。莫言总是能在人、动物、植物之间找到感觉，进行换喻。而奇幻的意象营造，是得益于马尔克斯"决定性"的影响，他说："我读到《百年孤独》，只读了几页就按耐不住写作的冲动。"[1]马尔克斯唤醒了他创作中国式魔幻作品的才华，使他迅速进入人类学的意义空间；激发了他植根于胶东半岛地域文化中的浪漫、炫奇、夸诞不经的因子，天马行空、无拘无束的艺术想象力。《爆炸》中在农村当农民的父亲，面对在外面当干部的儿子回到乡下要和他的妻子离婚，非常生气。他举起手来煽儿子一巴掌。奇妙的是在父亲的这一巴掌落下时，四面八方的各种各样的信息，都萃集在这一瞬间：天上的喷气式飞机，地上的人们围追黄鼠狼的声音，还有天地之间各种各样的声音，田野上各种各样的景象，都在父亲的巴掌落下的一瞬间展现开来，这样的描写与常规的写实大异其趣，是一种全新的创造。而"红高粱""球状闪电"等，

---

① 《看莫言》，华中科技出版社 2013 年版，第 5 页。

则将那些贴合于乡村生活经验，在作家的生花妙笔下，超拔为或精美或豪壮的意象。就像卡夫卡的《城堡》、萨特的《恶心》等，与西方现代主义文学有了某种神奇的暗合。

语言叙事形式，既有对古典叙事元素的借助，又有西方语言文学的影响。应该说，所有叙事传统都是建立在民族语言的独特性上，是语言提供了叙事形式的可能，而叙事只是提炼语言的言语创造。莫言特别推崇白描的叙事技巧，"因为白描是要通过对话和动作把人物的性格表现出来"，这和他对民间语言的发掘与提炼高度统一，他强调陌生化语言，"应该是一种基本驯化的语言，不是故意采用方言土语制造阅读困难"，而是"把方言土语融入叙述语言"。①《罪过》用了"俄顷"，这一被遗忘的时间副词，乃出自《柳毅传书》。莫言小说运用通感的修辞特征使语言华美，枝蔓横生而又蓬蓬勃勃，都可以追寻到唐传奇的风格，其感觉之丰沛、文辞之华美尤以早期小说为盛。甚至，连词语也多有借鉴。就是他的文言句式和诗词曲赋成分，也完全师法中国古典文学，他说："像李商隐的诗，这种朦胧美是不是中国的蓬松潇洒的哲学在文艺作品中的表现呢？""我看鲁迅先生的《铸剑》时，就觉得那里边有老庄的那种潇洒旷达，空珑飘逸的灵气。"②所以，他的小说得之于庄子散文的地方很多，从对天马行空的创造精神的景慕，到《马蹄》《秋水》等取自庄子散文的小说篇名。比如《秋水》对庄子语言风格的模拟："大雨滂沱，旬日不绝，整个涝洼子都被雨泡涨了，罗罗素素雨声，犹犹豫豫白雾，昼夜不绝不散"，"四处水声，喧哗，像疯马群，如野狗帮，似马非马，似水非水，远了，近了，密了，变化无穷。"文言句式、诗词曲赋兼容并蓄、无所不能为其所用，并以感觉的力量将它们化于一炉，天然雕饰，美轮美奂。然而，自从莫言"读到川端康成的《雪国》"，"'一只黑色狂逞的秋田狗……'这样一个句子时……我感

---

① 《说莫言》，辽宁人民出版社 2013 年版，第 37 页。
② 莫言：《有理想才有追求》，《中国作家》1985 年第 2 期。

到被心仪已久的姑娘抚摸了一下似的激动无比……如同暗夜中的灯塔，照亮了我前进的道路"。① 于是，他小说语言就"受到西方语言学、西方文学的重要影响"。那外来语汇和随着时代的变化而出现的富有时代特征的语言，就在他的作品中出现了。《弃婴》中"那片葵花地顿时就变得非常遥远，像一片漂游大地上的云朵、黄色的、温柔的、馨香扑鼻的诱惑强烈地召唤着我。……葵花，黄色的葵花地、是葛利高里和阿克西妮亚幽会的地方，是一片引人发疯的风流温暖的乐园"。《檀香刑》中"有孙丙，不平凡，曹州学来了义和拳。搬来了孙猪两大仙，扒铁路，杀汉奸，驱逐洋鬼子保平安……学了义和拳，刀枪不入体，益寿又延年。学了义和拳，四海皆兄弟，吃饭不要钱。学了义和拳，皇上要招安，一旦招了安，个个做大官。封妻又荫子，分粮又分田"。有欧化句式，也有粗野鲜活的口语；有词赋式的语体，也有口语与书面语的组合；有中小学语文课本上的儿歌的化用，也有取自于剪纸的图案，等等，这语言是杂糅的、拼接的、自由挥洒的，真是融汇百川，包纳万物。正是西方语言学、西方文学的影响，才使莫言的创作类似于拉美的新巴洛克小说，想象奇诡，语言华丽。

　　莫言的小说创作，虽然是在观照乃至强化中国农民强大的生命力、创造力，以及农民的苦难、农民的追求；在植根中国的土地上，写出中国农民的神髓、写出中国 20 世纪的苦难而辉煌的进程中，彰显了人类的共性，构成世界历史的有机组成部分。那顽强的英雄主义，苦难的理想主义，既是人的一种最基本的生存本能，又赢得了世界的眼光。他的创作方法虽然深受福克纳、马尔克斯、川端康成的影响，但他却是在开发本土资源与民间资源上，显示出了他独特的创作个性与禀赋，因而使他的小说具有了世界性与人类性。

---

　　① 《看莫言》，华中科技出版社 2013 年版，第 2 页。

第十六章

刘克邦散文创作论：
触摸温润人生　感悟艺术真谛

　　刘克邦的散文，情真意切，自然清新，质朴而不乏雅致，温润而不缺诗意。既有内在的心理独白，又有哲学的思辨张力；既有正面精神价值的弘扬，又有丑陋虚伪晦涩的抵抗。不论是他的叙事散文、抒情散文、游记随笔、读书札记，还是他的《金秋的礼物》《清晨的感动》《自然抵达》《心有彼岸》等，都具有立意优美、形式灵活、反应迅速、短小精悍的特点，被称为"表达了人类对美好与温暖的永恒追求"，并在这质朴率真的温情触摸中，抒写了壮丽人生的生存现实，人格魅力的高尚情操，璀璨美丽的自然风光。

一、生存现实的壮丽抒写

　　刘克邦散文对生存现实的抒写，是一种壮丽人生的生命体验，一种社会正能量的培植发扬；是人的一种精神，一种境界，一种推动社会前进的力量；是"还原日常生活的丰厚质地，发掘平凡生活中的温暖诗意，讴歌寻常人物心灵中的真善美"。

刘克邦散文充满了对苦难的抒写。苦难使人崇高。因为"人之生存的意义在于能从苦难与折磨的边缘幻化出光明，从苦难边缘的滞留与挣扎焕发宗教般的爱心，从苦难的涡心旋转捕捉攫获幽暗深邃里滑动的那束浮光。苦难与折磨是为了拯救，既为了拯救别人也为了拯救自己"。刘克邦散文的真切感悟、博大胸怀、深邃思想，就在《与母亲夜行山路》《遭受冤屈的故事》《吴老师》《生死之间》《漫漫风雪路》中，得到形象的勾勒与艺术的展现。"在我三岁的时候，祸从天降，父亲在一场史无前例的运动中被莫名其妙地打成了'右派'，一阵子狂风暴雨式的批斗之后，被开除遣送回了他遥远的农村老家。"而母亲"尽管工作十分辛苦"，心里却"承受着巨大的精神压力"，以致积劳成疾，最终倒在了讲台上没有醒来。这时，"被打成'右派'的父亲远在他方，杳无音讯。我就像一只折翅的小鸟，无家可归，迷茫凄凉，在荒郊野岭中寻觅和挣扎"。经常饿得"心发慌、头发晕，走路打趔脚，上课没精神"，最后只得被父亲接到湘乡农村。在那里，他放牛、插秧、除草、扮禾、翻地、挑粪、砍柴，"每天起早摸黑，连续工作"，甚至"在黑烟滚滚灰屑弥漫的铁匠铺里，俯首弯腰，忙上忙下……抡锤子时间长了，经常手掌撑不开也握不拢，吃饭拿筷子端饭碗都成了问题……"所有这一切都让他刻骨铭心。但这个志向高远的苦孩子，没有被坎坷、苦难与不幸击倒，而是奋发有为，自强不息。他发誓要走出父辈的阴霾，要走出生活的困境，要通过自我奋斗改变自己的生活道路。高考成功之后，他也没有在鲜花与掌声中陶醉，而始终坚持"一不怕吃苦，二不怕吃亏"，像牛一样工作，像土地一样奉献。从而使他获得人生的成功，事业的辉煌，创作的丰收。

刘克邦散文充满了对崇高的讴歌。"崇高是伟大心灵的回声"。人类社会的崇高总是和高尚的、正义的事业联系在一起。它追求雄伟不凡、遒劲威武的境界，表现人在宇宙间所处地位的尊严；它以感性观照的方式，显示出人的本质力量和生活活动的完美形态与最高境界。刘克邦散文抒写的英雄形象，就是这种崇高品质、坚定行为的艺术再现。《寻访英雄足迹散记》中唐飞、李映辉、孙春成、周美玉、刘照社、范继雄等，《财经卫士之歌》中廖保忠、于晚成、周正南等，《平江行》中余杨凤、刘算纯、黄任莲等，他们或为了老百姓的生命而牺牲自己，或为了财经事业的蓬勃发展而英勇战斗，或为了消灭敌人，力挽民族狂澜于既倒等，都犹如狂风暴雨、波涛连天的天涯海面上突现的航船。这航船，无所畏惧、奋力前进，与命运抗衡，与死神搏斗！这种大无畏的精神，强有力的行为令人惊叹赞美、崇敬仰慕。《老处长》中林宝谦，《心中的丰碑》中沈浩，《"铁嫂子"》中张龙英等，则是铁汉柔情，英勇顽强，他们的一生强烈有力的行动、扎实工作的深刻印痕，使我们仿佛看到江面上百舸竞流的帆船，"昂然挺立在我们面前，作为我们竞赛的对象，就会把我们的心灵提到理想的高度"。《出差途中……》中"杨文娟"，《称我"先生"的姐姐》中周秉建，《六娭毑》中"六娭毑"等，仿佛是在诗情画意的宁静湖面上，托出亭亭玉立的芙蓉，是那样清新秀雅，娇妍喜人，她们以纯洁的思想，优美的情操，温暖明媚的生活情趣喜悦读者，以美的氛围陶冶净化读者的心灵。这一切，都是作者用自己的心血和汗水浇灌出来的英雄，他们以巨大的感染力量与无穷的美的享受，显示出了"惊人的威力"与"迷人的魅力"。

刘克邦散文充满了对劳动的赞美。社会转型和生产方式的变化，"劳动"的观念在今天有了新的内涵。既有农野耕种，渔猎劳作，家用缝补，这些农事或家计上的绝活，它不仅是普通人发家致富的劳动技能，也是保存和传承一代人生活伦理和历史记忆的重要手段；又有敲键理财，舞文弄墨，行政管理，这些现代意义上的劳动场景、劳动过程、劳动技能，它已成为都市阶层多数人生存的看家本领，也是现代科技给劳动者带来的令人羡慕的光环。刘克邦散文既有书写传统体力劳动之力与美的优美篇章，又有脑力劳动注入清新鲜活空气的艺术结构。前者如《芙蓉路上的邂逅》。

作品把擦鞋女的劳动描绘得细致入微："她擦鞋特认真，擦鞋用的鞋油比别人多，花的时间也比别人长，每次擦鞋总是小心翼翼，生怕弄脏了你的裤腿和袜子。鞋子擦完了，还要前前后后反复查看一遍，生怕留下了一点泥土一点污迹，或者是擦得不光亮。"通过对这种劳动技能和劳动场景细腻传神的描写，就赋予了劳动和劳动者以诗意的美感，也为读者认识和理解劳动背后的生产生活和社会历史提供了一个视角。后者写人在脑力劳动中显现自己的本质力量。《下乡记》写作者提拔后到桂阳县一个"荒落凄凉，光秃秃的山冈，矮矬矬的茅屋，衣衫褴褛的老人，瘦骨嶙峋的孩童"的浩塘乡挂职。作品把他与村组干部群众的交心、送水、办电、开闸、拓荒的场景与画面写得诗意盎然，可以说是思想工作与劳动美感相结合的精彩描写。而《"蔬菜"与"花树"》则以一杯酒、一餐饭的智慧，化解了"死猪不怕开水烫"的心结；《我与财政》把一年四季的春华秋实、殚精竭虑地工作描绘得美不胜收等，都是在礼赞劳动，歌颂劳动的价值。

二、人格魅力的真诚坦露

刘克邦散文的人格魅力，既以情为生命的本体张目，也倡导由启情而美情，并赋予生命丰沛的内涵、多彩的面貌和美丽的诗情，最终把情感的涵育导向了人格的美化。这种人格的魅力不仅把感性与诗意带入我们的生活，也把反思与批判带入我们的视野。

刘克邦散文表现了对亲人的挚爱。事实上，散文的首要特质就在于抒真情，写真性，读者能够从作品里真真切切地"洞见作者是怎样一个人"，作者的人格、个性如何，直接决定着散文品质的优劣。所以说，对于散文作者来说，第一要紧的"要件"，就是作者首先应当具有一个美好、高尚的人格。在刘克邦散文里，我们不仅看到"因其思想系靠人世的断片"，也看到一个血性男儿重情重义的气节。在《听父亲讲的故事》《漫漫风雪路》中，父亲本来是一位才华横溢的中学教师，却一夜之间被政治风暴刮到人间底层。20多年里，一顶"右派分子"的铁帽，压得全家都抬不起头，也给儿子带来漫长的精神磨难："我与父亲的情感，爱憎交织，一言难尽……在湘乡农村，我吃不饱，穿不暖，念不了书，干与年龄极不相称的苦力活，政治上低人一等，受人欺负，怨他、怪他、恨他误了我一生，在心理上、情感中与父亲格格不入，竖起一道高高的藩篱。"但是，在他的血液里、骨髓中，他又认为"父亲是天、是山"，"是一位值得我学习、敬仰的好父亲！"这种人格的精髓是以美涵容真善，以情提领知意，其本真、和谐、超越等特质，拓展了人与现实关系的情感、诗意、反思等张力纬度，为人性涵育与人化生存确立了重要的主体条件和理想目标。在《与母亲夜行山路》中母亲那句"好孩子，勇敢点！自己爬起来吧"的痴爱，让他一生受益；在《一对金戒指》《家长座谈会》中儿子的"心比天高"，"子承父性"，"血脉相牵"，让他感到"甜蜜蜜、美滋滋的"；在《妻子是棵常青藤》中对妻子的"感激之情……溢满全身，挥之不去"；在《情缘》中对"我们永远永远也无法偿还"的"情窦、情意、情约、情舍、情思"的歉疚，都深深地表现出了作者对亲人的那种爱恋与真情，人格的高尚与纯洁。

刘克邦散文表达了对弱者的同情。文如其人，率真坦诚，他让道德与道德过程由情感化升华为大爱化，这既是人对自我的超越，又不仰仗神和上帝，而依存于自我对他人的涵育。只有这样，坎坷的经历才会赋予人生丰厚的馈赠，岁月的磨难也不怨天尤人，从而培育了坚强的意志和感恩的心，去帮助他人，回报社会。刘克邦散文正温润着这种赤子之心、大爱之情。在《芙蓉路上的邂逅》中我们看到，擦皮鞋女人"身材矮小瘦弱，好像是带病之身"，身边还带着一个"瘦骨嶙峋，头发蓬乱，脸上脏兮兮"的孩子。当他了解"她的经历和不幸"后，"从身上掏出仅有的500元，递了过去"。她却"死活不肯接受"。作者写道："从那时起，我有意无意地加大了清洁脚下那双皮鞋的频率，有空没空，三天两天，总要跑到她那里擦一次鞋，而且是不见她不擦。有时出差外地一个多星期，哪怕皮鞋灰尘再厚，自己都看不过意，也坚持不擦，一到家中，行李一放，就找她擦皮鞋去了"，还"带一些糖果食品玩具之类的东西给那孩子"。多么的细心，多大的爱心呀！"只有经历过人生的辛劳才知道人生的真价"。这正是一种博大、百折不挠的精神品质。在《生死之间》救落水的小孩，在《车祸现场》的出差路上组织施救遭遇车祸的伤员，在《一封震撼心灵的来信》中捐助贫困学生毛妙兰，在《大灾有大爱》中组织赈灾募捐，等等，都能从他身上看到闪烁着善良、淳朴、忠厚和奉献的传统美德的思想光芒，让人感受到一种光明、温暖和积极向上的力量。这就是艺术美境与人生至境的妙契于一，缠绵悱恻而超旷空灵，澄观一心而腾踔万象，是人的本真又超越本真的高尚人格的生动写照。

刘克邦散文蕴含着对丑恶的批判。现代文明既造就了物质的极大丰富与繁荣，也孕育了种种欲望人、技术人、工具人等异化的人和单向度的人。人丧失了他的尊严。一些假、丑、恶的现象，一些个人主义的行为，一些以权谋私的事件，就会在我们生活中不断地滋生、蔓延，就会严重地影响整个社会的风气与道德水准。刘克邦的散文对这种阴暗面与不良现象，进行了严正的拷问和尖锐的批评。比如《罚款风波》对"利用工作之便，营私舞弊，索要钱财"的揭露，《难忘的一次经历》对挂警牌消防车的人员见死不救的谴责；《一次维权行动》对自己被无端扣电话费而运用法律手段维护尊严与权益的行动，《门诊遭遇记》批评医院医生服务态度不好、看病"走后门"现象等，都是用嘲讽与辛辣的笔调去鞭挞和反思人性中的恶、人情事理的被扭曲、道德风尚的滑坡，并以此去温暖人们的心灵，呼唤人性的美好与回归。同样，在《吴老师》中作者也对自己的灵魂作了毫不留情的剖析。"文化大革命"中，"我"在别人的指使下，上台揭露和批斗曾经最关心"我"的老师的"罪行"。后来，我痛定思过去找老师道歉，但却一直未能见到人。"快四十年了，这件事一直无法从我的心中抹去，始终像一块巨石重重地压在我灵魂的深处……"作者的深深自责，无疑是在表现他对假、丑、恶的强烈批判，对真善美的执着追求；也表现出作者要以审美人格的诗性赋予有限生命以无限、现实生命以深沉、物质生命以超越，从而使个体生命涵纳人生和宇宙的全景，让丰沛、充盈、自由、淋漓的自我，给予深沉永久的意义。

三、广袤河山的游记品鉴

刘克邦的游记散文，独叙性灵，文笔清丽。或记游踪，或描地域；或剪山水，或摄习俗；或赏名胜古迹，或睹西域风光……都能点点如画，奇丽多姿，使人在饱览祖国的壮美河山中，绽放愉悦的心情，获得美的熏陶；在伸向异域的大千世界中，领略旖旎的风景，受到知识的启迪。

刘克邦游记散文的地域性，就是写出山水胜景，奇风异俗的个别性。世界上没有相同的两片树叶，也没有两处相同的山水。同是山，各有其貌，各具神韵；同是水，或气势磅礴，浊浪滔滔，翻腾澎湃；或一碧万顷，浩浩荡荡，横无际涯。作者就要善于从这些都城、乡村、山水的同一性中去辨别出它们的差异性，写出每一地域的个性，这样，众多的"美点"就可织成一匹祖国千姿百态的山水画卷，也可绣出大千世界的异域风貌。《魅力旧金山》就记述了作者旅游旧金山时所见的景象："好一番旖旎的山海风光！一边是蔚蓝色的大海，碧波荡漾，粼光闪烁，烟波浩渺，气势磅礴，水天一色，无边无涯。""一边是黛褐色山峦，巍峨挺拔，苍劲葱茏，高低起伏，连绵不断，似静似动，亦雄亦秀。"而那"临街而立一排排、一片片精致、华美的小楼房，清一色的三层建筑，维多利亚风格，红瓦粉墙，拱形门窗，黑漆栏杆，在花团锦簇，绿色草合围中顺着地势，""向山脚延伸"，"爬上山腰，形成一道独特靓丽的风景"，这里海美、山秀，精致典雅的楼房，鳞次栉比；这里"同性恋"者的相恋、同居，游行"匪夷所思"。它既表现了旧金山的繁华、美丽、清新，是一座"最适合居住的城市"，也揭示了资本主义世界中最发达的美国社会隐伏着异端、堕落的现象。而《别样风光华盛顿》首先展现的是"国家广场""集秀丽与典雅于一身，融水木清华与雄伟壮观于一体"。既有"像一柄硕大无比、锋芒锐利的方尖宝剑"，"高耸入云的华盛顿纪念碑"，又有"古朴典雅，美观大方"，"庄严肃穆，威武雄壮"的"林肯纪念堂"。它们是光辉的典范，历史的见证。真是美妙绝伦，风光无限！是权威的象征，又是"皇城"的尊严。到了乾州古城，那"四面环山，吞流衔水，云遮雾绕，苍翠欲滴……雄伟壮观的城门，纵横交错的衢巷，古香古色的民居，厚重深邃的庙宇，飞檐翘脊的亭阁……一股古朴、醇厚、浓烈的民族之风扑面而来"。寥寥几句，就把一座古城写得灵动鲜活。山野古城，是湘西乾州的特征；"民族之风"，是乾州的精当概括。而旧金山是"雅"，华盛顿是"肃"。同样是城，旧金山、华盛顿、乾州各不相同，各有特质，只有写出了这种差异性，才能显示地域的特点，给游记增添真实感和美感。

刘克邦游记散文的知识性，就是将与此景相关的知识融入其中，让人既欣赏了自然之美感，又获得了知识之广博。无论是涉古论今，将名胜古迹进行详细介绍，还是引诗用典，突出旅游风物的特征；无论是神话传说，给山川景物涂上迷人的色彩，还是数字介绍，用文字数码折射山川风物历史的印记和车辙，或浓或淡，或明或暗，给读者更多的艺术营养；或山河依旧，或万象更新，都能呈现出知识的智慧。《夏威夷的游子情怀》开始描绘夏威夷是"海洋明珠""火山之城"，接着就是知识介绍：夏威夷"位于太平洋中部，距美国大陆近4000公里，由8个大岛和124个小岛组成"，"公元 4 世纪左右，一批波利尼西亚人乘独木舟破浪而至，在此定居"，"起名'夏威夷'，意为原始之家。最早发现夏威夷群岛是西班牙人胡安·盖塔诺。1778 年，英国航海家詹姆斯·库克船长登上夏威夷群岛，从而使夏威夷为世人所知。1795 年，卡米哈米哈酋长征服了其他部落，建立夏威夷王国。19 世纪 80 年代，美国白人农场主控制了夏威夷"，"1898 年，美国人通过玩弄政治伎俩和花招，吞并了夏威夷。1959 年，正式成为美国第 50 个州。"这不单是一篇极富情趣的游记，而且是世界上自有夏威夷以来历史脉络的科学文献；不仅有如今"日入人数近百万人"的众多风景名胜，还把美国"侵占""掠夺"的"道貌岸然"跃然纸上。而《费城的钟声》既是"著名的《独立宣言》和《美国宪法》诞生之地"，又有在自由"钟面上刻着《圣经》上的名言'向世界所有的人们宣告自由'"。这是"费城的象征，更是美国自由精神的象征"，全文引经用典，意境开阔，充满了智慧的情感。到了《德夯小溪》就蒙上一层神奇的色彩："这条溪叫九龙溪，传说在很久很久以前，在峡谷尽头的深山老林中，有妍姿艳质如花似玉的青龙姐妹九个"，"深居大山"，"耐不住寂寞，偷偷来到悬崖顶上"，"被眼前的峡谷壮景所吸引"，"一不小心，竟从悬崖边跌落下去，化为一帘白练，银光闪烁，飞泻直下，在谷底冲刷出来一口深潭"。这富有神奇色彩的传说，既给作品增添了诗情画意，又给读者广博了见闻，增添了知识。

刘克邦游记散文的审美性，就是作家主观的思想情感和客观的风物融合而产生的审美感受与情感体验。同是一座山，同是一条河，由于作家的生活经历、艺术修养、个性特征不同，对待事物的具体态度—观念、感受、注意、侧重、选择、联想就不同；或憎，或爱；或忧，或喜，在审美过程中的情感反应就不同。有的重在风物本身的描摹，有的注意风物与周围环境的联系，有的发掘风物中的审美思辨与精神升华。"西域感怀"中有两篇游记《西海岸的"骆驼刺"》与《"天堂"与"地狱"》，都是写美国都市美景，作者表现的审美情趣却迥然不同。前者洛杉矶是"红的红得奔放，绿的绿得清秀，艳的艳得浓烈，素的素得淡雅，分不清哪是闹市，哪是郊野，哪是庭院，哪是花园，其秀丽，其神韵，叹为观止，美不胜收"。美艳、繁华、文明，是作者面对洛杉矶的审美感受。后者一边是"巍峨挺拔的摩天大楼"，一边是古香古色的"古典建筑"；一边垂青宗教信仰，一边醉心金钱财富；一边是"天堂"，一边是"地狱"。错落、富裕、赤贫，是刘克邦对华尔街的审美感受。前者是深沉、绵密、旷达、洒脱；后者是闲适、行乐、奔放、迷茫。表现了一种美不胜收与多元并存的不同美感。而五光十色的自然风光的情感体验，更是一种审美思辨的张力和精神境界的升华。《德夯小溪》那"伫立桥头，眼观溪底……枯水季节，溪里的水量不大，水流平缓，有些地方已见溪底，大的、小的鹅卵石历历在目，成块、成片的岩层裸露出来，停留在深水处，流动在浅滩上的溪水虽然较前少了许多涌动奔腾、震天动地的气势，但依然动静自如，急缓有度，从容不迫，悠然自得，轻盈舒展，光彩亮丽，呈现出一种'宠辱不惊，闲看庭前花开花落；去留无意，漫随天外云卷云舒'的气度和境界。溪水如此，人何勿能呢？"这是一种思辨的境界，由溪水想到人生，是一种有灵魂的浸润，澡洗人生的清澈、大气。于自然景色的美丽之中，升华出一种精神境界的美景。不同的景致给予作家审美感受是不同的，也就产生了不同的游记散文，并以其绚丽的色彩丰富着游记散文的审美特质。

四、质朴艺术的文体特征

刘克邦散文简洁明快，质朴清新，既没有小说那样引人入胜的故事情节，也不像诗歌那样奏出动人的韵调节律；它记录零琐见闻，写下点滴感思；构思不拘一格，行文信笔而书。一切显得那么自然、那么凝练、那么淡雅。"因为朴素就是美。"

刘克邦散文描景咏物，绘声绘色。散文的描写，既是"主观的"，又是"机智的"。从主观出发，融合着浓厚的感情色彩；其篇幅短小，必须余情无限、韵味无穷。不论作者在写景，还是在状物，都要将自己的情绪、趣味"投身到上面去"，从而把事物写真、写活，写出滋味和情韵。在《车祸现场》中，作者开始写林、写村、写山水美景，既是写湘西的山清水秀，又是衬托作者的愉悦心情；接着写乌云、写大雨、写"猝不及防"，写"淋个通透"，是暗示车祸的发生，批评挂警牌车上的人见死不救……所有这一切的描写，都在渲染着作者的个性和感情色彩，从而把事物写得形神兼备，气氛逼人。到了《圣地亚哥的航母》中，作者的描写完全是另一番景象："天空，寥朗明媚，一尘不染；丘陵，连绵起伏，绿色葱葱；公路，星罗棋布，车流如织；房屋，错落有致，别具风格"，"这里交通便利，气候温和，环境优美，景色迷人"，"处处绿树环抱，鲜花盛开，青草遍地，松鼠跳跃，鸟鸣虫吟"，"这一切的一切，是那么清明澈亮、秀美绮丽，让人看一眼，心都要醉了！"这完全是一幅优美沉醉的画面。壮丽山河，绘声绘色；风景如画，幽雅和谐；心旷神怡，妙趣横生；鲜活灵动，意味隽永。简直把景与人写得出神入化，美不胜收，真是一句之景，一字之情，往往境界全出，情韵斐然。

刘克邦散文哲思隽永，灵动致远。优美的散文、精粹的游记、哲理的小品，都应用"沉着的心思"，在"平凡事物中找出无数的暗示"，把许许多多"直接和间接的知识"，加工成独特的思想灵光，升华为美的真谛，产生出新的滋味，从而赋予作品哲理的光芒，思想的火花。在《"天堂"与"地狱"》中，作者以辩证的笔触写道："在这个世界，有些东西，对与错，是与非，一时间难以说清；有些事情，美与丑，善与恶，变化转换在一念之间；有些地方，阳光与黑暗，'天堂'与'地狱'，仅有一指之隔……

暴力、恐怖和凶杀，是社会的浊流，人类的公敌，理所当然要受到强烈谴责与严厉制裁，但唯我独尊、自以为是，实施强权政治，推行霸道主义，欺侮和打压弱小，制造仇恨和矛盾，就没有一点责任？"这里作者通过描绘纽约的"魅力和神奇""新鲜和刺激"之后，运用联想与诗意的笔触来营造一种哲理的意境，含蓄地表现了作者的深沉思索和真切感悟，也给读者带来了思想的启迪和美的享受，达到一种言有尽而意无穷的境界。而《写材料的苦与乐》则通过作者从写材料中得出"宝剑锋从磨砺出，梅花香自苦寒来"，也在营造一种意境，升华为一种美感中，分析了事物发展的内在规律与社会变革的潜在动力，揭示出人生的真谛和生活的本质。

　　刘克邦散文的语言简练、畅达、朴素、优美，既自然亲切，又耐人品读。好的散文语言，都应娓娓而谈，清亮活泼；自然朴实，不加雕饰。在词语的选用、安排上，在句式的配置、变化上，都应恰如其分，浑然无迹，达到删一句则不可，增一字亦嫌赘的境界。只有这样，才能使散文如啜香茗，余香满口；如饮陈酿，回味无穷。读《风景，就在你的眼前》就有这种美轮美奂的感觉。德夯的山："山峰耸立，壁立千仞，怪石嶙峋，树木葱茏"；德夯的洼："杨柳依依，稻禾青青，木楼连连，小径悠悠，炊烟袅袅，锣鼓声声"；德夯的溪："蜿蜒曲折，清澈见底，汩汩流淌，微波荡漾"；德夯的楼："一间搭一间，一户挨一户，一片连一片的木板房、青瓦、板壁、飞檐、挑梁、花窗、雕栏，精巧别致，温馨素净"。在这四段景物描写里，都以并列排比的句子加以表现，选用的形容词汇也绚丽华美，节奏抑扬。既有曲折尽意之精微，又有优美多姿之韵味。简洁有力而又自然流畅。即使描写域外美丽风光，也字字珠玑，独具匠心。《魅力旧金山》中的旧金山"宛如一幅天公巧绘精美绝伦的水彩画"，《万里长空览北美》的美国山川地貌几乎都是"难得一见的天下奇景"等，都是作者采用相似的复句，咏物的笔调，排列组合在一起，营造一种绮丽、壮观、美妙的抒情画面，使人无不为那人间"天堂"的奇迹而陶醉、而感慨！

五、审美风格的个性色彩

刘克邦的散文,既有月白风清的素雅,又有荒荒油云莽苍;既有碧海掣鲸的雄奇,又有春笋萌土的秀丽。它能激起我们崇高、愉悦、惊奇、舒畅的不同感受。这种现象就是散文风格的表现。它既是散文家的创作见解在作品的思想、题材、构思、技巧、语言等方面显示出来的独特的个性和艺术特色,又是散文家内在的思想感情透过文字的表达而构成的一种属于自己的特殊的格调。

刘克邦散文风格的质朴性。质朴单纯,自然真切,既是不经意而为之,又不含不尽之意于言外;自由灵动,率真坦荡,既是艺术感觉和虔诚精神,淋漓尽致的抒发,又是对真的渴望,对善的憧憬,对美的追求。它是用心灵来表现自己最真切的情感,表达一种惬意的人生感悟,使人能够体察一份坦诚的情怀,感悟一段真的人生,领略到一片美的风景,从而去陶冶性格,提升趣味。这就是散文家的精神个性,是散文家发出的与众不同的"自己的声音",也是散文家的"自我"和"真"的体验。《罗盘的主人》以一个罗盘为线索,先写两个小伙伴友情的缘由,后面逐次展开罗盘和歌纸的交换、丢失罗盘的争斗、伙伴水中冒死相救却挽不回友情的心理微妙,找到罗盘却找不到伙伴的感情失落、"文革"中罗盘被造反派抢走,一直到最后再次失而复得,想交还伙伴时伙伴却已逝去。这是"一个极其普通、平凡的山里孩子",却"如那高山,从容挺拔;似这溪水,清澈见底"。质朴而敏感,善良而温馨。《飘香的鱼汤》中妻子亲手做的一碗普普通通的鱼汤,却让作者深切体会到:"我的生活,因为有了她,就像眼前这碗热气腾腾的鱼汤,可口味美,极富营养价值,补身、补脑、补心,还补精神!"既把妻子的关心、体贴,生动形象地表现了出来,又在流淌朴素清丽、沁人心脾的生活细流中，感受到家庭的温馨，人性的芬芳。在《遭受冤屈的故事》《放飞希望》这些散文里，没有磅礴峥嵘的气象，没有恢宏浩繁的叙事，没有五彩绚烂的铺陈，那生活的艰辛、社会的纷繁、自然的博大等，都在淡淡地道来，慢慢地述说，绝少雕饰，就像"清水出芙蓉"般的素雅、纯净，在清泉似的透明、简洁与亮丽中表现了出来。正如德莱塞说的："真实是人生的命脉，是一切价值的根基。"刘克邦的散文风格，就在质朴中现深情，常态中现奇崛；细微中现粗犷，平凡中现伟大。从而给人一种质朴清新的感觉，一种热烈恳挚的魅力；一种平淡冲和的境界，一种深邃隽永的思想。因此，他是"用自己的眼睛看别人见过的东西，在别人司空见惯的东西上能够发现出美来"。他就是用这种朴素的文字传达着自己对人生的深刻而独特的理解。

刘克邦散文风格的时代性。鲁迅说："风格和情绪，倾向之类，不但因人而异，而且因事而异，因时而异。"既要传达出时代脉搏的跳动，又反映出时代生活的风貌；既跟当时思想领域发展情况有密切联系，又跟文学自身发展规律唇齿相依。"驶入雅安村，县道、乡道、村道、柏油路、水泥路，一条接一条，一段接一段，四通八达，连绵起伏，平坦整洁，清新亮爽，一直蜿蜒到村村户户、家家门口。"《再进雅安村》以奇警的语调，展现了新农村的现代发展。那"一排排鳞次栉比高耸入云具有现代气息的商业楼、居民楼、写字楼""绚丽多彩、富丽堂皇"。"坚韧虬曲的枳木、婀娜柔情的杜鹃、刚烈艳丽的月季……肆意地吐放出一朵朵或大或小或素或艳热烈奔放耀眼夺目红的、黄的、白的花儿来，令人驻足观奇，目不暇接，心旷神怡，如痴如醉。"《芙蓉路上的邂逅》以娓娓动听的叙述，描绘出现代都市的繁花似锦。不论写农村的日新月异，还是描绘都市的花团锦簇，都是热情奔泻，直率坦白，充分显露着时代的进步与中国的美丽。特别是《矮寨天路》那"宛若一条横空出世、威风凛凛的锁链，牵着连绵起伏的群峰，拴住千沟万壑的峡谷，将一切自然的意识的妖魔鬼怪歪风邪气统统锁入地层深处，为黎民百姓创建一个和谐、安宁的家园；它又像一道五彩缤纷、永不消逝的彩虹，挡住风霜雨雪的侵袭，驱散天昏地暗的阴霾……"时代的进步，科技的发展，让天堑变通途。既显露了科技的力量，也展示了人文的关怀。作者接着写道：它"将所有显形的隐性的洪水猛兽天灾人祸彻底消灭于萌生之中，让千家万户丰衣足食、平安快乐"。这里表现出的仁爱与关怀，不单单是身边的亲人、古镇里的乡土人家，更有一种心忧天下、憨直善良的大爱。这同样是时代赋予他内在的特质，一颗纯粹的初心，也是时代精神给散文家个性气质烙下深深的印痕。

刘克邦散文风格的多样性。风格的多样性来源于生活的多样性。散文作品是现实生活在散文家头脑中反映的产物。生活是绚丽多姿的，"即使一滴露珠，映照在太阳光里，也呈现无限多样的色彩"。如同"一棵树的叶子，看上去是大体相同的，但仔细一看，每片叶子都有不同，有共性，也有个性"。性情面目，人人各具。不论是《金色的礼物》，还是《清晨的感动》；不论是《自然抵达》，还是《心有彼岸》等，都具有质朴、浑厚、素醇的散文特质，体现了我们民族"豪华落尽见真淳"的风格。具体而言，在西域感怀、心灵标杆系列，更多的是铺张扬厉、淋漓尽致、气度恢宏的风格；在怀揣温馨、真情咏叹系列，则是泼墨如雨、铺彩擒文、反复渲染的风格。而在《古城莲荷》中，则把睡莲与荷花的区别，描绘得惟妙惟肖，个性鲜明。那睡莲，"很不起眼，但生命力极强，东一堆、西一堆地抱着一团，顽强地支撑着身躯浮出水面，吸吮着新鲜空气，享受阳光的照耀，开出几朵或红或紫令人喜也令人爱的小莲花来"；那荷花，"满池的水芙蓉，一株株张着蒲扇宽、水灵灵、绿莹莹的荷叶，密密匝匝，层层叠叠，把个水面遮掩得严严实实，不见其真身；在荷叶的衬护下，一支支碗口大、活鲜鲜、红艳艳的荷花，分别借助于一根根粗的、细的、长的、短的荷梗的力量，高高地探出头来，或一枝独秀，或成双作对，或牵小扶大，或前呼后拥……它们是世界上最美的、最棒的、最具魅力和生命力的荷花！"作者把睡莲与荷花对照起来写：前者灵动清新、安然静好、小家碧玉，体现生命的沉静从容，内敛含蓄；后者鲜活大气、热烈忘情、大家闺秀，彰显生活的多姿多彩，热烈骄傲。在这里，睡莲与荷花就是一个个鲜活的生命，赋予它们以人不同的情感特征或温柔或热烈，煞是惹人喜爱，连同那一池清水，整个描写就像一幅意蕴极美而又各具特色的风景画，引人入胜。从而形成了作品风格的多样性。

第十七章

周伟"新乡土散文"创作论：
大地的静美与故乡的疼痛

周伟的"新乡土散文"很美，散发着一股股淡雅的泥土芬芳；很新，像刮来一缕缕清凉的雨露新风；很涩，流淌着一阵阵乡野的悲悯情怀；很奇，使用了一套套精致的创作技法。他的《乡村书》《乡间词韵》《乡村女人的风景》《看见的日子》等散文集，既有自然的美丽与氤氲，又有乡村的颓败与苍凉；既有大地的神奇与礼赞，又有乡愁的牵挂与远逝；既有生命的宁静与美好，又有人生的无奈与悲怆。它是一幅动人而优美的乡村画卷，是一曲醇厚而善良的生命赞歌。

一、泥土的芬芳与生命的宁静

周伟的散文充满着泥土的清香，流动着潺潺的溪水；蕴藏着风物的韵味，活动着善良的村民。作者用饱蘸感情的笔触描绘出的这种自然山水的神奇美丽，乡村社会的风物习俗，底层民众的酸甜苦辣，都呈现出了大地的静穆与浩瀚，恢宏与神圣；乡村的明艳与丰饶，温暖与美好。

　　自然景物描写仪态万千，峥嵘奇特。乡村自然界中许许多多的客体对象，诸如日月星辰，风霜雨雪，河流山川，花草树木，飞鸟鱼虫等，在周伟的笔下，都能做到摹山有山的风采，写水有水的神韵，绘花有花的姿态，描竹有竹的气节，并把常态的自然景物描绘得形象逼真而又生动感人。这不仅需要描摹景物表象的功夫，更要学会悟出绘景写物之道，欧阳修在《六一诗话》里引梅尧臣语："状难写之景，如在目前；含不尽之意，见于言外。"① 从而多侧面地展现出自然景物的美的色彩与境界。《一闪念一辈子》中"小溪那样弯弯曲曲穿越于山川田野"，纵横交错、深壑萦纡村寨屋场。最后"流成河，汇成海，变成浪。"作者用"兴奋""径直""跳跃"写出潺潺溪水"不停不息地走"。又写出水的各种形态声貌：时而"蹦蹦跳跳"，时而"结伴而行"，时而"清澈见底"，时而"一路欢歌"，描写得绘声绘色而又余味无穷。接着，笔锋一转："一夜之间，风吹草动，吐绿绽翠，鲜花盛开，万物新生"；"秋天的风谱写了我们大地丰收的诗篇"，"披上一地灿灿的金黄"；"没有风，大地上的山川、河流、树木、花朵……一切皆没有生气"。作者概括风的三个特征后，以"新生""金黄""活力"作比喻，以"温柔体贴""坚韧强悍""烦躁溽热""沉寂"和"无望"来形容风的声势情态，令人有身临其境之感。在对风的大段描写中，不仅写出了风的变化——威力无比，雄伟壮观，怪异和奇特。而且把它拟人化——"清风迎日出，青山拥云动；垂柳沐晓风，绿水映月明"。风成了"生命的氧料"。而在《风沙痕》中，看似写风，实则以风比喻人的生存与成长，托景言志，借物抒情。作者把故乡的小溪与风描绘得淋漓尽致，别出心裁，都是在以景寓意，既抒发对故乡的感慨，又有对人生的赞美，从而增添了作品的美感与韵味。

　　无论《瞅天》对"天哦，透蓝透蓝的；云哦，嫩白嫩白的"描写，还

---

　　①　欧阳修：《六一诗话》，见李逸安点校：《欧阳修全集》，中华书局 2001 年版，第1952 页。

是《大地之光》对"下雪了。纷纷扬扬，天地雪亮，地上厚厚地铺了一床雪白的棉絮，无边无际"的刻画，都注重景与情的关系。在作者笔下，天空，仪态万千，生机勃勃；天穹如海，万里晴空。大地，千姿百态，奇构异形，峰峦叠嶂，峥嵘奇特。作者将静穆的天地万物写得奔腾飞动，神态逼真，尤其将天地拟人化，写出人们从瞅天就能知道"浸谷种""莳禾""放水""扬粉"，写出大地映着霞光如同含着彩霞饮着阳光似的，使那些本来没有生命的天地都富有了个性、感情和生命。描写下雪的天寒地冻、万里雪飘，"看不见阡陌田野，看不见山川河流，看不见草垛房屋，也看不见进山的路"。到处是白皑皑、野茫茫，山似玉簪，林似银妆。特别是雪夜的月光，大地与天空连成一片，明月辉映，把大地浆洗得干净清爽，染得晶莹透亮。"谁可风雪与共？谁可苦寒同歌？"就展开了一幅耀人的风雪壮行图画。内情与外景相融合、真情与画面相交织，就成为了蕴含作者主观情愫的艺术胜境。

风物习俗刻画精致温润，风姿独具。周伟对故乡民俗民风的展现，既有江南小桥流水人家的清秀，又有西部大漠戈壁的苍茫；既有塞北草原一望无垠的广阔，又有胶东半岛如诗如画的仙境。他散文中的风物描述质朴中有精细，粗犷中有细腻，灵动中有曼妙，氤氲着作者的创设意境，物意相融，韵味绵长；风由意创，引人入胜。从而把他故乡那独有的生活习俗、独有的风土人情、独有的文化内蕴鲜活而细致地刻画出来，使他的散文浸润着他家乡湘西南风物的灵气和泥土的芬芳。像《杉溏物志》就分别由《鱼殇》《鸡怜》《狗欢》《猪怨》《牛魂》构成。这些乡村常见的动物，本身就构筑一个农耕时代的生活画面。牛（《牛魂》）是庄稼人的宝。它"吃的是草，干的是活"，"在生，舍得出力，地里才长粮食；死了，又献出了身，竟做得好菜"。牛真是"庄稼人的命，庄稼人的神！"即使随着现代文明浪潮的冲击，乡村有了"突突突"的铁牛，许多人就要"卖牛"。一辈子"对牛像服侍儿子一样"，"喜欢牛身上的臊味，牛屎的臭味"的九根爷，就"一家一家去劝：'莫卖牛'"，结果还是把牛卖了。为此，他不仅"丢了魂"，还悲壮地"去了"。旺宝送走父亲的第二天，又买回"一头小牛"。"牛"是九根爷的"魂"，也是农耕时代的"魂"，"魂"被"出卖了又被买了回来。"其深邃的寓意，就是作者对故乡千古风物的形象展示。而《山坡上的云朵》中的羊，更是别具一格。"山坡上，满坡满坡的羊，如朵朵的白云时聚时散，奔跑着，追逐着。我躺在青青的草地上，厚厚的，绵软软毛茸茸的，像层层的地毯。我仰面看天，好个蓝盈盈的天！四周，遍地是羊，是花，是草，是和风，是阳光，是温馨。我不能不想到一个字——美！"这里没有现代文明的气息，也没有新潮时尚的喧嚣，却在放羊的忙碌中，在广袤的乡村里，展现了一种风物习俗，一种人生理想。

　　而《阳光下的味道》《风垛口的老屋》《一地阳光雨露》《春风桃花土酒》《乡村土味》等对乡村风物的诗意呈现，也像"大地上一颗颗晶亮透明的珍珠，迸发出耀眼而纯色的光芒，日出月白，让大地回春，四季生香"。[①]晚奶奶（《像大地一样》）蹲在井边用稻草擦洗萝卜青菜："萝卜一个个，敦敦实实，圆滑饱满，白嘟嘟，胖乎乎"，"萝卜青菜是个宝，谷草用起来就是好"。就呈现出一幅静溢、平和的画面，祥和、温馨的气氛。接着又借晚奶奶之口说萝卜的味："口渴了，随手在地里拔一个新鲜萝卜，生吃犹梨，甘甜爽口，百吃不厌"；说萝卜营养："十月萝卜小人参"；大年夜的萝卜："酥烂鲜香"，"溢香扑鼻"。读来真是甜脆可口，营养丰富，让人感受这块乡土的洁净与纯美，暖心与温润。最后升华为"祖祖辈辈是吃着萝卜青菜长大的，做人做事，要清清白白，实实在在……走得再远都要记得回来"。既简单朴素，又意味深长；既万物有灵，又情理交融。《板栗的滋味》也展现出这个地方独有的习俗。偷摘的板栗，虽像珍珠玛瑙一般，但"板栗的刺球扎痛了手，流着血；板栗的壳松不脱，让人急；越急越是容易

---

　　①　谭旭东：《乡土命运的真诚书写——论周伟的散文创作》，《创作与评论》2016年第10期（上半月刊）。

扎着手，越急越是脱不了壳，难得进口"，完全是一种顽皮、贪吃、率真、随性，活脱脱地写出一种浓浓的乡风童趣。几年后，再到大山承包的板栗林时，一竿子打下去，落了一地。第一次尝到了板栗那种"肉质松脆、鲜嫩爽口、味道清甜，唇齿间香味久久不散"的味道。真让人如醉如痴，暖彻心扉；清香甘甜，口舌生津。到了"摸着那些颗粒一般大的油浸浸的板栗"，就让人舌根底下都是甜的，唇齿间都弥漫着香味，便成了永恒的记忆。无论是萝卜的嫩白还是板栗的生鲜，都是作者从故乡所展示出来的一种滋味，也是那块大地所独有的风物人情，正是由于萝卜的软和暖融合了板栗的有滋有味，才组成了故乡的清甜与甘香的美味。

人物形象塑造传神写照，形神兼备。散文写人一般是熟知的人或作者本人。这就决定了散文写人不能任意虚构，不但要把熟人写得像熟人，还要把自己写得像自己。要活脱脱地写出社会生活中真实的"这一个"人，对其外貌、行动、性格及内心活动等的描写，应该符合本人的个性特征，使其"面目精神，跳跃纸上，勃勃欲生"。[①]周伟乡土散文大都是抒写自己的至爱亲人。这其中包括写奶奶、写父母、写叔伯、写姨婶、写兄长姐妹等。由于血缘或亲情关系，他的散文总能真情无限，挥洒自如。因此，尽管他写的是亲人，表现的却是农民的质朴、豁达与忧思，再现了当代农村新型的人际关系与崭新的精神面貌；揭示的是农民的淳厚、善良与崇高，讴歌了中国农村母性精神的伟大与人伦观念的美好。奶奶在《大地之光》《大地清明》《开枝散叶》《念好》《怀沙》《迎春花》中，都是一个圣母的形象。她命苦、坎坷、纯净，弥漫着一种淡淡的忧伤，流淌着一片动人的风景；她顽强、静穆、乐观，似一泓清澈的泉水，又像一棵开枝散叶的大树。她14岁就给50多岁的老地主做丫鬟、做填房，又被老地主卖到高沙；再被小资本家娶做小妾，因解放小资本家闻风自尽，又只能提个木

---

① 王景科：《中国散文创作艺术论》，山东教育出版社1999年版，第140页。

箱子走人；后来嫁给在镇上教书的爷爷，爷爷早逝她守了整整三十年。她"挨过饿吃过苦批斗过遭过罪"。但她从不丧失信心，总是重情重义，乐善好施，扶危济困。村里大事小事，她"都爱横插一竿子"，主持正义；"四哥"并不是"亲孙子"，她把红书包里"四哥"的来信读得"信纸皱烂"；奶奶把我们一个个"捧在手里，暖在心里，含在嘴里"，给我喂饭一顿"热过十二次"；"在善塘院子，老老少少的人都一律喊奶奶"；她"出殡那天，全村人都送她上路"。奶奶有一颗浪漫而高贵、崇高而圣洁的灵魂。草生叔（《草生》）永远有一颗"童心"，他没有孩子，却最喜欢孩子。智慧、仁义、热心、淡泊名利。他对生活"不怨不憎，不恨不怒，不争不斗，随圆就方"。当他像"枯黄的草叶飘落在大地上"的时候，乡里乡亲都把他当亲人一样安排后事。全村人犹如生活在一个"仁爱"的大家庭中，让人感受到乡俗、乡情、亲情的可贵与凝聚力。

　　作者的自身表述、内心剖析或情感宣泄，有酣畅淋漓的心灵表白，也有细致入微的生活感兴；有对未来充满希望的憧憬，也有满怀挚情的个人主观抒写。在《碎一地》中"我"做临时工干的活比同事"多出一倍"，正式工的工资却是"我的两倍"；单位风气不正，我"心里添堵"，领导却视"我"为"多余的人"；"我"成果丰硕，想调县文联"专业对口"，可一等就是八年。那一批又一批都解决了，"我"却等"老了"。后来，我这个搞创作的却做了"新闻中心主任"，而让搞新闻的做了"县文联主席"。已到中年的我，虽然体会到了许多，却只能"用沉默击碎一切世俗与不公"。这种心灵剖析与生活感兴，自我主观的真实展现，就是他独具一格的写人方式。而《像大地一样》"我"散步于春日乡间，看到"丁生叔先是出门看，折回来，舀一勺水，擦了一把脸"，"提起一柄铁锄，一双大脚啪叭啪叭"活脱脱掠过我的视线，独剩一个单薄的背影。作者以自己心灵的触角深入乡村生活的每一个角落，对乡村人物，他用心去关照与探询，用情去刻画与塑造，让人感到格外真实、素朴与亲切，也感到特别生动、形象与氤氲。在《走不出土语之乡》《风垛口的老屋》《乙酉清明还乡见闻》中，作者更是在向读者倾吐着内心的真话，抒发着自己肺腑的真情，探索着社会生活的真理，寻求着人生价值的真谛，关注着人类命运的前途，以及他对世界的审视，对社会的思考，对人生的慨叹，对生命的关注，都是他的个性与思想在艺术上的物化。

二、乡村的殇痛与乡愁的远逝

周伟的散文实录了乡村的殇痛，记叙了村人的苍凉，再现了村镇的衰落，写出了乡愁的远逝。作者以伤感的笔触，描绘出了神州大地随着经济的高速发展，市场的强力冲击，原汁原味的乡村正在逝去。都市生活已经强占了生存空间，占据了心灵的天地。农村美好的人际关系开始逐渐变异，农民纯真的心灵世界逐渐扭曲。真是惋叹而忧虑，苦涩而迷蒙。

描绘乡村的颓败，寄予作者一腔悲悯忧郁的情怀。乡村的颓变与衰落，是中国农村现代化过程必然要经历的阵痛。资本主义现代性的全球扩张所带来的古今之变，对中国农村造成的冲击和挑战是不言而喻的，也与中国经济社会的转型密切相关。作者把对乡村的现状和生活的思考与批判融进散文的生动描述之中，就使严肃的理性与生动的感性得到精准的融合与再现。《从前的美丽》《春风桃花土酒》《枯草上的盐》《碎一地》中，都有作者内心的彷徨，淡淡的忧伤与失落。不仅家乡那肥沃的田园已经荒芜、长草，"看不见油菜一畦一畦地绿着"，也看不见桃树枝丫花苞发芽。只有秋收后散乱的草把烂在田里。"再肥的田"，"也懒得去耕作了"。虽然"没田赋了"，田却"不像田了"。那浩瀚的田野，没有了春的气息，也没有了麦浪稻浪的飘香。田垄间到处起的是屋，"一栋比一栋高大气派，一栋比一栋装饰豪华"。"很多屋都是起在肥沃的水田上。"它们"站在水田中央，如浮萍一般。这儿一座楼房，那儿一座楼房，一夜之间，高高低低，蘑菇丛生。一栋朝南，一栋朝北，一栋偏西，一栋正东，完全没章法，完全不顾脸面"，也"没有一个心痛的"。还有那小溪，"像生了一场大病，它再无一路欢快歌唱的声音了。小溪中到处是废弃的塑料袋、包装纸、烂皮鞋、剩菜剩饭，溪水也变了颜色，浑黄浑黄。水面上还浮着死鸡死鸭"。此景此情，在变革时代的大背景下，该漠视，还是该接纳，值得深入思考。盐沙沙地落在枯草上，草，承载着耕耘者的"失落"，那我们心中的百般情愫又该如何安放？显然，作者是带着苦涩来抒写这一切的，因为他对自己的乡土爱得太深，有刺骨的疼痛与创伤，有泪光的晶莹与迷茫。

是的，乡村的人都走完了。"一个两个不声不响地走了，走了再回来，又带走三个、五个……一批批地走了，大多的乡下人都离开了自己的'狗窝'"，不是"无人在家"，就是"门上一把锁"，"留下来的都是些'老弱病残'"。如今的乡村，就是死人出殡，抬柩的人都找不到了。留下来的人都"或窝在楼上，或看电视上隐，或围一圈儿打牌起劲儿"，甚至还成了地下六合彩疯魔之地，作者在《冒号（：）》中就描绘了这样一幅场景：一个仅几十户人家的村庄竟然有三个销售地下六合彩的据点。从前农民一大早就到田里劳作，如今天还没亮就开灯坐在床上研究各种码报。"做着什么看着什么想着什么，都是时时刻刻只顾买码，都会和码联系起来。"于是，他们"有工不做，有农不务，有闲不享，码来码去，最终希望落空，血本无归"。《乙酉清明还乡见闻》作者只是随意记下回乡见闻，对乡村变化的感触，就深深地表现了他对转型期农村的忧虑。"空巢"老人虽然老眼昏花，一片浑浊与茫然，却只能或没日没夜下地干活，或"盖了手印"检查孙辈的作业。留守儿童眼里时刻闪过一丝丝惊恐和黯然，失去了儿童的天真与蹦跳，很是懵懂和无助。对外界的陌生与敌意，也给人一种恐惧与可怕。

写出人生的苍凉，是对乡村卑微生命的同情。乡村散文既要写出"怜悯情怀、厄运中的相扶、困境中的相助、孤独中的理解、冷漠中的脉脉温馨和殷殷情爱"，又要透视出一种人生的苍凉，"这种苍凉是属于南方大地的：一种内在的静穆，一种朴实的光芒，一种沉重的忧伤"①。作者记录乡村变革、转型中的疼痛，"迁徙""嫁接"过程中的失落，正是对乡村灵魂的关爱，对苦难人生的悲悯情怀。《看见的日子》中那个瞎眼二婆婆无儿无女。当她真的走了，"当我们焚烧起二婆婆的遗物时，起风了，木火桶滋滋啵啵端端地在禾坪上烧了许久。烧完时，夕阳已经西下，一切皆静了，看时，唯见烟痕淡抹"，就含有一股淡淡的苍凉。《谁都想留住些什么》中那个把妻子让给别人的五伯，也是一种含泪的"潇洒"："原来五婶在未嫁之前就和本村一个后生青梅竹马，不久前那个人因车祸偏瘫在床上无人照料"。五伯就拱手让人。无不有一种人生的悲戚、苍凉之感。《乡村男人》中瘸叔与同村的四婶两情相悦，因为"穷"爱不到一块。瘸叔就去矿上打工，想挣回买彩礼的钱，结果却瘸了一条腿，有情人终难成眷属。但瘸叔不计前嫌，又在大雨倾盆，河水暴涨之际，"把四婶拖出了屋，又跳进屋了用力一把把楚子推出"，自己却被罩在坍塌的屋里面，永远地闭上眼睛。瘸叔的悲剧，既是贫困对他折磨的控诉，又有世界对他不公的呐喊；既有人生的苍凉，又有悲剧命运的凝重。

而人生的迷失与凄凉，更是一种生命现实的沉重、悲伤与忧惋。像大地上的蚂蚁，贱如草根；像屋檐下的倮虫，辛酸悲苦；像无根的浮萍，飘荡在城市的边缘；像失魄的游魂，丧失了人的尊严。《我们的生活清汤寡水》中卖菜女人在熙攘的人群里，静静地守着自己的一担菜，嘴里喃喃自语："如何是好，我的菜。"她是怕她的菜被太阳晒"蔫了黄了焦了"，而

---

① 张建安：《乡村人文理想——读周伟的散文》，《文艺报》2014 年 7 月 14 日。

卖不出个好价钱，焦急、心烦、意乱。因为这个女人好不容易拉扯大的子女好吃懒做，不停地向她伸手。一个老人倒成了家里生活来源的重要支柱。所以，你叫她如何能分心？也该叫她"如何是好呢？"真让人有一种说不出的愤懑、疼痛、担忧。《进城的女子》中的草玉十六岁就嫁给城里一个瘫痪的大龄青年，选择这种方式进城就选择了凋零。她不但与丈夫关系不好，"还惹了些风流事"。弟弟草根也来到城里，姐姐"要他回去种田，田土靠得住些"。弟弟则说"我死也要死在城里"。结果，他在城里"抢劫杀了人"，"执行了枪决"，果真死在了城里。而小吴、小妹进城打工，做了陪酒女，洗脚妹，虽然开了眼界，也赚了钱，但又不无忧郁地遭遇了色情的陷阱。十八岁的小吴成了四十四岁老板的女人，小妹虽"一脸灿烂"，却眼神幽怨……真实而悲怆，辛酸而哀怨。

描写乡愁的远逝，是对留住乡愁的期待。故乡的小河，故乡的炊烟，故乡的渔火，故乡的明月，都像一朵浪花，一只竹筒，一叶风帆，一个倒影。既有伤怀，又有冷漠；既有失落，又有迷离。在这样一个动态的环境中，它们随时都在变化，随时都可能失传或消失。作者留住了对乡村的记忆和认同，也就留住了文化的乡愁。高中毕业的凤娥姐（《大地静美》），在学校里接受了新思想、新观念，回乡当了团支部书记，因周秘书"新近死了老婆，拖着三个小孩子"，凤娥姐瞧着，就跑去照料。她的爹娘觉得女儿"一点不正经"，她的男人则"在大庭广众之下唾骂凤娥姐的不是，并大打出手"。后来，凤娥离了婚，嫁给周秘书，结果"满村子里嘀嘀咕咕，指桑骂槐，日子愈过愈难"。这就有一些无奈，更有一些对传统行为方式的缅怀。《花落酒中》那两个或一群如花似玉的乡村少女，来到城里的"四季花开"酒店打工，谁知，生活的颜色变了味，"花"落酒中，在酒中消融①，让人迷茫惆怅。于是，作者就漫不经心地写道："我还要告诉

① 谢璞：《我们的生活：文学的富矿——周伟和周伟散文的印象》，《文坛艺苑》2005年第1期。

她，桃花，还是乡下的桃花开得好看，开得实在，桃树生长迅速，低龄挂果，那是乡下的土壤好的缘故。"表达了作者对乡村从前美好人伦关系的向往与怀念。显然，这种念好、怀旧、亲情，无一不渗透着作者对乡村的一腔赤诚、真挚的情怀。《风垛口的老屋》对故园的依恋，星月流转，流年已远，老屋依然屹立于时代的风雪里，处变不惊，只是留下了沧桑，与自己照应。随着老屋老去的，不仅仅是青瓦、土墙，更有千般情节，即使老，也是根藏心间，如千年草木，葱郁自在轮回。这乡愁背后呈现的是乡村生命的原始魅力，也是作者对乡村淳朴的人情人性的认同与留念。

生活在前进，人心在变化。农民无时无刻不在有意无意地受到工业文明和商业文明的洗礼。兰婶早年丧母，青年时又被丈夫抛弃，她擦干眼泪，开了一家土特产公司，结果成了明星企业。农村姑娘乡月，一位乡下美少女，象征传统农业社会灵与肉的美，但她对城市一往情深，一提起城里"那眼就亮了，来神了"。五伯弄来了二十匹马力的抽水机让全大队开了眼界，廖哥带着黄土岭的人到海南闯天下。杉溏的人弄了一台耕整机，把田整得稀烂，院子里好些人家把牛卖了。得福老汉承包了村里的橘园和鱼塘，生意人蜂拥而来，得福手中有了一把一把的钞票。传统农业文明几千年没有让农民富起来，而这迅猛的商品经济大潮，却让农民惊喜。这种多元形态造成了迷离与莫衷一是。一方面农民希望喝上清澈的自来水，走上乡村水泥路和看上彩色电视；另一方面又有意无意地固守传统。前者像小大子书记时时处处在描绘他的宏伟蓝图：把猪养好，卖了，过上好日子，挺起腰板；后者"你""我""他"三个人物中的一个人，一句土语，一番记忆，一处风物，都是那么质朴、浑厚、天然、苍凉，弥漫着浓郁的乡间气息。显然，无论是"独在异乡为异客"的游子，还是"篷门今始为君开"的守望者，都从中找到了精神的家园。但周伟这种寻找与守望所导致的无根无依之感，可能就是人类进化过程中一种高层次的乡愁，也是一种文化上的乡愁。

三、联想的艺术与乡间的词韵

　　周伟乡土散文的艺术"素朴而干净，淡雅而灵动"；清新而明朗，华丽而机智。有土酒的芬芳，也有工笔的明快；有童话的迷幻，也有古典的空灵。那联想的跳跃出神入化，那辩证的技巧亦真亦幻，那语言的优美荷香四溢。从而使作者精心营构的艺术画卷、乡村世界，"具有永久的魅力"，经典的隽永。

　　运用联想技巧，构成了周伟散文绚丽多姿的艺术画面。联想是一种由此及彼的形象思维活动。它能将不同的表象联系起来，抹上感情的色彩，使之具象化，又以情感为各种意象的纽带，牵动诸点，缘情而发，境随情变，虚实结合。从而达到咫尺天涯，神游万里，形散而神不散，入乎情又合乎理的境界。《大地黄好》由故乡一地黄金的油菜花，联想到了张承志笔下，"随风散洒，遇土生根，落雨花开，安慰天下"；联想到北岛诗句，"在油菜花中，生命在烈烈地绽放／在油菜花中，人民默默地永生……"；联想到乡村唱起，"黄狗你看家，我在山中采红花。一朵红花采不了，双双媒人到我家"；联想到汉代董仲舒，"美不能黄，则四方不能往"；直至联想到，"大地黄好，人间沉香，天上仙境"。它一层一层地递进，一环一环地加深。怀抱黄土，眺望四方；浮想联翩，目眩神迷。构成了一个美艳古今的人间天堂。正是这种神奇的联想，深化了作品的主题，创造出了一个大地黄好的崭新意境。《内心的花朵》中，艳梅神似梅花，"梅花的美，美丽绝俗。梅花飘香，幽香久远。梅花的身影，总让我想起涅槃"。"叶片落尽，梅花绽放；烦恼叶落，涅槃花开。"艳梅与梅花之间神志、气质、情韵相似，具有"神似"的特征，歌颂了艳梅勤劳、能干、贤惠、坚毅的精神品质。而发了财的国锋却怕老婆蔷薇。作者联想《朱槿花赋》赞诗："朝霞映日殊未妍，珊瑚照水定非鲜。千叶芙蓉讵相似，百枝灯花复羞燃。"就是最美丽的四样东西，跟蔷薇花的艳丽相比，还是逊色得多。它看上去离题，却处处扣着蔷薇花。既开拓了作品的寓意，又增添了作品的美感。

而且，周伟散文的联想技巧形式多样，变幻莫测。有以一事物为中心，将不同空间或时间的事件有机而巧妙地进行组合，来丰富作品的内涵。猪（《清明的猪》）是农家的"宝贝""盼头""标杆"，"至高的牲灵"，由此联想到北宋"京畿民牟晖击登闻鼓，诉家奴失牡豚一，诏令赐千钱偿其值"。由农民的生存进入皇帝的视域，猪就"成为传统的图腾"。有反衬对比联想，表达作者肯定或否定的情感。鱼（《在路上行走的鱼》）在水里不知疲倦，不记苦累，永远快乐。因为"水好养鱼"。可家乡"广阔水域已不复存在"。于是，作者联想到《庄子》"子非鱼，焉知鱼之乐也？"《孟子》"数罟不入绔池，鱼鳖不可胜食也"。佛家有"敲破木鱼是人生"。《万物生》"我看见山鹰在寂寞两条鱼上飞……"，借助联想，作者忧虑鱼的生存环境的审美情趣，得到充分的体现。而推测联系，能更深入展示人的心理和向往。《屋檐下蠕动的小倮虫》由姨父儿子小锋好好坏坏，与媳妇离离结结，想到西汉《大戴礼记》"人为倮虫"，想到白居易《冬夜闻虫》："虫声冬思苦于秋，不解愁人闻亦愁。我是老翁听不畏，少年莫听白君头。"就把人带入一种美丽动人的艺术氛围中，意在言外，旨在画中，具有含蕴丰厚的艺术力。

采用辩证方法，提升了周伟散文诗画理趣的审美效果。无论是二律背反，亦真亦幻，还是以小见大，寓庄于谐，都需要浓醇的情绪，超越的智慧；清新的淡远，愤激的昂场。在谈天、说地、写景、忧物中，揭示出生活的本质和人生奥秘的真谛，在表现对生活的独特感受与独创见解中，使作品产生撼人心魄的艺术力，具有较高的文学性，在皴染上一层哲理的光环中，它如石火电光，将整个作品的意境烛照得通明透亮。《看见的日子》中瞎眼"二婆婆"与"孩子"的对话，就充盈着童话般迷幻、纯真、空灵，却又不像童话，而是在二律背反、灵巧多变中，给人亦真亦幻的感觉。看似平淡轻松，实则形象生动，蕴含着沉重的哲学问题。作品开头："眼睛瞎了，我就一点也看不见了吗？""眼睛睁开了，你就什么都看见了吗？"简洁精辟，蕴含丰富。于是，把日子比作小溪，写出生活的镇定、豁达、远虑、细水长流，平平安安；又把日子比作小鸟、女娃，就勾勒出一幅迷人的画面：山上开满鲜花，野草到处疯长，飞禽走兽唧唧喳喳，树是绿的，气息是甜的。但是，生活中难免有磕磕碰碰，浅创深痛，也不用忧愁，只要磨利生活中那把刀，"一刀砍下去，就砍死一个严冬"。还把日子比作走路，路的弯弯曲曲，老长老长，曲折且漫长。路上泥土飞扬，泥泞满路，冰雪地冻，路窄坡陡，坑坑洼洼，险象环生，只有坚持不懈，才会拥有充实、光辉的人生。这就从俗常的生活底层人物中发掘出潜藏在人性中的朴真美好与哲思智慧。而《人间草木》从"活着是高高的山，是长长的水，是开不败的花朵，是盛长的草木，是纯净的阳光，是清新的空气，是天上的白云，是地下的泥土，是和谐的世界"。这种"淡到若有若无，浅到清纯见底"的人生态度，正是作家汪曾祺一种从容的生存境界，一种睿智的人生光芒。

小中有大，大寓于小，大小相通，就是通过个别反映一般。《一个字的故乡》以简单的"等""怀""单""想""回"五个字，就表达出了一种人生的大境界。既有对留守故乡亲人的凄苦眷念，又有对游子的渴望与期盼；既有希望与理想的现实化，又有追求幸福的情感凸显；既有执着的守望让人荡气回肠，又有散文的意境得到极尽张扬；既有宽泛的审美空间，又有极大的情感内涵；既有精神流转或人生奋斗的方向和规律，又有消融一切，走向平衡，回归本源。它们都超越了一时一地、一人一事的个体书写，而透散着人类的大命运，人生的大情怀。《大地无乡》表面是对蚂蚁与蚕的哲学阐述，实际是对以小见大、由物及理的生命问题的深入思考："破茧成蝶，无疑是心灵的一处驿站，是生死轮回的一个美梦，是生命的一次复活，是人生的一种境界。"它表达了对理想的追求，也揭示了深刻的哲思："蚕能破茧成蝶，况且人乎？"就把"大地永无乡，心安是吾乡"提升到了人生的真境界、社会大舞台的思辨高度与哲理深度。可见，散文创作中，一般和个别、大和小不仅是一般的结合，而且是高度的统一。只有做到"以少胜多"，才能在作品的整体上达到"以小见大"的艺术效果。

精美洗练质朴，是周伟乡土散文的语言艺术。散文语言应具有绘画一般的"应物象形"、"随类附采"的表现力和造型力，能反映和创造出一幅幅五彩缤纷的喧腾激越的具体可感的艺术画面。有对客观事物平面的、静止的描写而呈现出来的耀人眼目的美；有因环境的差异而形成变体的地域的美；有简洁而淡雅，灵动而干净，清新自然而富于表现力的美。《大地清明》就描绘出一幅绚丽多彩的乡村图画："乡下的禾田"，"齐齐整整也好，累累垂垂也好，绿汪汪也好，黄澄澄也好，抑或是冬天的一片空旷也好，铺在乡村的任何一个地方，都是一幅乡村最美的图画，美得自然天成，美得无言、无缺。"这种灵动之态，洁雅之美，仿如稻香四溢，水滴轻溅如珠，云霞轻度如绸。无不显示出"山青水清，人勤水甜，大地清明"的人间仙境。这些文字，哪怕是一个字或者一组词，都是一些活蹦的生灵，在我们耳畔发出不同的声音。聆听它们的律动，感受它们的欢快，继而触摸灵魂深处细碎的搏动，都会让人感觉到岚雾晨风中心灵一片宁静，山涧清泉流露出来的曼妙与灵美，月光笼罩的清凉和舒畅。真是清风明月，自然天成。因此，无论《乡间的和弦》"晶莹的露珠，一颗颗从荷叶上滑下来，仿佛是在捉迷藏"；还是《你的眼里有春天》"有了爱，风带着绿意，雨落下恩情，雪飘着圣洁，黑夜也在欢快地舞蹈"等，都有着泥土淡淡的清香，让人感到亲切、自然、虔诚、美好。这种由此及彼，由表及里，由静到动，由形到声的美，是丰富多彩的。它有大气恢弘之美，朦胧含蓄之美；也有纤巧精致之美，温润性灵之美，既斑斓夺目，妙语天然，又绚丽多姿，韵味无穷。

方言与短句，更蕴含丰厚，蹊径独辟；大朴若巧，力透纸背。乡土是地域文学之根，没有了地域性，乡土散文就失去了依托。乡村语言无疑有它特有的地域性和独特性。回归话语之乡，必须串起乡村的人间烟火和生命之河。像《乡村书》《乡间词韵》中的"狗不嫌家贫，子不嫌母丑""一班细把戏""三不三""牵线线""拍满拍满""蚂蝗听水响，叫花子听鼓响""天上下雨地下流，小俩口打架不记仇；床头打架床尾和，夫妻没有隔夜仇"等，这些湘西南的民间方言，就像散落在大地上的"珍珠"，既葆有原生态语言的长久魅力，又如山风那样一尘不染，让人心旷神怡，韵味绵长。而短句，则达到"丰不余一字，约不失一词"的境界。《乡间的和弦》中"浪""合""扯"；《乡村功课》中"相骂""打牌""射尿""扯勾""夜歌""辟邪""瞅天"等，单看命题，只是简短朴实的一两个字，但却短促有力，质朴、明快之中浮现着视觉的冲击力。这简约、灵性的文字，隐匿着草根的纤弱与坚毅，叠合着世情的悲苦与仓皇；这质朴、粗犷的画面，蕴藉着复杂的情愫，沧桑的凝重，氤氲着丰富的内涵，醇厚的意蕴，呈现出简练、干净、明快、形象的鲜明特点。

后　记

　　出版这部著作很偶然，本来我不打算再写长篇大论，想写一点散文随笔之类的文章，把生活中碰到的那些高山仰止、景行行止的崇高人格，去赞一赞，让美好成为人类的楷模，弘扬正能量；把那些贼眉鼠眼、不知廉耻的肮脏灵魂，去晒一晒，让丑恶变成社会的渣滓，鞭挞假丑恶。

　　然而，我写了一篇《美丽忧伤的乡村牧歌——评姜贻斌长篇小说〈火鲤鱼〉》之后，反响之大，出乎我的意料，包括《长篇小说选刊》在内，这篇文章连续在七个报刊以不同形式发表、转载。很多看了文章的人都说"很美"。结果，朋友们又约我写了几个优秀长篇小说的文章，发表后都产生了广泛影响。于是，我便将要写的作家与以前参加茅盾文学奖初评写过的一些获奖作品进行衔接。加之，施耐庵文学奖组委会又聘我担任第一、第二届提名委员，有机会读到全国一批最新的优秀长篇作品。这样，我就把获施耐庵文学奖的作品，与后来获得茅盾文学奖的作家作品（我没写过且感觉很好的）纳入视野，经过近三年的时间，这本《当代中国作家经典作品论》便与读者见面了。

　　这些文章，四篇发表于《创作与评论》，三篇发表于《湖南文学》，两篇发表于《神州时代艺术》，一篇发表于《上海文论》，一篇发表于《芙蓉》，一篇发表于《文学界》，一篇发表于《文学界·文学风》，一篇发表于《求索》，一篇发表于《湘江文艺评论》，其余则以多种形式发表在《长篇小说选刊》《湖南工业大学学报》《长沙晚报》《今日女报》等报刊上。感谢所有这些刊物的编辑朋友！是你们的激励，温暖了我，鼓舞了我！让我有信心再一次去攀登！最后终于成功了，谢谢你们！

　　当我将出版本书的想法告诉了作家朋友刘克邦先生时，他极力支持并亲自给周小毛副院长打电话。在此，特别感谢湖南省财政厅党组成员、总会计师刘克邦一级作家，湖南省社会科学院副院长周小毛研究员的全力支持，感谢湖南省作家协会的"重点扶持"！

　　这是我在人民出版社出版的第二部著作，感谢人民出版社领导的厚爱与支持！感谢人民出版社洪琼先生，他为此书的出版付出了辛勤的劳动！

胡良桂

2016 年 4 月 30 日记

2017 年 8 月 22 日定

责任编辑：洪　琼

图书在版编目（CIP）数据

当代中国作家经典作品论／胡良桂 著 . —北京：人民出版社，2018.5

ISBN 978－7－01－018299－5

I.①当…　II.①胡…　III.①作家－人物研究－中国－现代　②中国文学－
当代文学－文学研究　IV.① K825.6　② I206.7

中国版本图书馆 CIP 数据核字（2017）第 238172 号

当代中国作家经典作品论

DANGDAI ZHONGGUO ZUOJIA JINGDIAN ZUOPIN LUN

胡良桂 著

人 民 出 版 社 出版发行

（100706　北京市东城区隆福寺街 99 号）

北京中科印刷有限公司印刷　新华书店经销

2018 年 5 月第 1 版　2018 年 5 月北京第 1 次印刷

开本：710 毫米 ×1000 毫米 1/16　印张：20.75

字数：300 千字

ISBN 978－7－01－018299－5　定价：59.80 元

邮购地址 100706　北京市东城区隆福寺街 99 号

人民东方图书销售中心　电话（010）65250042　65289539